SHANGHAI QUANMIAN SHENHUA
ZHENGFA LINGYU GAIGE ZHIDU XUANBIAN

上海全面深化
政法领域改革制度选编

本书编写组◎编

上海人民出版社

前　　言

　　政法领域改革是全面推进依法治国、加快建设社会主义法治国家的重要组成部分，是贯彻落实习近平法治思想的重要举措。党的十九大以来，以习近平同志为核心的党中央从实现国家治理体系和治理能力现代化的高度对深化政法领域改革作出重大战略部署，以前所未有的决心和力度，推动新时代政法领域改革向纵深发展，极大地促进了公正高效权威的社会主义司法制度，提升了执法司法质效和公信力，为开辟"中国之治"新境界奠定了坚实基础。

　　迈入新时代，上海认真贯彻习近平总书记关于政法领域全面深化改革重要指示精神，市委历任主要领导高度重视政法领域全面深化改革工作，专题听取政法改革情况报告、专题研究部署政法改革工作，始终要求全面对标对表中央有关改革重大决策部署，高起点谋划、高标准推进上海政法改革工作。党的十九大以来，上海继续以排头兵、先行者的奋进姿态，锐意进取、攻坚克难，高质量完成中央交办的司法体制综合配套改革试点任务，系统制定并完成为期三年的政法领域全面深化改革任务纲要。在改革实施过程中，我们注重理论创新、制度创新、实践创新，不断增强改革的顶层设计、系统集成、协同高效，特别是在执法司法制约监督体系改革、执法司法责任体系改革、执法司法权力运行机制改革等重大改革任务中，注重改革的制度成果转化，形成了一系列具有原创性、标志性、引领性的政法改革成果，建立起较为科学合理、系统全面的制度体系，有力推动了上海社会经济高质量发展，为全国政法领域改革贡献了"上海经验"。为更好地总结、交流改革经验做法，我们会同市政法各单位系统梳理了上海政法领域全面深化改革的最新制度成果，汇编成册公开出版，期望能够继续得到各级领导、专家学者、广大同行和社会各界的指导、支持和帮助，共同推动上海政法领域全面深化改革不断取得新成效。

　　当前，我们正踏上全面建设社会主义现代化国家、向第二个百年奋斗目标进军的新征程。政法领域改革进入系统性、整体性变革的新阶段，改革永远在路上。党的二十大报告提出,深化司法体制综合配套改革,全面准确落实司法责任制,加快建设公正高效权威的社会主义司法制度,努力让人民群众在每一个司法案件中感受到公平正义。这是党中央对政法领域改革发出的最新动员令。上海政法系统将认真贯彻落实党的二十大精神,坚持以习近平新时代中国特色社会主义思想为指导,深入学习贯彻习近平法治思想,牢固树立以人民为中心的发展思想,以"时时放心不下"的责任感持续深化政法领域改革,紧紧围绕规范执法司法权力运行,健全更加完善的政法工作制度机制,努力在更高水平上实现公正与效率的统一,积极推动更高质量的法治上海建设,踔厉奋发,勇毅前行,为实现中国式现代化贡献法治智慧和力量!

本书编写组

2022 年 12 月

目　录

──────── **综 合 篇** ────────

──────── **执法司法制约监督机制改革篇** ────────

────── **执法司法责任体系改革和建设篇** ──────

——————— **执法司法权力运行机制改革篇** ———————

综 合 篇

2019 年 1 月，习近平总书记在中央政法工作会议上发出"加快推进政法领域全面深化改革"的动员令，并就深化政法改革等发表一系列重要讲话，作出一系列重要指示批示，为做好新时代政法改革工作提供了根本遵循。

在党中央坚强领导和中央政法委有力指导下，上海坚持以习近平新时代中国特色社会主义思想为指引，深入贯彻习近平法治思想，全面落实习近平总书记关于政法领域全面深化改革重要指示精神，紧紧围绕中央关于政法领域全面深化改革重大战略部署，率先推出《上海市贯彻〈关于政法领域全面深化改革的实施意见〉的改革任务纲要（2019—2021 年）》等符合政法工作规律的地方改革落实方案，加强制度设计与试点探索相结合，积极摸索政法领域改革的有效路径。

自中央作出"加快推进政法领域全面深化改革"的重大部署以来，上海从政治和全局的高度认识改革、把握改革，深刻理解制度优势在全面深化改革过程中所被赋予的新的时代内涵，构建形成了覆盖较全面、配套较齐备的制度体系，取得了较为显著的成效：党对政法领域改革的领导进一步强化，三项新的重大任务法治保障能级持续提升，执法司法权力运行不断优化，社会管理服务水平日益提高，队伍建设管理更加科学，科技赋能支撑更加有力，执法司法质量、效率和公信力进一步提升，人民群众的获得感和满意度进一步增强。本篇选取具有代表性的 11 个制度文件，展示典型改革制度成果。

1. 上海市贯彻落实《关于深化司法责任制综合配套改革的意见》的总体方案

（摘要）

为贯彻中共中央办公厅印发的《关于深化司法责任制综合配套改革的意见》，组织推进好我市深化司法责任制综合配套改革工作，制定本总体方案。

一、总体要求

深入贯彻党的十九大和十九届二中、三中、四中全会精神，认真贯彻落实习近平总书记关于政法领域全面深化改革的要求，以"努力让人民群众在每一个司法案件中感受到公平正义"为目标和遵循，加强党对政法工作的领导，充分发挥党委政法委牵头抓总作用。以完善权责平衡、强化监督制约、提升司法效能为着眼点，着力破解权责平衡难题、全面落实司法责任制，着力破解监督制约难题、全面增强司法公信力，着力破解案多人少难题、全面提升司法效能。

二、主要任务

（一）加强思想政治引领。把党的政治建设摆在司法队伍建设首位，统筹领导司法责任制综合配套改革全局。

（二）突出政治标准主线。坚持把政治标准作为第一标准，加强对政治忠诚、政治定力、政治担当、政治能力、政治自律等方面表现的考核考察，提升司法队伍政治素养。

（三）优化机构职能体系。全面推进司法机关内设机构职能整合优化，理顺事权、层级和结构关系，形成分工协作、岗位适配、精简高效的新型办案组织架构和运行格局，确保改革符合中央规定和司法规律。

（四）厘清司法主体权责。完善法院、检察院领导干部权责清单和履职指引制度，构建层次清晰、职能明确的司法职权分工体系。

（五）强化办案团队建设。做强专业优势，综合考虑人员结构、案件类型、繁简程度和专业化分工等因素，深化以法官、检察官为主导的专业化办案团队建设。

（六）健全员额管理制度。根据案件数量、经济社会发展情况、司法机关层级等因素和司法工作需求，充分贯彻以责定岗、按岗定额的制度理念，合理高效配置员额。

（七）规范司法辅助人员、司法行政人员管理。完善保障有力的司法人员管理制度，确保三类人员管理全覆盖，形成均衡完备的人员管理格局，充分激发司法辅助人员、司法行政人员工作潜能。

（八）构建全方位监督体系。强化内部监督，建立与新型司法权力运行模式相适应的案件分配、案件评查、办案流程动态监督管理等工作机制。

（九）巩固多层次廉洁机制。严格廉政风险防控，坚持标本兼治，用好追责问责利器。健全过问案件记录、通报、责任追究等工作机制及岗位职权利益回避制度，从严防控新型司法权力运行模式下可能带来的办案质量风险和廉政风险。

（十）完善考核评价制度。遵循司法工作规律，客观公平考核司法人员公正司法能力和水平，健全细化覆盖三类人员的分类绩效考核办法。

（十一）提高司法办案质量。推进以审判为中心的诉讼制度改革，提高人权司法保障水平，防范冤假错案，促进公正司法。

（十二）提升司法办案效能。推动多业务领域、多诉讼层级的案件繁简分流制度建设，完善程序激励机制，深化认罪认罚从宽制度适用，扩大小额诉讼程序、简易程序以及民事诉讼独任制适用范围。依法扩大行政案件简易程序适用，推动建立行政速裁工作机制。

（十三）增进司法社会效果。积极回应社会关切，提高司法办案的公众接受度，实现政治效果、法律效果、社会效果的有机统一。

（十四）完善配套制度保障。加强依法履职保护，健全薪酬待遇等制度。

（十五）促进司法科技融合。积极融入智慧城市建设，使司法责任制综合配套改革与智能化、信息化建设两翼发力，优化司法人力资源投入，提升司法工作效能。

三、工作要求

压实主体责任，持续深化基础性举措，完善细化关键性举措，及时做好总结提炼，形成制度安排，更加注重改革任务的相互促进、良性互动、协同配合。

市高级法院、市检察院要结合最高人民法院、最高人民检察院工作要求和上海实际，会同有关单位采取有效措施，确保本总体方案各项任务落到实处。

2. 上海市贯彻《关于政法领域全面深化改革的实施意见》的改革任务纲要(2019—2021年)

(摘要)

为贯彻中共中央办公厅印发的《关于政法领域全面深化改革的实施意见》,组织推进好上海政法领域全面深化改革工作,制定本纲要。

一、加强党对政法领域全面深化改革的领导

(一)加强党的政治领导。推进实施《中共上海市委关于贯彻〈中国共产党政法工作条例〉的实施意见》。充分发挥党委政法委对政法领域全面深化改革的领导作用,加强总体谋划、系统谋划,明确路线图、时间表,加强统筹协调。

(二)加强党的思想领导。深入开展习近平总书记关于政法工作重要论述的学习活动,学习贯彻政法领域全面深化改革有关精神,加快推进中央和市委相关改革决策部署的落实。

(三)加强党的组织领导。党委政法委要对政法领域全面深化改革工作加强分类指导,强化督促落实。

二、推动全面依法治市持续深化

(四)完善行政立法机制。围绕落实三项新的重大任务、推进"五个中心"建设、保障城市安全运行、强化城市精细化管理、加强生态文明建设以及民生保障等重点领域推进行政立法。

(五)深化矛盾纠纷多元化解机制。坚持和发展新时代"枫桥经验",完善各方参与的矛盾纠纷多元化解机制,进一步发挥"诉源治理"机制作用。

(六)深入推进解决执行难问题。推进执行联动机制建设,健全网络执行查控系统,加大信息化手段在执行工作中的应用力度。

（七）建立健全司法公信力第三方评估机制。

三、强化三项新的重大任务法治保障

（八）加强自贸试验区法治保障。加强法治化营商环境建设，形成法治合力，构建适应法治化、国际化、便利化营商环境需求的审判和检察服务保障新格局。加强自贸试验区特别是临港新片区的相关立法保障工作。

（九）完善科创板法治保障机制。加强对科创板和注册制相关法律问题的研究，建立健全涉科创板上市企业证券纠纷案件集中管辖机制。

（十）协调推进长三角区域法治合作机制建设。积极研究构筑长三角区域执法、司法、普法及政策制定等协作机制。探索创新长三角区域内执法、司法大数据互联互通机制，推出一批公安政务服务事项，实现长三角区域"全域通办"。

（十一）加快推进仲裁体制机制改革。推动仲裁行业有序开放。

四、优化执法司法权力运行体系

（十二）优化权力运行机制。全面贯彻"让审理者裁判，由裁判者负责"，依法赋权独任庭、合议庭审判人员，并明确相应责任。深化审判委员会事务公开，落实将审判委员会讨论案件的决定及其理由依法在裁判文书中公开机制。检察机关要推行专业化办案模式，深化捕诉一体，全面推行检察官办案责任制。

（十三）健全司法机关内部监督机制。加强司法权力运行监督管理，规范分案、审核、流程监控等管理监督制度，明确法院院庭长及检察院检察长、业务部门负责人的监督管理职责，完善以办案数量、质量、效率和效果为基本内容的业绩评价标准体系和考评机制。

（十四）健全完善法律监督体系。检察机关要完善多元化审判监督和三级检察院分工负责、各有侧重的工作格局，努力实现裁判结果监督、执行监督和审判人员违法行为监督全面均衡发展。

（十五）健全行政执法与刑事司法衔接机制。完善行政执法与刑事司法衔接的相关移送、监督和办理机制。

（十六）完善公益诉讼制度机制。规范完善公益诉讼程序规则，建立行政机关与检察机关、审判机关公益诉讼工作衔接机制，推动建立健全公益诉讼联席会议制度。

（十七）深化刑罚执行制度改革。出台关于加强和改进上海监狱工作的实施意见，严格依法收押交付执行的罪犯，完善罪犯申诉、控告、检举处理机制。

(十八)督促推动落实执法司法责任。党委政法委通过督促检查,推动司法机关进一步加强新型办案团队建设、完善入额领导干部办案机制和司法绩效考核制度等,确保司法责任制落实落细。

五、创新社会管理服务体系

(十九)创新智能化社会治理机制。积极融入智慧城市规划建设。

(二十)深化"放管服"改革。制定公安机关"一网通办"实施办法,建立健全内部核查、电子证照、电子档案等配套机制。

(二十一)完善公共法律服务体系。出台关于加快推进公共法律服务体系建设的实施意见,深化公共法律服务平台建设,实现全业务、全时空服务。

(二十二)完善维护安全稳定工作机制。

六、完善队伍建设管理体系

(二十三)完善政法机关机构职能体系。全面推进政法机关内设机构职能整合优化,理顺事权、层级和结构关系。

(二十四)完善执法司法人员分类管理制度。健全完善执法司法人员分类管理体系,实现执法司法机关各类人员分类分层管理。

(二十五)完善政法干警职业保障制度。建立健全政法干警履行法定职责保护机制、受到侵害救济保障机制和不实举报澄清机制。

(二十六)完善上海市法官、检察官遴选(惩戒)委员会组织体系。加强遴选(惩戒)委员会组织制度建设,充分发挥委员会对法官、检察官的遴选、惩戒功能。

七、完善科技支撑体系

(二十七)推进现代化诉讼服务体系建设。健全法院系统线上"一网通办"、线下"一站服务"的集约化诉讼服务机制,全力打造诉讼服务中心升级版。

(二十八)推动执法司法信息系统深度应用。进一步推进人工智能等技术与执法司法业务深度融合,为执法办案、司法服务、执法监督、数据应用分析等各项工作提供助力。

3. 上海市高级人民法院关于加强司法体制综合配套改革推进机制建设的若干意见

为全面贯彻落实习近平新时代中国特色社会主义思想和党的十九大精神,深入推进司法体制综合配套改革试点工作,加强组织领导,抓好协同推进,严格责任落实,强化跟踪问效,确保各项改革任务精准落地,根据《关于上海市开展司法体制综合配套改革试点的框架意见》《上海市高级人民法院关于贯彻落实〈关于上海市开展司法体制综合配套改革试点的框架意见〉的实施方案》(以下简称《实施方案》)等规定,现就进一步加强司法体制综合配套改革推进机制建设提出如下意见。

一、完善改革领导机制

(一)成立司法体制综合配套改革领导小组。经高院党组研究决定,成立司法体制综合配套改革领导小组(以下简称改革领导小组),下设改革领导小组办公室(以下简称司改办)。司改办设综合、保障、宣传、监察四个综合工作组及完善司法责任制、推进以审判为中心的诉讼制度改革、推进多元化纠纷解决机制改革、完善诉讼服务、深化人员分类管理和内设机构改革、深化科技应用、优化司法环境七个专项工作组。全市法院应当结合工作实际,进一步完善司法体制综合配套改革领导架构。

(二)加强组织领导。改革领导小组坚持和加强党对司法体制综合配套改革工作的领导,进一步强化调查研究、统筹规划、综合协调、整体推进、督促落实,确保中央、最高人民法院、市委关于改革的决策部署落到实处。改革领导小组通过召开全体会议或办公会议,听取改革推进的总体规划、重大进展、重要情况、存在的突出问题等工作汇报,加强对重点改革任务的指导和督导,统筹协调和部署落实改革任务。全市法院应当进一步加强对司法体制综合配套改革的组织领导,强化组织协调能力,确保各项改革任务落地生根。

二、完善改革协调推进机制

（三）明确职责分工。各项改革任务的目标、内容、分管领导、责任部门、完成时间等按照《实施方案》及重点任务分解表确定。第一责任部门应起到牵头作用，其他责任部门应加强协同配合，做好各项改革任务的推进落实、督察督办、对口指导、信息报送、总结评估等工作。各专项工作组对其牵头负责的改革任务应当加强系统集成，形成重点突破和特色亮点，以点带面提升司法体制综合配套改革的整体效能，形成更多更好的上海智慧、上海经验。各综合工作组应当加强改革的综合协调、服务保障、监察问责、宣传教育工作，保障改革工作顺利推进。

（四）加强改革协调议事机制。司改办负责召开联席会议，对司法体制综合配套改革阶段性进展、下一阶段工作安排，特别是需要互相配套、协同推进的改革事项，进行沟通协调。会议由司改办主任召集，视情在司法体制综合配套改革全体责任部门或司改办全体成员部门范围内召开。对改革推进中需要专题研究解决的问题，需要跨法院、跨部门解决的问题等，责任部门可以报请分管领导召开专题会议。

（五）建立改革联络员机制。全市各法院、高院各部门应指定1—2名专门联络人员，加强与高院司改办的日常沟通联络协调。

三、完善改革任务台账机制

（六）建立改革任务总台账。司改办应建立司法体制综合配套改革任务总台账，对各项改革任务的推进情况、阶段性成果、后续推进计划等进行动态跟踪，并定期对任务进度、完成情况等进行综合评估。

（七）加强改革台账动态管理。各项改革任务的责任部门应按月总结梳理改革任务推进情况，确定后续推进计划，并于每月5日前填写完成《司法体制综合配套改革任务推进情况月度统计表》，司改办汇总后按要求上报上海市司法体制综合配套改革试点推进小组办公室。司改办每季度更新总台账，并向高院改革领导小组报告当前改革总体推进情况。

（八）实行改革任务挂账督办。各责任部门应严格抓好改革任务进度管理，按时保质完成《实施方案》确定的任务。对已经按时完成，基本实现改革目标的项目，要着力抓好改革效果的巩固、深化和提升。对已经实施的项目，要按照时间节点有序推进，狠抓落实，抓出成效，务求取得实质性进展。对新启动的项目，要抓紧制定推进方案或规范文件，进一步推进制度落地。其中，需要上级批准或其他单位协同的项目，应提前谋划，主动对接，争取尽快获批实施。对未按时完成的改革任务，应及时向高院改革领导小组全体会议或办公会议报告原因、对策或下一步工作打算等情况。

四、完善改革任务督察机制

（九）做好日常督察工作。纳入《实施方案》的各项改革任务,责任部门应做好日常督察,重点督察全市法院推进改革任务进展情况、已出台改革方案、改革文件的落实情况等。对工作进展缓慢、任务落实不到位的,由责任部门进行通报。认为需要开展专项督察的,可报经分管领导同意,立项开展专项督察。

（十）定期开展专项督察。对中央、市委和最高人民法院交办的督察事项,高院改革领导小组认为有必要安排的督察事项,及时开展专项督察。由该督察事项的责任部门牵头组织督察工作,重点督察全市法院贯彻落实改革决策部署与任务推进情况,改革中存在的问题和困难等。专项督察工作结束后,督察牵头部门应当及时形成督察报告,报送高院改革领导小组。对专项督察中发现的问题,应当向有关法院、有关部门提出整改建议,并适时开展整改复查。

五、完善改革试点交流推广机制

（十一）坚持鼓励基层创新与强化试点工作相结合。对涉及根本性、基础性、制度性变革的改革任务,要不折不扣落实改革要求,确保改革不走样。同时,鼓励基层创新,尊重基层首创精神。要及时发现改革试点中的新情况新问题,加强对口指导,注重培育特色,并通过座谈交流、条线通报与考核等途径及时总结经验,适时全面推广。

（十二）加强试点经验总结推广。各项改革任务应当按计划进行试点工作验收和试点经验总结。对实践证明行之有效的做法和经验,可按相关程序采纳并作为上海法院的改革经验和制度成果予以推广。

六、完善改革信息宣传机制

（十三）加强改革信息工作。全市法院应围绕《实施方案》确定的改革任务,以及最高人民法院和市高院相关通知要求,进一步加强改革信息报送工作,司改办应加强《上海法院司法改革专刊》编发工作,全面、及时、系统地反映司法体制综合配套改革的工作进展、特色亮点、工作成效等,形成有决策参考价值的信息集成。适时推选改革示范案例,为全市法院推进改革提供可复制、可推广经验。

（十四）加强改革宣传工作。结合上海法院司法体制综合配套改革工作实际,有重点、有节奏地组织好宣传讲解工作。进一步加强对广大干警的政策解读、业务指导和思想引导工作,通过举办培训班、汇编改革文件和政策讲解等形式,进一步引导广大干警提高认识、凝聚共识,推动形成拥护改革、支持改革、参与改革、推动改革的良好氛围。

七、完善改革考核评估机制

(十五)加强改革工作考核。加强对改革工作的考核,通过日常督察、专项督察、试点验收、情况通报等工作机制,重点考察改革决策部署和任务推进情况、形成的制度成果与特色经验做法等。考核结果纳入各级领导班子和领导干部绩效考核,作为干部提拔、晋升和奖惩的重要依据。

(十六)积极引入第三方评估体系。要以问题为导向,自觉接受、积极引入第三方评估,把对改革总体成效、重点改革任务落实等工作情况的第三方评估结果,作为考核的重要参考依据,进一步增强考核的客观性、专业性和科学性。

(十七)加强改革理论研究。紧密结合上海法院司法体制综合配套改革的重点任务,着重对健全新型审判权力运行机制、加快构建新型审判监督制约机制、进一步完善员额管理制度等改革课题进行深入调研,系统总结上海法院司法体制综合配套改革理论研究成果与经验,不断推动改革成果的转化。

4. 上海市高级人民法院关于进一步深化司法体制综合配套改革的实施意见
——上海法院发展五年规划纲要(2019—2023)

为深入贯彻习近平总书记全面依法治国新理念新思想新战略,进一步深化新时代司法体制综合配套改革,加快实现上海法院审判体系和审判能力现代化,根据中央《关于政法领域全面深化改革的实施意见》《中共上海市委关于面向全球面向未来提升上海城市能级和核心竞争力的意见》《最高人民法院关于深化人民法院司法体制综合配套改革的意见——人民法院第五个五年改革纲要》等文件精神,结合上海法院实际,制定本实施意见。

一、总体要求

（一）指导思想

始终坚持以习近平新时代中国特色社会主义思想为指导,紧紧围绕党和国家工作大局和上海经济社会发展,在更高站位、更深层次、更宽领域、以更大力度进一步深化新时代上海法院司法体制综合配套改革,全面落实司法责任制,推动形成系统完备、科学规范、运行有效的制度体系,实现上海法院审判体系和审判能力现代化,全面提升司法能力、司法效能和司法公信,为上海提升城市能级和核心竞争力,努力建成法治环境最好的全球城市提供一流的司法服务和保障。

（二）基本原则

1. 坚持正确政治方向。牢牢把握党的领导这一中国特色社会主义最本质特征,牢固树立"四个意识",坚定"四个自信",坚决做到"两个维护",始终坚持党对人民法院工作的绝对领导,充分发挥党总揽全局、协调各方的领导核心作用,确保党的政治建设统领上海法院工作全局。

2. 坚持以人民为中心。始终坚持司法为民宗旨,准确把握人民日益增长的美好生活需要同司法工作发展不平衡、不适应之间的矛盾,着力解决人民群众最关切的公共安全、权益保障、公平正义问题,确保上海法院的各项工作始终为了人民、依靠人民、造福人民,做到人民有所呼、改革有所应,切实增强人民群众的获得感、幸福感、安全感。

3. 坚持遵循司法规律。 正确认识和把握司法活动的客观规律,围绕权责统一、权力制约、公开公正的要求,有重点、有步骤、有计划地推进解决当前影响司法公正、制约司法能力的深层次问题,通过改革进一步整合力量、释放潜力、激发活力,走出一条遵循司法规律、符合中国国情和上海实际的改革发展路径。

4. 坚持服务保障大局。 立足法院司法职能定位,正确认识大局、精准把握大局、全力服务大局,牢固树立新发展理念,为优化营商环境、推动形成更高层次改革开放新格局营造良好法治环境,为服务和保障"一带一路"等国家倡议实施,上海"五个中心""四大战略支撑"和社会主义现代化国际大都市建设提供有力司法保障。

5. 坚持注重改革实效。 坚持问题导向、需求导向、目标导向和效果导向,加强上海法院改革的统筹谋划和整体推进,厘清各项任务举措之间的整体关联性、层次结构性、先后时序性,确保上海法院各项改革任务在目标方向上相互配合、在实施过程中相互促进、在实际成效上相得益彰,每项任务真正落到实处、取得实效。

6. 坚持强化科技驱动。 牢牢把握新一轮科技革命历史机遇,充分运用大数据、云计算、人工智能、区块链等科技手段破解上海法院改革中遇到的瓶颈问题,以上海法院智能辅助办案系统为依托,推动上海法院改革与智能化、信息化建设两翼发力,切实提升司法效能,为促进上海法院审判体系和审判能力现代化提供有力科技支撑。

(三)工作目标

按照制度化、系统化、信息化、常态化的整体要求,紧扣"办好案、服好务、改好革、建好队"的工作思路,牢牢把握顶层设计与基层探索、整体统筹和重点突破、立足当前和着眼长远、内部发力与外部协同、改革推进与科技助力"五对关系",精心谋划、统筹推进、狠抓落实,全力深化上海法院司法体制综合配套改革各项任务,以全面建成审判权力运行、司法资源配置、诉讼制度运行、队伍建设管理、司法服务保障、智慧法院支撑6大司法运行基础制度体系和18项综合配套长效机制为依托,到2023年,建立一套全面覆盖、科学规范、系统集成的上海法院现代化审判执行工作运行体系,更好地维护社会公平正义;形成一批聚焦重点、应对有效、落实有力的改革创新和服务保障大局举措,更好地服务保障上海经济持续健康发展和社会大局稳定;积累一批适法准确、公正权威、引领标准的裁判指引规则和精品案例成果,更好地促进法律适用统一,提升司法公信力;打造一支政治坚定、清正廉洁、素质过硬的审判执行专业队伍和复合型人才队伍,更好地提升把握大局能力、案件审判能力、群众工作能力、信息化技术运用能力和防腐拒变能力,努力让人民群众在每一个司法案件中感受到公平正义。

二、主要任务

（一）以司法责任制为核心，系统集成权责清单、运行保障、权力监督3大综合配套长效机制，全面建成权责明晰统一、监督保障有序的审判权力运行体系

1. 将审判权责清单与日常办案、监督、考核无缝对接，明晰审判权运行边界和责任

（1）全面落实各类司法人员的审判权责清单制度。健全随机为主，指定为辅，与繁简分流、专业分工配套的分案规则。落实不同层级法院法官、法官助理、书记员、合议庭成员的审判权责清单制度，将相关审判权责内容及工作要求融合嵌入上海法院的日常工作系统和考核体系，贯穿事前、事中、事后，使之成为司法人员的常态化行为评价标准，全面实现分案、办案、执行、监督、管理等各项审判权责的全覆盖、标准化、可视化管理。

（2）全面落实院长、庭长审判管理权责清单制度。认真贯彻落实《最高人民法院关于进一步全面落实司法责任制的实施意见》《上海市高级人民法院关于完善司法责任制的实施意见》等规定，完善院长、庭长权责清单和履职指引制度，将审判管理权责内容及工作要求融合嵌入上海法院的日常工作系统和考核体系，实现审判管理向规范化、流程化、标准化、信息化转型升级。动态科学确定院长、庭长审理的案件类型及办案工作量，健全完善院长、庭长办案情况的监督考核制度，切实发挥好院长、庭长的审判管理职责。

2. 健全完善司法智库支持平台和法官权益保护机制，保障审判权规范运行

（3）完善落实统一法律适用机制。认真贯彻落实《上海法院关于进一步加强和规范法律适用统一工作的若干规定》《上海市高级人民法院关于进一步加强和规范上海法院案例工作的实施意见》等规定，强化立审执衔接，加大审判业务和类案指导力度，建立健全审判指导文件和参考性案例的备案机制，完善类案和新类型案件强制检索报告工作机制。优化司法智库支持平台建设，统筹集成审判调研资源，为全市法官提供一体化、智能化的业务支持和规范指引，全力促进适法统一。

（4）深化完善法官履职权益保障制度。认真贯彻落实《上海市高级人民法院关于保护司法人员依法履行法定职责的意见》等规定，健全完善审判执行人员履行法定职责保护机制、受到侵害救济保障机制和不实举报澄清机制，依法妥善处置各类侵害法官履职权益事件。探索法官基本养老保险待遇衔接工作，建立完善法院干警人身意外伤害保障制度，切实保障和维护法院干警的人格尊严和合法权益，确保法院及其工作人员依法履行法定职责。

（5）健全完善防止不当干预司法活动的工作机制。严格执行中共中央办公厅、国务院办公厅《领导干部干预司法活动、插手具体案件处理的记录、通报和责任追究规

定》,中央政法委《司法机关内部人员过问案件的记录和责任追究规定》及上海高院实施细则,健全完善审批事项负面清单,进一步规范法官与律师关系,全面建立制度"防火墙",确保法官集中精力履好责、办好案。

3. 以案件质效管控体系化、监督主体责任明细化、监督平台路径制度化为抓手,完善多层次审判监督制度链

(6) 深化审判监督工作机制改革。认真贯彻落实《上海法院关于规范审判监督程序的实施意见》,将审级监督、个案监督与案件质量评查、责任评估认定相结合,将审判质效管控、审务督查与法官绩效考评、审执风险预警相结合,全力打造案件质效管控体系。完善对信访申诉、长期未结、二审改判、发回重审、指令再审、抗诉再审案件的审判监督机制,充分发挥审判监督在维护司法公正和提升司法权威中的职能作用。

(7) 加强审判执行流程标准化建设。编制涵盖刑事、民事、行政、国家赔偿等专业领域的审判流程标准,推动将从立案到结案归档各个节点的工作要点、时限要求、流程标准、岗位指引和文书样式嵌入信息化办案平台,实现审判执行流程标准规范化、信息化、智能化升级。建立健全审判执行监督预警分析系统推广应用配套制度和责任落实机制,确保审判执行节点可查询、进程可监控、风险可控制、全程可追溯。

(8) 全面落实专业法官会议制度。认真贯彻落实《最高人民法院关于健全完善人民法院主审法官会议工作机制的指导意见(试行)》《上海市高级人民法院关于专业法官会议的规定》等规定,加强对专业法官会议制度运行及落实情况的监督管理和效果评估,确保专业法官会议制度运行有序有效。完善专业法官会议与合议庭评议、审判委员会讨论案件的工作衔接机制,充分发挥专业法官会议"过滤"及法律适用问题制度性监督平台的作用。

(9) 深化完善审判委员会制度。认真贯彻落实《上海市高级人民法院关于改革和完善审判委员会制度的意见》等规定,健全完善拟提交审判委员会讨论案件的审核、筛选机制。深化审判委员会事务公开,落实审判委员会讨论案件的决定及其理由依法在裁判文书中公开机制。完善资深法官担任审判委员会委员机制,规范列席审判委员会的人员范围和工作程序,强化审判委员会总结审判经验、统一法律适用、研究讨论审判工作重大事项的宏观指导职能。

(10) 健全法院外部监督机制。健全完善依法接受人大监督、自觉接受政协民主监督、依法接受检察机关诉讼监督、广泛接受社会监督的工作制度,加强与人大代表、政协委员、特邀监督员、特邀咨询员及律师等的沟通互动。健全完善涉及司法工作的舆情发现、舆情监测、舆情应对、风险评估、预案拟定、网下处置等工作机制,形成依法有序、全程覆盖、内外结合的审判权力监督格局。

（二）以审判体系现代化为目标,系统集成员额机构组织、多元纠纷化解、辅助事务集约3大综合配套长效机制,全面建成职能分工科学、管理规范高效的司法资源配置体系

4. 统筹深化员额调配、内设机构改革和新型审判团队建设,进一步优化职能定位

（11）**全面推进内设机构职能整合优化。**建立健全适应内设机构改革后职能优化需要的工作运行机制,完善内设机构职能定位,健全以服务审判工作为中心的法院内设机构运行模式,优化工作流程,提高机构运转效率。坚持扁平化管理和专业化建设相结合,进一步突出法官在办案中的主体地位,确保司法责任制落地见效。

（12）**全面落实新型审判团队建设。**认真贯彻落实《上海市高级人民法院关于审判团队建设的指导意见(试行)》,加强对审判团队建设的统筹指导,构建以速裁团队、普通办案团队、重大复杂案件机动团队为骨干,集约化辅助团队为补充的新型审判团队配置模式,健全完善审判团队职责分工、责任清单及相关配套制度,形成分工协作、岗额适配、精简高效的新型审判组织架构运行格局。建立健全科学的团队业绩评价和考核制度,确保团队作用得到全面有效发挥,切实提升审判质量效率。

（13）**健全完善员额动态管理机制。**严格按照"以责定岗"原则实施员额制管理,根据案件受理数、案件增长趋势、办案工作量、办案人力资源情况等因素,通过案件权重系数科学测算审判工作量,建立完善全市法院统一的"以量定额"员额动态调配机制,将编制、员额等资源向办案任务重的基层法院和部门倾斜,实现人员调配与案件增长的动态平衡,有效缓解案多人少矛盾。

5. 全面打造内部"分调裁"前置、外部与社会综治力量深度整合的纠纷分层化解制度链,推动从源头上减少诉讼增量

（14）**推进立体化、多元化、精细化诉讼制度改革。**深入推进诉讼制度改革综合试点,深化完善诉调对接机制建设,根据自愿、合法原则先行调解,合理设置调解期限,赋予调解过程材料在诉讼程序中的效力。优化司法确认程序,合理扩大司法确认范围,完善案件受理规则,充分发挥司法确认制度功能作用。健全完善小额诉讼程序,科学调整小额诉讼程序适用范围,降低适用门槛,简化审理流程,提升小额诉讼程序效能。推动扩大独任制适用范围,完善独任制与合议制转换适用机制,实现审判组织与审理程序科学灵活匹配。

（15）**深化多元化纠纷解决机制改革。**认真贯彻落实《最高人民法院关于人民法院进一步深化多元化纠纷解决机制改革的意见》《上海市高级人民法院关于深入推进多元化纠纷解决机制改革的意见》等规定,坚持把非诉讼纠纷解决机制挺在前面,推动纠纷化解关口前移。深入推进"分调裁审"改革,完善分流、调解、速裁、快审等各环节

有机衔接机制,推进案件繁简分流、轻重分离、快慢分道。加强与行政机关、行业协会、法律志愿者、仲裁机构、人民调解和商事调解组织等的合作衔接,全力打造纵向覆盖诉讼前、中、后端,横向跨专业领域的多元纠纷解决格局。

(16) 全面加强人民法庭建设。优化以中心法庭为主、巡回审判为辅的人民法庭布局模式,加强类型化、专业化和综合性人民法庭建设,健全完善人民法庭工作机制。加强人民法庭的信息化和物质装备建设,持续推进各项诉讼便民举措,促进矛盾纠纷就地就近化解,切实减轻群众讼累。

(17) 完善涉诉信访和司法救助制度。认真贯彻落实《最高人民法院关于进一步推进涉诉信访工作机制改革的若干意见》《上海市高级人民法院关于办理国家司法救助案件若干问题的意见》等规定,健全律师参与涉诉信访、代理申诉工作机制,完善社会第三方参与信访矛盾化解工作机制,增强涉诉信访矛盾化解合力。细化完善司法救助案件办理程序和工作机制,确保生活困难当事人得到充分有效救助。

6. 推动审判执行辅助性事务集约化管理、社会化外包,提升法院管理效能

(18) 加强审判执行辅助性事务集约化管理、社会化外包。认真贯彻落实《上海市高级人民法院关于推进审判辅助事务外包工作的指导意见》,健全完善法院购买社会化服务的工作规范,建立健全审判辅助事务外包工作的日常管理和经费保障机制,确保外包行为合法合规、外包机制公平公开,形成审判辅助事务合理化切分、社会化外包、集约化管理的格局,深化通过吸收研修学者、法学院校学生、实习律师等人员参与司法辅助工作,切实为审判工作减负增效。

(三) 以提升审执质效为抓手,系统集成跨区划和专门法院集中管辖、刑事和民商事庭审方式改革、执行体制机制改革3大综合配套长效机制,全面建成立体多元精细、专业高效权威的诉讼制度运行体系

7. 深化重大案件跨区划集中管辖改革,创新知产、金融、海事、国际商事等专业化审判体制机制

(19) 深化完善跨行政区划案件集中管辖制度。依托上海市第三中级人民法院和上海铁路运输法院等,进一步深化环资、破产、食药品安全、行政等重大案件跨区划及集中管辖改革,建立健全与集中管辖相适应的配套审判工作机制,打破诉讼"主客场",服务长三角一体化司法需求。加强破产法庭建设,加大破产案件办理力度,推动形成适应现代化经济体系的破产审判体制机制。

(20) 深化完善知识产权审判体制机制。依托上海知识产权法院和相关法院知识产权审判庭,进一步深化知识产权案件集中管辖改革,完善符合知识产权案件特点的证据规则、审理方式等诉讼制度,构建有利于事实查明、有利于实现知识产权价值、有

利于纠纷及时有效解决的案件裁判机制,推动上海知识产权法院建设成为国际一流知识产权法院,服务保障科创中心建设,积极参与国际知识产权治理,努力把上海建设成为亚太地区知识产权中心城市。

(21)深化金融审判体制机制改革。依托上海金融法院和相关法院金融审判庭,大力推进金融审判体制机制改革,不断提高金融审判专业化水平,为国际金融中心建设营造良好的法治环境。深入推进涉科创板上市企业证券纠纷案件由上海金融法院集中管辖试点工作。健全防范化解金融风险司法服务保障机制,妥善做好涉及金融风险案件处置工作。积极构建"示范判决+专业调解+司法确认"全链条的金融纠纷多元化解合作机制。推动设立中国法院金融审判国际交流(上海)基地,增强金融审判的国际公信力和影响力。完善高素质金融审判队伍养成机制,全面提升队伍专业化水平。

(22)深化完善海事和涉外案件审判体制机制。依托上海海事法院、自贸区国际商事审判机构和进博会法庭,深化与涉"一带一路""进博会"等国际贸易、商事交易和航运规则接轨的审判机制改革,提升海事和涉外商事案件审理的专业化水平。加强具有自贸区特色、符合自贸区发展的审判机构和审判组织建设,创新涉自贸区审判体制机制,助力国际贸易中心和航运中心建设。健全完善涉外商事争端诉讼、调解、仲裁"一站式"衔接工作机制,平等保护中外当事人合法权益。建立健全与相关院校、研究机构合作共建机制,推动外国法查明等制度的落实落地。

8. 深化以审判为中心的刑事、行政、民商事诉讼制度改革,推动更高水平的平安上海、法治上海建设

(23)健全完善刑事审判工作机制。加强刑事审判工作,严厉打击危害国家安全、暴力恐怖、涉黑涉恶、贪污贿赂、危害食品药品安全、非法吸收公众存款等刑事犯罪,切实维护国家安全、社会稳定和人民群众合法权益。严格贯彻落实《上海市高级人民法院关于重大敏感案件的处置办法》,健全完善重大敏感刑事案件审判指导、量刑规范、资产处置等工作机制,严把案件质量关。完善冤假错案防范纠正机制,提高人权司法保障水平。

(24)深化落实庭审实质化改革。认真贯彻落实《上海市高级人民法院关于全面推进以审判为中心的诉讼制度改革的实施意见》等规定,严格执行"三项规程",深化完善庭前会议、非法证据排除、法庭调查、刑事辩护等配套机制,全面落实证人、鉴定人、侦查人员出庭作证制度,确保庭审发挥实质性作用。充分保障刑事辩护律师依法执业权利,推动实现刑事案件律师辩护全覆盖。完善法律援助制度,建立健全法律援助案件质量评估体系,推动全面提升法律援助案件的辩护质量和水平。

（25）深化完善认罪认罚从宽制度。认真贯彻落实《上海市高级人民法院关于被告人认罪认罚案件证据审查判断的若干意见》等规定，进一步规范认罪认罚案件的诉讼程序、处罚标准和处理方式。根据案件难易、刑罚轻重、认罪与否等情况，建立完善速裁程序、简易程序和普通程序的有序衔接机制，健全完善被告人认罪案件和不认罪案件的分流机制，实现刑事诉讼程序多样化、精细化。

（26）健全完善涉民生案件审理机制。依法审理好涉民生案件，通过加强审判指导、发布典型案例和审判白皮书、简化诉讼流程、加大司法宣传、开辟立审执绿色通道、加强纠纷联动化解等方式，推动形成便捷、快速、有效的涉民生案件审判工作机制，切实为民生权益提供及时优质的司法保障。

（27）深化落实家事审判方式改革。认真贯彻落实《最高人民法院关于进一步深化家事审判方式和工作机制改革的意见（试行）》《上海市高级人民法院关于全面推进家事审判方式和工作机制改革工作的方案》等规定，通过健全完善家事审判联席会议、"离婚冷静期"等制度，创新家事调解、心理疏导、回访帮扶等工作机制，构建完善专业化家事纠纷综合解决模式。深化家事审判组织和队伍专业化建设，推动家事审判与未成年人审判统筹推进、协同发展。

（28）健全完善妇女儿童权益司法保障机制。依法妥善审理家庭暴力、校园霸凌等侵害妇女儿童合法权益的案件，积极引入心理辅导、判后回访等制度，提高案件审理质效。健全完善儿童权益代表人制度，构建未成年人财产第三人托管制度，充分保障未成年人在诉讼中独立的诉讼地位和诉讼利益。积极搭建反家暴联动平台，开通"绿色通道"，建立健全快速审理模式，全面保障妇女儿童的合法权益。

（29）健全完善商事审判工作机制。不断更新司法理念思路、创新商事审判机制和审判方式，加强商事审判精品化、专业化建设。严格简易程序、审计评估和普通程序的审理期限，完善诉调和审判程序的对接周转机制，全面提升审判质效。通过司法裁判，规范和引导市场准入、竞争、退出及要素配置、商业创新、信用建设等领域的交易规则和秩序。健全完善涉互联网案件审判工作机制，创新互联网案件诉讼规则和诉讼模式，提升审判质效。

（30）健全完善行政审判工作机制。通过依法稳妥审理涉行政许可、公司登记、行政协议、行政监管、行政不作为等行政案件，建立健全与行政案件集中管辖改革、行政机构改革相适应的司法、行政良性互动新机制。健全完善行政规范性文件司法审查、行政机关负责人出庭应诉等工作机制，监督和支持行政机关依法履职，推动建设法治政府、创新政府、廉洁政府和服务型政府。

9. 深化执行体制机制改革,推动切实解决执行难

(31)深化落实审(裁)执分离工作机制改革。健全完善执行裁判权与执行实施权有效配合与监督制约的工作机制,进一步优化执行权力配置。健全繁简分流、事务集约的执行权运行机制。深化完善立审执衔接工作平台建设,健全立审执衔接工作联席会议制度,完善立审执衔接工作机制和流程。完善以法官为核心的执行团队办案模式,全面落实执行办案责任制,推动形成切实解决执行难长效机制。

(32)加强执行工作规范化建设。重构执行流程管理体系,以标准化、规范化、信息化为抓手,推动执行工作转型升级。增强规范办案意识,开展规范执行专项行动,切实整治消极执行、选择性执行等问题。严格"终结本次执行程序"案件前置审查程序和恢复执行标准,积极推进"执转破"工作,确保有财产可供执行案件在法定期限内依法执结,无财产可供执行案件按法定程序规范流转。强化执行案件定期抽查通报、督促整改工作机制,全面提升执行工作规范化水平。

(33)进一步加大强制执行力度。建立健全严厉打击抗拒执行、阻碍执行、暴力抗法行为的常态长效工作机制,完善反规避执行工作机制,加大罚款、拘留、限制出境等强制执行措施力度,提高拒执犯罪的适用比例。完善失信被执行人联合惩戒工作机制,加强"人、财、物"网络化查控联动协作,形成运行有序、管理规范、威慑有力、内外结合的综合治理执行难工作格局。

(四)以队伍"四化"素养为基础,系统集成分类管理和职业保障、考核激励、专业人才培养3大综合配套长效机制,全面建成分类科学合理、保障管理有力的队伍建设管理体系

10. 健全完善以法官为核心,以辅助人员、行政人员为保障的司法人员分类管理模式,全面落实职业保障政策

(34)深化落实法官员额管理制度。进一步规范法官遴选标准、程序,探索建立员额递补机制,健全完善常态性和机动性相结合的法官遴选机制,确保法官及时增补。进一步健全法院员额管理、任职回避和法官交流培养制度,完善员额法官的入额、退出和再入额审查机制,实现法官等级晋升、择优选升、高中院法官逐级遴选的制度化、常态化。完善从律师和法律专业人才中公开选拔法官的工作机制,有效提升法官管理科学化水平。

(35)健全完善审判辅助人员和司法行政人员管理制度。认真贯彻落实中央《公务员职务与职级并行规定》《关于法官助理、检察官助理和书记员职级设置管理的通知》《公安机关执法勤务警员职务序列改革方案(试行)》等规定,完善审判辅助人员、司法行政人员分类招录、职务设置、薪酬保障、培训考核等制度。完善高中院审判辅助

人员、司法行政人员择优选调制度,拓宽审判辅助人员、司法行政人员的职业发展通道。有序推进司法警察职务序列改革。优化审判辅助人员、司法行政人员选拔任用、职级晋升及配套管理机制,建立健全司法行政人员与法官、审判辅助人员跨序列交流机制,不断提升审判辅助人员、司法行政人员管理的专业化、规范化水平。

(36) 完善人民陪审员管理配套制度。 认真贯彻落实上海市司法局、上海市高级人民法院、上海市公安局《上海市人民陪审员选任工作实施方案》等规定,健全完善人民陪审员参审案件范围、庭审程序、评议规则等,完善人民陪审员选任、培训、考核、奖惩管理办法,推动完善人民陪审员履职经费保障机制。建立专家支持审判工作机制,建立专门法院从全市范围选任专家陪审员的制度,提升司法公信。

11. 构建完善以提高审判质效为导向的队伍约束激励和绩效考核评估配套机制,营造争先创优的良好氛围

(37) 完善落实绩效考核激励机制。 认真贯彻落实《上海法院法官、审判辅助人员、司法行政人员业绩档案管理办法》等规定,深化落实各序列人员考核制度,健全完善绩效考核评价体系,进一步压实司法责任。优化完善案件权重系数、案件质效评估体系和法官(干部)业绩档案系统,全方位记录、评估工作业绩和质效。强化将考核结果与干部使用相挂钩的激励机制,更好地发挥绩效考核在队伍管理等方面的引导作用。

(38) 健全完善先进典型培育长效机制。 认真贯彻落实《上海市高级人民法院关于进一步强化激励措施的指导意见》《上海法院审判业务专家评(复)审及管理办法》等规定,健全完善审判业务专家、审判业务骨干、办案标兵等评选机制,分梯次、有计划地在各条线各岗位挖掘、培育、树立、宣传一批优秀人才,推动形成上海法院人才梯队。建设上海法院表彰奖励评选大数据库,建立上海法院先进典型储备和先进典型发展档案,充分发挥先进典型在队伍建设中的引领、示范、辐射作用。

12. 健全完善多渠道、梯队化的人才培养机制,打造忠诚干净担当的高素质专业化法官队伍

(39) 加强完善党的政治建设。 认真贯彻落实《中共中央关于加强党的政治建设的意见》《中国共产党政法工作条例》《最高人民法院关于进一步加强人民法院思想政治建设的意见》等规定,健全法院党的建设常态化机制,推动实现党的组织覆盖审判执行工作基本单元。完善理论教育、政治轮训制度,提高队伍党性修养。严格执行新形势下党内政治生活若干准则,落实"三会一课"、民主生活会等制度,健全干警思想动态定期分析和经常性思想工作机制,加强对干警的思想引导,切实提升队伍创造力、凝聚力、战斗力。

(40) 加强完善法院领导班子建设。 配齐配强全市法院领导班子,优化领导班子年龄结构、学历层次、专业结构、性别结构,选配有担当能作为的优秀干部充实领导班子。健全区法院领导干部和高中院中层领导干部的交流机制,保持新老干部正常交替的格局。完善班子考核管理机制,强化以实绩考察为核心的领导班子综合评价体系,将考核结果作为争先创优、评比表彰、提拔任用的重要参考依据。有计划安排领导干部参加党校、国家法官学院、出国(境)培训、专题讲座和培训班,切实提高领导干部的管理能力和水平。

(41) 深化完善教育培训机制。 健全完善法院各类人员教育培训体系,推进培训内容和方式改革,完善分层分类按需培训机制,提高培训针对性、精准度。建立健全覆盖职业生涯的终身学习制度,着力提高法律政策运用能力、防控风险能力、群众工作能力、科技应用能力、舆论引导能力。优化完善法官教育培训师资库建设,全面落实相关配套措施,为推进审判能力现代化提供有力的人才保障和智力支持。

(42) 加强文化法院、健康法院建设。 认真贯彻落实《上海市高级人民法院关于建设"文化法院"的意见》《上海市高级人民法院关于建设"健康法院"的意见》等规定,坚持文化引领、健康安全的理念,引导干警健康生活、快乐工作,努力打造温暖、活力、健康法院。完善法院文化建设发展规划,大力加强人民法院精神文化、制度文化、行为文化、物质文化建设,推动法院文化在潜移默化中发挥教育、熏陶、引导、规范、凝聚、激励、约束等作用,为人民法院科学发展提供精神动力、智力支持和文化保障。

(43) 健全向先进典型学习活动常态化机制。 深入开展向以邹碧华同志为代表的先进典型学习活动,将开展向邹碧华同志等先进典型学习活动与学习贯彻习近平新时代中国特色社会主义思想和党的十九大精神相结合,健全完善以座谈会、表彰会、专项活动等为重点的学习活动常态化机制,完善上海法院"邹碧华式"好法官、好领导、好干部评选标准,充分发挥先进典型的激励引领作用。

(44) 深化落实院校合作交流制度。 进一步加大院校合作交流力度,根据在沪各高等院校特色,结合国家战略和上海法院重点工作,深化完善以专题研讨、实务课程、案例教学、师资共享、联合调研、人才培养、外事合作、外国法查明等为主要内容的长效合作机制,充分发挥法学理论与司法实务交流的合力优势,促进提升队伍的职业素养、司法能力和专业水平。

(45) 完善纪律教育工作机制。 深入学习《中国共产党纪律处分条例》,坚决落实中央八项规定及实施细则精神,健全完善经常性纪律教育工作制度,形成靠制度管权、管事、管人的长效机制,确保司法活动风清气正,法院队伍清正廉洁。健全完善违纪违法案件通报制度,将警示教育内容融入自主选学培训,切实提高队伍廉洁自律能力,提升干警自我净化、自我完善、自我革新、自我提高的能力。

（46）**完善党风廉政工作机制。**严格落实管党治党责任,深化"四责协同"机制,不断完善队伍从严管理制度体系。加强司法作风建设,引导干警进一步规范司法行为、改进司法作风,树立人民法院的良好形象。完善内部巡视、司法巡查、审务督察制度,整合监督力量,全力构建不敢腐、不能腐、不想腐的长效机制。健全与新型审判权力运行体系相适应的廉政风险防控体系,确保公正廉洁司法。

（47）**完善责任认定追究和惩戒机制。**健全法官惩戒制度,进一步明确法官惩戒事由、惩戒方式,健全与纪检监察机关的工作衔接机制,推动形成科学完备、符合规律的问责制度体系。完善保障当事法官陈述、举证、辩解、异议、复议和申诉权利的工作机制。细化完善审判组织和审判人员违法审判的责任认定和追究机制,确保既把违法审判责任的追究落到实处,又充分保障法官的履职权利。

（五）以司法为民和国家战略为大局,系统集成诉讼服务便民、司法公开、服务保障大局3大综合配套长效机制,全面建成公开便捷高效、主动对标大局的司法服务保障体系

13. 聚焦诉讼服务中心信息化、标准化建设,全力打造移动"微法院"

（48）**推动诉讼服务中心标准化、信息化升级。**认真贯彻落实《上海市高级人民法院关于全面推进诉讼服务中心建设的实施意见》等规定,运用人工智能等现代技术,健全线上"一网通办"、线下"一站服务"的集约化诉讼服务机制,全力打造网站、电话、短信、微信、App、人工窗口等为一体的诉讼服务中心"升级版",集中提供立案、分流引导、答疑查询、调解、志愿者服务、心理疏导等多元化便民诉讼服务。加快推进跨域立案改革,推动实现诉讼事项跨区域远程办理、跨层级联动办理,进一步方便当事人诉讼。

（49）**全面推进移动"微法院"建设。**运用大数据、人工智能等现代科技,升级上海法院12368诉讼服务智能平台,融合互联网+、人工智能+创新自助服务和云服务新模式,全面推进移动"微法院"建设,解决群众"问累、诉累、跑累"。全面推广应用电子送达模式,努力为群众提供线上线下融合、智能高效的诉讼服务,服务群众诉讼"全方位、全天候、零距离、无障碍"。

（50）**升级完善上海法院律师服务平台。**运用大数据、人工智能等现代科技,升级上海法院律师服务平台,进一步拓展上海法院律师服务平台服务范围和服务对象,提升外地律师认证速度,完善律师办案流程。优化网上立案、网上缴费、庭审排期自动避让、关联案件自动推送等功能,改善律师使用体验,为律师依法履职提供便利。

14. 持续加强"阳光司法、透明法院"建设,增强司法透明度和公信力

（51）**加强司法公开机制建设。**认真贯彻落实《最高人民法院关于进一步深化司法公开的意见》《上海市高级人民法院关于推进阳光司法、透明法院建设的意见》等规

定,健全完善以审判流程公开、庭审活动公开、裁判文书公开、执行信息公开为重点,多媒体、全方位的上海法院十二大司法公开平台,主动将司法全过程、全要素依法向当事人和社会公开。完善新闻发言人、媒体沟通和舆情研判应对"三同步"机制,及时发布最新典型案例、司法政策、司法大数据报告和司法改革举措。对标世行评估要求,加强商事涉产权案件专项司法数据公开,积极助力打造公开透明可预期的法治化营商环境。

15. 对标科创板注册制、自贸区拓展、长三角一体化、中国国际进口博览会等重点任务,为上海依法治市和国际化、法治化营商环境提供有力司法保障

(52) 健全为上海"四大战略支撑"提供司法服务保障机制。对接增设上海自贸试验区新片区重大任务,修订完善司法服务保障自贸区意见,加大司法制度供给。加强对科创板和注册制的相关法律问题研究,建立健全涉科创板上市企业证券纠纷案件集中管辖机制,积极回应科创板试点注册制过程中的司法需求。建立健全服务保障长三角生态绿色一体化发展示范区的司法体制机制,深化拓展长三角地区法院司法协作领域。创新完善服务保障中国国际进口博览会审判方式,推动形成常态化长效机制,巩固服务保障成果。

(53) 健全为上海"五个中心""四大品牌"和文化大都市建设提供司法服务保障机制。贯彻落实好《关于全力打响上海"四大品牌"率先推动高质量发展的若干意见》、"上海服务""上海制造""上海购物""上海文化"三年行动计划以及《上海法院为上海国际贸易中心建设提供司法保障的实施意见》《上海市高级人民法院关于为上海国际航运中心建设提供司法服务与保障的若干意见》《上海市高级人民法院关于服务保障上海加快建设具有全球影响力科技创新中心的意见》等一系列服务保障专项意见,充分发挥司法职能作用,健全审判工作机制,完善司法政策,助力上海"五个中心""四大品牌"和文化大都市建设。

(54) 健全为营造国际化、法治化、便利化营商环境提供司法服务保障机制。深入贯彻中央、市委、最高人民法院关于优化营商环境的决策部署,进一步优化与执行合同和办理破产相关的诉讼服务和程序保障,构建既接轨国际标准、又符合上海法院实际的法治营商环境评价指标体系。严格制裁违约失信行为,提升立案、审判、执行、破产质效,努力保持上海在商事纠纷解决领域的全球领先地位。积极推进国际商事审判体制机制改革,形成多层次、立体化、与国际通行规则相衔接的商事争端解决格局。

(55) 健全为企业家创新创业提供司法服务保障机制。认真贯彻落实《最高人民法院关于充分发挥审判职能作用为企业家创新创业营造良好法治环境的通知》《上海市高级人民法院关于充分发挥审判职能作用为企业家创新创业营造良好法治环境的实施意见》等规定,健全以公平为核心原则的产权保护制度,完善产权司法保护政策,坚决防止将经济纠纷当作犯罪处理。依法妥善审理涉民营企业案件,切实维护诚实守信企业合法权益。推动建立产权保护协调会商常态化机制,着力营造依法保护企业家合法权益的法治环境。

(56)健全完善生态环境司法保护配套机制。认真贯彻落实《长江经济带11+1省市高级人民法院环境资源审判协作框架协议》《上海市高级人民法院关于审理政府提起生态环境损害赔偿民事案件的若干意见》等规定,推动建立健全刑事、民事、行政"三合一"的归口审理机制。构建与检察机关、环境资源行政主管部门的协调联动机制,完善生态环境损害赔偿与环境公益诉讼之间的衔接机制。准确把握生态环境损害赔偿诉讼的性质,探索推进惩罚性赔偿制度在环境污染和生态破坏纠纷案件中的适用,充分发挥诉前磋商制度在生态环境损害赔偿中的积极作用。

(57)健全完善司法智库运行机制。按照"定位清晰、特色鲜明、规模适度"的工作要求,依托司法智库咨政建言常态工作机制、全方位开放研究机制、研究成果共享机制,建立健全治理完善、充满活力、监管有力的新型司法智库管理体制和运行机制,建立一支坚持正确政治方向、德才兼备、富于创新精神的司法特色决策咨询队伍,充分发挥司法智库的"思想库"和"智囊团"作用,努力将上海司法智库建设成为具有国内较大影响力的新型高端智库。

(六)以信息化科技为助力,系统集成数据交互共享、办案流程再造、数据深度应用3大综合配套机制,全面建成全网全域全程、安全管用好用的智慧法院支撑体系

16. 建立完善数据交互共享机制,全面实现数据、信息、业务等内外互通

(58)全面升级新一代信息化基础设施。利用大数据、云计算、人工智能、区块链等新技术,建设科学高效、标准统一、开放共享、跨界融合、安全可靠的上海法院集约化智能化的新一代基础设施体系、新一代业务应用体系、新一代安全运行管理体系,确保上海法院全业务网上办理、全流程依法公开、全方位智能化应用顺畅安全。

(59)深化司法大数据中心和统一数据共享交换平台建设。全面建设上海法院"三朵云"(审判云、诉讼服务云、涉密云)和大数据综合管理平台,积极对接上海市大数据中心,以刑事辅助办案系统数据联通和诉讼服务入驻"一网通办"平台为样板,全面实现数据、信息、业务等在网系之间、法院之间、法院与外部机构及市"两个平台"之间安全有序交互、协同共享联通。

17. 探索创新"无纸化办公"和网上全流程办案,全面推进办案流程再造

(60)全面落实电子卷宗随案同步生成和全程网上政务管理、办公办文工作机制。健全电子卷宗随案同步生成技术保障和运行管理机制,全面推进实行电子档案为主、

纸质档案为辅的案件归档方式,推动实现从电子卷宗生成、应用到最终归档的全流程电子化,并随案在系统中流转应用。依托全流程办案、案件质效评估、法官业绩档案、审执风险预警等日常工作系统的建设完善,建立完善覆盖审执办案、政务管理、绩效考核、风险提示的信息化工作流程标准和规范,全面实现网上办案、办公和归档电子扫描全覆盖。

18. 加强数据深度应用机制建设,推动实现司法经验和人工智能的深度融合

(61) 全面推进智能辅助办案系统研发应用。 以"上海刑事案件智能辅助办案系统""上海民商事、行政案件智能辅助办案系统""上海执行案件智能辅助办案系统"、司法智库一体化平台等研发应用为重点,进一步推进人工智能深度学习、区块链等技术与司法智慧的深度融合,全力打造上海法院智能辅助办案体系,确保应用体系更管用、好用和用好,为诉讼服务、类案检索、证据校验、庭审、法律文书制作、司法分析等各项工作提供助力,全面促进审判能力现代化。

(62) 加强智能辅助流程管理系统建设。 推动现代科技在流程管理工作中的深度应用,强化流程管理智能辅助系统支持能力,依托信息化技术支持司法绩效考核、审判执行预警、审判运行态势分析、审判质效评估、审判监督管理成效数据评估等,推动实现流程管理方式转型升级,促进提升流程管理效能,提高审判管理的精细化水平。

(63) 加强司法大数据应用开发机制建设。 健全完善数据全生命周期管理机制,不断提升数据质量。建立健全司法大数据统计分析、应用开发与发布机制,为法院智能辅助办案、审判态势研判分析、精准管理案件质效、人员绩效、改革成效、廉政风险管控等提供决策依据,并及时向地方党委、政府及其他社会组织适时提供有关社会治理、经济发展、依法行政等方面的司法大数据分析专报等决策参考信息,充分发挥司法大数据的社会价值。

三、工作要求

(一) 统一思想,提高站位。深化司法体制综合配套改革是党的十九大部署的重大改革任务,是上海继续当好改革开放排头兵、站在更高起点谋划和推进改革的必然要求。全市法院要站在全局的高度,充分认识深化司法体制综合配套改革的重大意义,切实提高政治站位、工作展望,对标中央、市委、最高人民法院的要求,以钉钉子精神抓好抓细改革措施的落地见效。各级法院党组要把贯彻《实施意见》作为一项战略性、基础性工作列入院党组议事日程,积极采取配套措施,切实抓好落实和推进。

(二) 加强领导,严格责任。要严格按照中央、市委、最高人民法院的决策部署扎实有序推进改革。高院司法体制综合配套改革领导小组加强对《实施意见》的组织领导;高院相关责任部门根据《实施意见》按年度细化确定当年具体改革任务和工作要点,负责改革任务的对口指导、统筹协调、推进实施、督促落实、跟踪问效;中基层法院司法体制综合配套改革领导小组要切实发挥主体责任,主动对接《实施意见》要求,抓好综配改革的领导和协调,把握改革推进节奏,确保各项改革任务有重点、有步骤、有秩序推进。

（三）周密部署、有序推进。要充分把握立足当前与谋划长远的关系,在逻辑上注重有序衔接,在成效上注重巩固提升,在配套上注重系统集成,既推动各项改革举措紧密相嵌,又努力做到改革效果压茬拓展,最大程度凸显改革的制度效应和整体效果。各级法院要把提高方案质量、按时完成任务、抓好工作落实作为重中之重,加强规划任务分解,逐项明确任务推进的时间表、路线图、责任人、任务书,确保每项任务有人盯、有人抓。

（四）积极主动,争取支持。各级法院要定期向党委、政法委汇报法院改革的进展及成效,主动加强与上级职能部门及其他相关对口单位的沟通对接,积极争取党委、政府的重视和支持,协调有关部门解决法院改革中遇到的困难和问题。要主动适应互联网时代的传播规律,统筹宣传上海法院深化综配改革的好经验好成效,不断增强舆论传播力、公众亲和力和社会影响力,让人民群众有更多获得感。

（五）科学评估,加强问效。要建立完善上海法院司法体制综合配套改革评估体系,推动改革评估的标准化、规范化、科学化。要健全完善改革推进情况定期评估,重大问题、重大事项报批备案和请示报告制度,及时总结改革经验、报告改革进展、反映问题困难。加强对改革任务落实情况的督察问效,推动督察扩点拓面、究根探底。完善督察指导常态化工作机制,建立督察情况反馈、问题通报、挂账整改机制,加大督察力度,推动督察工作常态化。建立季度讲评制度,确保各项改革任务按照既定部署有力推进、落地生根、取得实效。

5. 上海检察全流程全息在线办案综合平台总体规划

"十四五"规划纲要明确，要加快数字化发展，以数字化转型整体驱动生产方式、生活方式和治理方式变革。《中共中央关于加强新时代法律监督工作的意见》要求，加强检察机关信息化、智能化建设。中政委《关于加强政法领域执法司法制约监督制度机制建设的意见》提出，健全完善智能化制约监督体系，全面建成政法各系统内网、电子政务外网为主干的政法网络格局，推进执法司法业务线上运行、线上流转，实现实时记录、全程留痕。《关于充分运用智能化手段推进政法系统顽瘴痼疾常治长效的指导意见》也提出，实现全流程网上办案、全过程网上监督。检察工作的数字化转型是顺势而为、应时而变的必由之举，更是检察机关以高度的政治自觉、法治自觉、检察自觉，依法履行刑事、民事、行政、公益诉讼检察职能，实现各项检察工作高质量发展的必由之路。上海检察的数字化转型，重点应聚焦办案、赋能办案，致力于改变线下线上"二元化"办案模式，实现全流程全息在线办案。

全流程全息在线办案综合平台建设不是"从零开始"，也不是"另起炉灶"，是在检察大数据战略要求和上海城市数字化转型背景下，以统筹规划、业务驱动、数据赋能、技术支撑、能力建设为导向，依托检察业务应用系统2.0和"206"系统的主体架构，围绕"线下办案行为全面线上化，检察业务全面数字化""'四大检察'办案模式系统性重构"的工作目标，梳理"十大业务"全量办案行为，发挥2.0系统的微服务功能优势，研发"办案行为+智能辅助"的全程、多维、立体应用场景，实现办案流程集约再造、配套制度一体设计、业务数据无感采集、电子卷宗同步生成，通过加强大数据技术在检察业务中的应用，加速检察内外部数据共享、共用，推动构建大数据检察监督新格局，实现服务检察办案更加能动、服务社会公众更加便捷、服务业务决策更加科学。

总 体 思 路

全流程全息在线办案综合平台总体规划思路可以概括为"一二三四五"，即一个目标、两个依托、三个服务、四个要素和五个导向。

一、明确一个目标：线下办案行为全面线上化，检察业务全面数字化，实现"四大检察"办案模式系统性重构

（一）上海检察推行全流程全息在线办案有较为坚实的基础。目前**全国检察业务应用系统**已经实现了检察文书在线生成、案件信息在线记录以及部分数据在检察机关内部共享；**上海"206"系统**依托政法协同机制实现了部分电子卷宗等信息在公检法司之间的流转，并且提供了证据校验、辅助阅卷、出庭示证等办案辅助。**上海检察机关**也一直在探索和实践"智慧检务"，研发了覆盖刑事、公益诉讼、综合管理等方面的 50 余个应用系统和平台，建立了高效的系统运维保障团队，有较丰富的自主研发、部署系统的经验。上海**三级院干警**在实践中积累了丰富的信息系统应用实践，并对检察办案的信息化、智能化提出了更多需求和更高要求。

（二）从实践来看，大部分检察办案行为仍然在线下进行，与当前数字化发展要求有差距。检察业务应用系统尚未实现以办案行为或者数据驱动。以审查逮捕环节为例，主要办案行为共 19 个，在系统内完全实现线上办理的仅 5 个，告知、讯问、送达、听取意见等高频办案行为均在线下进行，线下办案行为没有实现信息化。由此造成线下办案行为与线上文书制作的不同步，线下办案行为与线上行为记录、数据归集、档案生成的不同步，更重要的是数据不能直接从办案行为获取。同时，办案行为部分线上、部分线下的现状也对办案效能产生了掣肘效应，比如讯问、送达等行为，耗费了检察官大量的沟通成本和在途时间，而且疫情期间还会加大办案安全风险。就单个系统而言，检察官的感受是办案过程中案卡填录多、重复动作多、赋能获益少；再加之应用研发顶层设计、系统推进不足，现有 50 多个系统集成度低，检察官的获得感普遍不强。从人**民群众角度而言**，类似互联网阅卷"一次不用跑"的便民举措不多，信息获得不便捷，联系、沟通不畅，递交申请、签收材料等需要"多跑腿"的事项仍然存在。**从释放数据红利角度而言**，线上办案行为的不连贯性，导致检察业务数据出现了断层、碎片化等问题，不利于数据的深度挖掘和应用。

（三）必须依托检察业务的数字化有效解决当前办案、监督所面临的困境。"线下办案行为全面线上化"，实现数据要素的高效流动，让检察官能够高效办好一件案，让人民群众能够简便办成一件事，让领导决策能够更加精准，使履职能适应检察工作高质量发展的内外部要求。"检察业务全面数字化"，将数据的生产、采集、管理、应用、服务融入检察业务的每一个节点，使人人都成为数据的生产者、治理者、使用者、获益者，推动大数据赋能新时代法律监督。

　　为更好地实现全流程全息在线办案综合平台建设的核心目标,保证线上诉讼程序的贯通性和办案场景的齐备性,推进"四大检察"办案模式的系统性重构,要着力做好四项工作:**一是做实基础性工作,画好蓝图。**系统梳理"四大检察""十大业务"的全部办案流程和各个业务流程中的全部办案行为,结合现有系统、工具,分清线上、线下,有无智能辅助等,理清数据流向,为以点带面、由共性到个性,分段、分步实现全流程全息在线办案画好"施工图""进度表"。**二是广泛调研业务需求,优选场景。**聚焦当前检察办案中的痛点、难点问题做好需求调研,围绕一线办案中最急需、最迫切的在线办案需求,以项目化方式推进开发应用场景,让检察官在每个环节都感受到线上办案的可用、好用、习惯用。**三是用好 2.0 微服务功能,集成系统。**借力检察业务应用系统 2.0 的"微服务架构",积极拓展研发集图文、音视频等于一体的"办案行为+智能辅助"的应用场景,实现本地化应用和最高检系统的充分融合和优势互补。**四是创新数据应用模式,打造基座。**同步启动检察数据基座建设,汇聚全量办案数据、打通政法数据、引入外部数据,切实加强大数据技术在检察业务中的应用,发掘新赛道、培育新动能,加快形成上海检察监督新增长级。

二、紧抓两个依托:业务大系统和数据大平台

　　业务大系统包括检察业务应用系统 2.0 和上海"206"系统。要依托 2.0 系统打造跨层级的检察业务数字化大基座,依托"206"系统打造跨部门的政法业务数字化大基座。

　　数据大平台就是打造检察数据基座,建成上海检察全景数字平台。要同步于大系统统筹规划、分步建设集汇聚、存储、管理、分析、应用于一体的检察数据基座。通过"小屏"与"大屏"的无缝对接实现"业务"与"数据"的互联互通、互补互促。

　　具体讲,检察业务应用系统是最高人民检察院在全国检察机关统一部署的办案系统,贯通四级检察机关、业务流程标准、办案文书齐全、审批(核)程序完备、案件信息丰富、业务数据汇集,是目前线上办案的重要载体,是最高人民检察院对各地检察业务进行评价的重要数据来源。相较于 1.0 系统,2.0 系统的优势之一是具备微服务架构,可以灵活增加本地化、个性化的信息化、智能化应用场景。因此,要用好 2.0 系统已有的功能和微服务架构,将其打造为跨层级的检察业务数字化基座。

　　2017 年启动的上海"206"系统使跨政法单位的全量案件信息、业务数据的全程网上流转成为可能。目前,"206"系统的主体数据是从公安机关到检察院再到法院的单向、线性流转,要激活、用活政法协同机制,积极参与、主动作为,加速系统迭代升级,通过检察机关与其他政法单位交互办案行为的全程线上化、业务流程的数字化,实现政法数据的共治、共享、共用。

上海检察全景数字平台,是类似于市城运中心"一网统管"的线上平台,是集数据汇集、信息交互、办案指挥、业务管理、监测预警、决策辅助于一体的综合平台,是全流程全息在线办案业务流和数据流的全景应用平台。通过对接更多数据源,实时汇聚"四大检察"、政法单位、"一网通办""一网统管"等各类数据;通过搭建模型、探索算法、提升算力,高效运用各类数据服务办案、服务公众和服务决策;通过多源数据碰撞,为检察业务、检察人员和上海检察精准画像。

三、对标三个服务:服务办案、服务公众、服务决策

全流程全息在线办案,将持续提升办案行为的数字化率,最大限度优化业务流程,让个案办理更加专业、高效;将极大丰富法律监督线索的来源,聚合形成更多、更高质量的监督线索,有利于打破时间和空间的限制,让法律监督更加能动。

全流程全息在线办案,有利于服务群众指尖上的便利,将更多的"只跑一次"升级为"一次也不用跑",最大限度保障公众知情权,减少"信息不对称"引发的"认知不对称"等问题,让检察为民更加深入;将加速推动以公开促公正,最大限度保障公众的监督权,让检察权在阳光下运行。

全流程全息在线办案,将极大地扩展检察业务数据的广度、深度,细化数据的颗粒度,提升数据的关联度,有利于描摹更为立体全面的检察工作画像,让业务决策更加科学。

四、聚焦四个要素:办案流程、配套制度、业务数据、电子卷宗

(一)办案流程集约再造,实现资源的最大化集中利用,提高办案效率。从"减环节、减时间、减材料、减跑动"入手,最大限度简化优化业务流程。通过提取不同环节的共性行为,设计通用的信息化工具予以支撑,比如针对审查逮捕、审查起诉流程中均涉及的讯问、告知等高频行为,结合不同对象、不同方式、不同场所等开发、迭代升级可复用的智慧讯(询)问、电子文本告知应用场景及配套设施。全流程全息在线办案将改变以往点对点的线性办案模式,逐步发展为可并行的多线程办案模式,未来将可能出现不同案件的相同行为并行以及同一案件的不同行为并行等新型、集约化办案形式。

(二)配套制度一体设计,完善与业务数字化相适配的规范、机制建设,健全数字化转型保障体系。全流程全息在线办案,将对检察业务产生深刻影响,推进过程中会在证据要求、办案流程、数据安全等方面不断催生新规则、新规范,需要建立健全配套

业务制度;全流程全息在线办案综合平台建设,更强调统筹、协同、高效,在组织推进、项目立项和研发应用等方面,需要建立健全配套工作机制;全流程全息在线办案综合平台建设,要发动全系统、全院、全员参与,对好的要表扬、激励,对差的甚至造成数字化进程迟延的要问责,需要建立健全考核机制。

(三)业务数据无感采集,对各办案环节产生的信息实现自动记录和汇总,最大限度减少人工填录。线上办案模式将有效改变数据采集方式,有效拓展数据采集路径,将主要从案卡采集数据最大限度转变为直接从办案行为和文书中采集数据;将主要从检察内部采集数据拓展为从政法协同中共享数据,从内外交互中回填数据。检察官在启动线上办案行为时,数据就自动、同步产生并按需完成采集,改变数据主要由"人工填录、二次加工产生"的现状。

(四)电子卷宗同步生成,在线上办案行为推进过程中,同步即时生成具备完全法律效力的单一数字档案材料。2021年2月,最高人民检察院印发《人民检察院诉讼档案管理办法》,明确要积极探索开展电子文件在线归档;4月,上海出台《上海市档案事业数字化转型工作方案》,明确以优先推行"增量电子化"为导向,在政务服务、社会管理等领域全面推动电子文件归档工作。全流程全息在线办案模式将为档案工作的数字化转型提供先导条件和坚实基础,切实改变目前线下办案模式中纸质材料与数字档案同步并存的局面,实现主要以单一数字档案为核心的诉讼档案新范式,全面推进检察档案工作数字化转型。

五、强化五重导向:统筹规划、业务驱动、数据赋能、技术支撑、能力建设

全流程全息在线办案综合平台建设是极具挑战的新生事物,不仅需要突破传统认知,也需要有"第一个吃螃蟹"的勇气。这是一项系统工程,要进行体系化战略规划,这离不开业务、数据、技术等多方力量的融合发力,更需要培育和造就一支具有大数据思维、具备数字检察办案能力的人才队伍。

(一)统筹规划,做好顶层设计。"不谋全局者,不足谋一域",市院要对上海检察数字化转型的方向、抓手、路径、进度、建设等进行整体谋划、作出统筹设计,要有总体规划、分步实施计划,要有总体目标、阶段性标志成果,要加强各项工作的关联性研判和有机衔接,努力做到全局和局部相配套、渐进和突破相促进。通过顶层设计,凝聚最大共识,形成强大合力;通过顶层设计,鼓励探索创新,避免重复建设;通过顶层设计,提高决策的科学性,增强举措的协调性;通过顶层设计,不断推动上海检察数字化转型向纵深推进,不断提升上海检察数字化转型工作的广度、深度、显示度和体验度,走出一条体现上海检察站位、上海检察特色和上海检察水平的数字化转型成功之路。

（二）业务驱动,贴合办案实际。全流程全息在线办案,要改变技术主导的传统模式,确立业务主导模式。市院要以"业务主导"模式规划数字化转型总体架构和具体实施计划。要根据法律法规、司法规律、办案实践设计应用场景、提出业务需求、梳理业务流程,更要充分借助一线检察官的工作经验和专业优势,使全流程全息在线办案综合平台的场景设计、功能开发更贴近检察办案实际,确保每一个数字化项目都能成为符合一线办案人员期望、符合一线办案人员要求的优质项目。通过业务的数字化改变原有办案习惯,催生新的办案方式,推动办案模式的系统性重构,同时实现数字化条件下对办案经验的传承与优化。

（三）数据赋能,实现升级加速。近年来检察业务数据在服务司法决策、业务发展等方面发挥着越来越重要的作用,而检察工作的数字化转型将深度激发大数据对检察办案质效的提升作用。全流程全息在线办案综合平台的建设,将有力推动大数据技术在检察办案中的应用,不断优化数据生产、采集、汇聚方式,加速全量办案行为的数字化进程,进而丰富数据来源、打通数据壁垒,通过数据的共享、共治、共用,借助数据模型、算法、算力,向数据要战斗力和"内生动力",切实发挥大数据在服务办案、服务公众、服务决策中的效用。

从数据的多维应用来说,全流程全息在线办案将更有利于实现高效办案、精准施策和科学治理,将数据的应用主体从案管部门扩展到全系统、全院、全员,数据的服务对象从院领导、部门负责人到全院、全员,比如向检察官动态提示业务规则,智能化推送法律法规和参考案例。通过业务数据的自动化流动,优化检察监督资源配置,第一时间把正确、有用的数据定向传递到履行不同职能的检察人员。在对外法律监督上,有效解决监督线索来源单一、数量不足等难题,有效平衡监督质效和监督覆盖面的关系,有效提升检察监督全面助推市域社会治理现代化的效能;在对内监管上,实现对办案各个环节的全程、自动管控,持续推动监督管理从盯人盯案、层层审批向全系统、全院、全员、全过程实时动态监管转变。

（四）技术支撑,提供优化保障。全流程全息在线办案的落地实现,离不开信息技术的支撑保障。而技术支撑并非孤立的一环,业务与技术的融合衔接不可或缺,要根据办案需求和技术发展水平进行系统规划和精细解构,循序确定在司法办案流程的哪些环节,以何种方式嵌入信息技术,将技术深度应用于业务流程,避免盲目、无序开发和低水平的重复建设。信息技术也并非万能,司法智慧也有不可替代的核心领域,比如证据采信、价值判断等方面,这些仍然需要检察官根据司法经验和专业水平权衡确定。因此,在推进技术赋能过程中应充分考虑适用性、必要性和可行性,尊重司法规律、量力适度而行。

从技术实现的角度而言,要注重统筹、强调有序、强化协同、控制成本,摒弃全部自主研发的冲动,通过系统化设计和模块化研发模式,减少重复对接,避免重复建设,缩短建设周期。对各地政法单位特别是外省市检察机关已有的较为成熟的智能化产品,以及成熟的商用智能化产品,充分借鉴;对于上海现有的各类检察办案和智能辅助系统、平台,最大化整合;对于目前没有相关系统或工具支撑的线上办案场景,组织力量创新攻坚。

(五)能力建设,培养人才梯队。检察数字化转型不是某一两个部门的事,检察长、业务部门负责人、每一位检察人员都要有大数据意识、大数据思维,积极主动参与进来。要注重系统内数字检察人才的梯队建设,继续举办数字化转型实训班,在实战中转变理念、提升能力。要选拔优秀骨干参与数字化项目,培育一支具备数字化技术、数字化思维、数字化认识和法律实践知识的复合型人才队伍。要善于借助外力、外脑,优化市场化力量和高校、科研机构的参与机制,有效助力检察数字化转型和数字检察人才培养。

建 设 路 径

"高效办成一件事"是"一网通办"改革的一项制度性安排,从"减环节、减时间、减材料、减跑动"入手,突出整体再造、强化系统重构,最大限度简化优化业务流程。2021年上海重点推进的"12件事"已经全部上线运行,《2022年上海市全面深化"一网通办"改革工作要点》确定的主要目标就包括重点打造"9个高效办成'一件事'",同时提出要"深化'一件事'集成服务,拓展高效办成'一件事'覆盖面"。

全流程全息在线办案综合平台建设是上海检察数字化转型的重要抓手,也是上海检察服务、融入城市数字化转型的创新之路。因此,上海检察数字化转型可以参照"一网通办"的改革理念和集成模式,将"高效办成一件事"作为全流程全息在线办案综合平台的建设路径,以"一件事"大应用同步推进业务大系统、数据大平台的建设,进而完成全流程全息在线办案综合平台的建设。即以**"高效办成一件事"大应用具象全流程全息在线办案综合平台,抽象十大业务全量办案行为,集成若干个数字化项目;以"办案行为的数字化率"动态、量化评估全流程全息在线办案综合平台的建设进度,分解全流程全息在线办案综合平台的建设任务。**

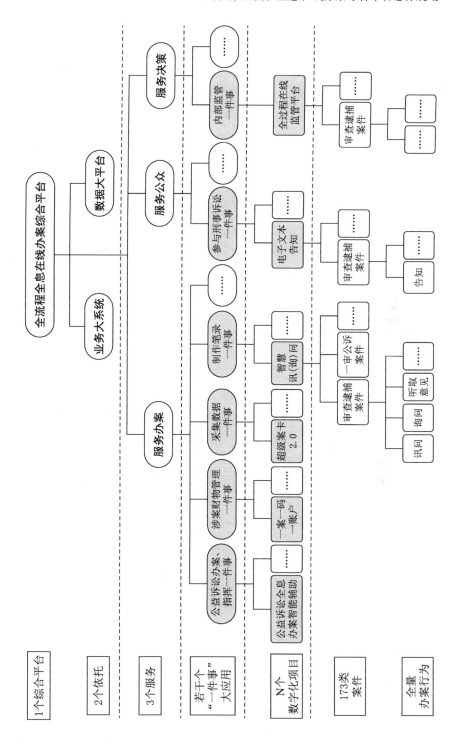

一、将全流程全息在线办案综合平台建设具象为若干个"高效办成一件事"大应用

全流程全息在线办案综合平台建设具有战略性、宏观性和引领性。要确保规划有效实施、落地落细，既需要进一步具象化、有形化，也要考虑协调性、避免碎片化。"高效办成一件事"大应用作为"一网通办"改革的制度性安排，完全契合上海检察数字化转型的方向和要求，因此可以将全流程全息在线办案综合平台具象为更加直观、可组织实施、可细化分解的若干个"高效办成一件事"大应用。每一个"一件事"大应用的提出都要符合服务办案、服务公众或者服务决策的目标，通过若干个"一件事"大应用的组合既可以建设完成业务大系统，也可以建设完成数据大平台，进而支撑起全流程全息在线办案综合平台。

二、以"高效办成一件事"大应用集成多个数字化项目

坚持以"小切口大应用"的理念推动数字化项目的建设，按照每一个"高效办成一件事"大应用总体目标和阶段性建设要求，分步、有序完成相关数字化项目的研发应用。

一是通过"高效办成一件事"大应用集成多个"系统可整合、场景可延展、功能可复用"的数字化项目，避免无序开发、重复建设或者建而不用。比如，可以通过入驻"一网通办"，以"公众参与刑事诉讼一件事"大应用将针对犯罪嫌疑人、被害人、辩护人等参与刑事诉讼、获取诉讼进程和结果信息等的多个数字化项目进行改革集成。

二是找准、做实小切口，一揽子解决多个重点、难点问题，为"高效办成一件事"大应用起好步、打好样。比如，将"刑事诉讼电子文本告知"作为"公众参与刑事诉讼一件事"的切口，打造成"小切口""大应用"的检察内外交互式标杆应用场景，一揽子解决影响内外交互的身份认证、电子签名、数据交换等重点、难点问题。

三是在"四大检察"全量办案行为梳理的基础上提取高频办案行为，再抽象出构成全流程全息在线办案综合平台的若干个"一件事"大应用。比如，讯问是涉及38类案件的高频办案行为，询问是涉及96类案件的高频办案行为，两类行为又具有相似性，核心都是制作笔录，因此可以抽象为"检察官制作笔录一件事"大应用。同时，"四大检察"高频办案行为的归类，也为确定"一件事"的小切口应用、为确定数字化项目立项的优先级提供重要参考。

三、以具体的数字化项目直接推进办案行为的线上化

检察业务应用系统2.0中有173类案件的业务流程，每一类案件的办结都需要完成多个办案行为,每一个办案行为的线上化、数据的共享共用都需要通过一个个具体的数字化项目来实现应用贯通、数据连通。

一是确保急用先行,一个数字化项目尽可能先满足一线办案最迫切需求。比如,针对办案检察官普遍反映的案卡填录多的问题,部署应用"超级案卡",让系统案卡"好找、少填"。

二是确保功能可复用,一个数字化项目尽可能多推动办案行为的数字化率。比如,"远程讯问"的核心功能——笔录线上制作并自动回传至业务系统,可以复用到"四大检察"100多类案件的共性办案行为"讯问""询问"中。

三是确保场景可延展,一个数字化项目尽可能快带动"高效办成一件事"大应用的覆盖面。比如,"刑事诉讼电子文本告知"小切口应用,可以以点带面,加速整合、带动各类诉讼参与人的各类诉讼权利、诉讼请求的一体线上化、数字化。

四、以办案行为的数字化率量化评估全流程全息在线办案综合平台的建设进度

全流程全息在线办案综合平台建设的目标是线下办案行为全面线上化,检察业务全面数字化。目前,"四大检察"全量办案行为的数字化率仅为15%,要实现建设目标就要找准方法对建设任务进行量化分解、对建设进度进行量化评估。"办案行为的数字化率"既可以统一建设进度量化评价标准,又可以统一建设任务量化分解标准,确保"一把尺子量到底"。即用"办案行为的数字化率"量化评估每一个数字化项目推动的办案行为线上化率,评估"一件事"大应用、业务大系统、数据大平台的建设进度,进而评估全流程全息在线办案综合平台的建设进度;用应当完成的"办案行为数字化率"确定全流程全息在线办案综合平台、业务大系统、数据大平台、"一件事"大应用、具体的数字化项目在每年的建设任务;用可以推动的"办案行为数字化率"评估每年可以启动和深化的"一件事"大应用,评估每年可以研发、部署的具体数字化项目;通过综合评估上一年实际完成的"办案行为数字化率",优化调整下一年度的建设任务,细化部署下一年度的建设要求。

组 织 推 进

全流程全息在线办案综合平台总体规划作为上海检察工作数字化转型的顶层设计,是当前和今后一段时期内全市检察机关谋划、推进、参与各项检察工作信息化、智能化建设必须严格遵循的标准和要求。

一、分步实施,明确各阶段重点任务

要科学布局从线下转化为线上的业务场景,从成熟的业务、已有的需求、迫切需要解决的问题等入手,做好规划、评估,分阶段稳步完成全流程全息在线办案综合平台建设。2021 年,重点做好全流程全息在线办案综合平台的总体规划,理顺检察工作数字化转型组织推进模式,确定业务应用场景从需求、研发到落地的规范化流程,制定涵盖检察业务数据生产、应用、管理、安全等方面的总纲性制度规定。2021—2022 年,充分调研信息化、数字化建设方面存在的制约"四大检察"高质量发展的痛点、难点问题,并从告知、阅卷、讯问询问、听取意见、监督线索挖掘等有基础、有需求的高频业务场景入手,评估确定启动研发、部署上线的"一件事"大应用和相应的数字化项目;初步实现政法各单位跨部门信息共享,办案数据的高效、实时共享、共用,形成线上线下一体化的业务管理闭环;初步建成上海检察全景数字平台,并完成配套业务规范的制定。再用2 年时间,到 2024 年底,基本实现"四大检察"全流程全息在线办案,基本完成上海检察工作的全面数字化转型。2025 年,对全流程全息在线办案各环节进行查漏补缺、提质增效,初步建成政法数据的系统级对接,全面总结五年来上海检察工作数字化转型的成效。

二、统筹推进,大数据中心牵头抓总

全市三级院、全体检察人员都要有主体意识和主体责任,主动融入、全程参与检察工作数字化转型,形成浓厚氛围和工作合力。**上海检察大数据中心要切实承担起牵头抓总的责任**。在上海市院数字化工作领导小组领导下,整合市院信息中心的各项职能以及市院案管办的数据管理、业务信息化需求统筹职能,根据全流程全息在线办案综合平台总体规划和分步实施计划,配齐配强队伍,加强实化运行,打破部门壁垒和数据壁垒,发现、培养、汇集三级院业务、技术、管理骨干力量,引入高校学者、技术公司专家等社会力量,汇集、严选多方优势资源形成研发公司名录。明确大数据中心主任全面负责全流程全息在线办案项目,并确定 1 名副主任牵头组织实施。各类数字化应用场景、信息化需求以项目化的方式实现,由大数据中心各项目副主任牵头项目组,确定项目组成员,中心各业务组按职能配合组织实施。项目组成员应当包括业务需求提出部门的人员(派员全程参与系统开发,完善需求、直接参与试用,直至系统正式上线运行)、信息技术人员(负责方案的技术研判、跟进系统研发进度和质量、管理开发公司等)和开发公司人员(负责信息化需求的技术实现、系统运维等)。项目开发完成、试运行结束后,由大数据中心组织相关人员进行内部验收,需求提出部门、系统用户代表应

当参与对信息化系统的内部验收或评估。

三、深度参与,发挥业务部门专业优势

全流程全息在线办案坚持人本取向和业务需求导向,出发点和落脚点都是为检察人员减负、为办案赋能,不断提升检察人员的获得感和满意度;上海检察工作数字化转型成功与否,最有发言权的是各业务条线实际应用系统的检察人员,重要检验标准是检察人员认为系统好用、愿意用。三级院各业务条线检察人员,特别是业务骨干要全程、深度参与全流程全息在线办案,市院各业务部门要组织好本条线骨干力量参与全流程全息在线办案。具体讲,全市各条线要根据全流程全息在线办案综合平台总体规划和分步实施计划,在上海检察大数据中心的牵头下,从检察办案实践、解决办案实际问题出发,组织力量系统梳理相关案件的线上线下办案行为,提出本条线业务信息化需求;指派业务骨干进驻大数据中心各项目组,全程参与、跟进本条线业务需求的信息化、智能化研发和落地过程;配合全流程全息在线办案的流程再造,同步出台配套业务规范。

6. 上海市公安局"12345"市民服务热线公安专线工作管理办法

第一章 总 则

第一条（目的和依据）

为进一步提高"12345"市民服务热线公安专线（以下简称"公安专线"）受理、办理工作质量和效率，提高"公安专线"规范化、标准化水平，根据《关于进一步加强"12345"市民服务热线工作的意见》（沪府办〔2017〕76号）、《"12345"市民服务热线工作管理办法》（沪府办〔2018〕62号），结合公安工作实际，制定本办法。

第二条（职责）

"公安专线"是上海市政府非紧急类政务服务平台"12345"市民服务热线（以下简称"市民服务热线"）的二级承办单位。主要工作为：解答市民、企业提出各类涉及公安管理的政策和公共信息咨询；受理和办理市民、企业提出涉及公安管理和公共服务方面的投诉请求；受理和办理市民、企业生产生活中遇到涉及公安管理的非紧急类求助；受理市民、企业对本市公安管理工作的意见建议；协调处理市民、企业反映的重大和涉及多个部门的问题；及时向市局报告重要社情民意。

第三条（工作体系）

坚持"市民服务热线公安专线领导小组全面统筹，市局指挥部牵头负责，市局政治部协调支撑，各相关市局业务部门、分局联动响应"的工作体系。

（一）市民服务热线公安专线领导小组是本市公安机关市民服务热线工作的决策机构，领导小组组长为市局党委副书记、副局长。市局指挥部、政治部为副组长单位。

（二）市局市民服务热线公安专线管理办公室（以下简称"市局热线办"，设在市局指挥部信访处），承担市民服务热线公安专线领导小组办公室职责；负责"公安专线"日常管理；指导、协调、监督和评估各承办单位有关业务工作；制定公安专线工作规范、业务流程和评估办法等；开发标准化业务平台，确保业务流转顺畅、信息共享、数据对接；

开发维护知识库,为"市民服务热线"直接解答市民、企业提出涉及公安管理的政策和公共信息提供支撑;协调与市政府市民服务热线管理办公室(以下简称"市热线办")的各项工作。

(三)各相关市局业务部门、分局为"市民服务热线"三级承办单位。主要职责是:接收、办理"市局热线办"转交办事项;及时向"市局热线办"反馈转交办事项的办理结果;制定本部门、本分局市民服务热线工作制度;对本部门、本分局下属市民服务热线承办单位开展绩效评估;负责提供并维护涉及本部门、本分局的市民服务热线知识库信息。

(四)"市局纠风办"对"12345"市民服务热线工作的全过程实施效能监察。

第二章　受　　理

第四条(受理事项)

"公安专线"受理、解答、转送、办理市民和企业提出的以下事项:

(一)对本市公安政策和公安管理工作的咨询;

(二)与本市公安管理工作相关的求助;

(三)属于本市行政管辖权范围内的公安管辖的投诉举报;

(四)对本市公安管理工作的意见建议。

第五条(不受理事项)

"公安专线"不受理以下事项:

(一)不符合法律政策或者违背社会公序良俗的事项,或涉及国家秘密、商业秘密和个人隐私的事项;

(二)超出本市公安机关行政管辖权、管辖区域的事项;

(三)应当通过"110""119"警务平台或者"120"急救平台反映的求助事项;应当由政务公开、行政复议、信访复查复核等法定程序处理的事项;

(四)应当由其他国家机关,如国家权力机关、监察机关、司法机关等依法受理的事项。

第六条(登记)

"市民服务热线"对市民、企业提供的事项,应当登记姓名、时间、地点、联系方式、事项等要素,生成工单。

第七条(解答)

(一)咨询的事项,市民服务热线依托知识库直接解答,并在线推送相关信息。

(二)需要"公安专线"直接解答的,通过电话"三方转接"机制,由"公安专线"对交通、治安、人口等相关业务进行解答。

（三）"公安专线"不能直接解答的事项，通过工单转送相关市局业务部门、分局办理。

第八条（转送）

坚持"属地管理、分级负责""谁主管、谁负责""指定谁、谁办理"的原则。

（一）一般事项"公安专线"收单后即时转送相关市局业务部门、分局办理。

（二）市民反映的涉及公共安全、人身财产安全的紧急类工单由市民服务热线直接与市局"110"指挥中心对接并处置。市民、企业反映的影响其生活、生产的次紧急事项立即转送。

（三）争议事项，经协调沟通后由"市局热线办"指定转送。

第三章 办　　理

第九条（限时办理）

对市民来电事项，承办单位按照"1、5、15"时限要求办结。

（一）承办单位在自提问之日起1个工作日内，应当先行联系市民，了解情况，告知处理程序和期限。

（二）咨询类工单自提问之日起5个工作日内办结；求助、投诉、意见建议及其他类工单自提问之日起15个工作日内办结。

第十条（分类办理）

（一）反映属实、有法律和政策依据的事项，承办单位应当及时解决。

（二）诉求有理，但因客观条件所限或缺少具体法律和政策支撑，暂时无法解决的事项，承办单位应当参考备案，认真研究，完善工作机制和政策，并做好解释、安抚工作。

（三）反映不属实、无理的诉求，承办单位应当做好疏导教育工作。

第十一条（事实认定）

事实认定是承办部门对诉求真实性、客观性做出的判断。

（一）求助类、投诉举报类事实认定分为属实、部分属实和不属实。属实是指事项的主要事实真实存在；部分属实是指事项的部分事实真实存在；不属实是指事项的主要事实、主要情节不真实或不存在。

（二）咨询类事实认定分为有政策信息、无政策信息、对政策解释不接受。有政策信息是指承办单位掌握市民咨询问题的相关法律和政策，且能够提供；无政策信息是指承办单位不掌握相关法律政策或法定不应公开；对政策解释不接受是指市民对承办部门政策解答不认可。

（三）意见建议类事实认定分为采纳、部分采纳、留作参考和不予采纳。采纳是指市民所提的全部或主要建议可以采纳；部分采纳是指承办单位对市民所提的部分建议可以采纳；留作参考是指意见建议有合理性，但因客观因素暂时无法采纳；不予采纳是指意见建议不具有合理性或者有违法律和政策等，不予采纳。

第十二条（现场查看）

对市民诉求有实际现场的，承办单位须上传现场核查或整治情况照片。

第十三条（诉求认定）

诉求认定是承办单位对市民诉求是否有法律或政策依据，依法依规做出的合法性、合理性判断。诉求认定结论分合理合法、无政策依据、诉求过高、其他。

第十四条（结果认定）

结果认定是承办单位对市民诉求解决情况所做的结论，分为实际解决、解释说明、参考备案、诉求过高、未解决。实际解决是指诉求人咨询的问题、反映的事项、提出的意见建议符合法律和政策规定，诉求得到解答、解决或采纳；解释说明是指诉求人的主张没有事实依据，或者没有法律和政策依据，承办单位做了充分的解释说明；参考备案是指市民反映的诉求合法合理，但受客观条件或缺少具体的法律和政策支撑，暂时无法解决；诉求过高是指诉求人所主张的诉求明显超出法律和政策规定，承办单位不予支持。未解决是指承办单位没有履行职责，也未与诉求人进行沟通，诉求未得到解决。

第十五条（答复）

市民来电事项办理完毕后，承办单位或有权处理部门应当按照办理时限，通过电话、书面、当面等形式答复，市民、企业要求出具书面意见的，承办单位或有权处理部门依法作出出具或不出具的处理决定。

第十六条（反馈）

市民来电事项办理完毕后，承办单位须将办理结果逐级上报，经市局业务部门、分局"市民服务热线"三级承办单位审核后提交至"市局热线办"，由"市局热线办"最终审核后反馈至"市热线办"。

第十七条（办结报告及答复市民要点）

办结报告应当要素齐全，简明扼要，真实有效。具体应当做到：处置部门、回复时间以及概括诉求和办理经过，事实和诉求认定清楚，提供法律和政策依据，办理结论明确，办理过程真实。答复市民要点参照办结报告，但应当注意隐去涉及个人隐私、商业秘密及不宜公开的内容。

第十八条（事项提交）

承办单位遇重大、疑难事项，责任不清、涉及多个部门的事项，跨部门、跨地区的复杂事项等情况时，可以逐级上报，经市局业务部门、分局"市民服务热线"三级承办单位向"市局热线办"提交申请，由"市局热线办"牵头协调明确相关责任单位。

第十九条（不纳入"满意度"测评申报）

（一）以下"事实认定"承办单位可以申报不纳入"满意度"测评：不属实、无政策信息、对政策解释不接受、留作参考、不予采纳。

（二）承办单位须客观、公正，以市民来电事项为依据，确保申报理由的真实性，不得弄虚作假、隐瞒事实。

（三）承办单位应填报《不纳入"满意度"测评申请表》，并保存相关证据资料供市局热线办抽查。

（四）不纳入"满意度"测评须逐级上报，经市局业务部门、分局"市民服务热线"三级承办单位审核后提交至"市局热线办"，由"市局热线办"最终审核后反馈至"市热线办"。

（五）凡审核通过的均不纳入"满意度"测评。

第二十条（特殊事项应急响应）

如遇特殊紧急事项，承办单位应当积极响应、有效处置。

（一）承办单位应当建立特殊紧急工单响应处置预案，落实首问责任和托底责任。

（二）特殊紧急事项应当按照"能快则快，优先处置"的原则及时办理。

（三）特殊紧急事项处理完毕后，承办单位应当向涉及的市民和企业及时告知办理情况。

第二十一条（退单）

承办单位对不属受理范围、工单要素不全影响办理的事项，可以向"市局热线办"申请退单。

（一）退单应当自提问之日起3个工作日内提出申请。

（二）各级承办单位须逐级上报，经市局业务部门、分局"市民服务热线"三级承办单位审核后，由"市局热线办"最终审核。

（三）退单应当载明相关依据和另行转送建议。对管辖权有异议的，应当引用法律政策及相关条文；对管辖地域有异议的，需提供现场核实情况（可视情采用文字或照片形式）。

（四）认为非本单位管辖的，应当距工单先行联系到期前12小时（含以上）转其他有权受理的承办单位，不足12小时的须先行联系市民再做回退处理。

（五）对于属"核准类"退单范畴的工单,承办单位应当向市民做好解释工作后再做回退处理。

第二十二条（保密）

各级热线承办单位在受理、办理市民来电事项过程中,应当严格遵守保密纪律,不得泄露国家机密、商业秘密、公民要求保密或不宜公开的内容,不得将市民身份信息或诉求内容透露或转交给与事项办理无关的第三方。

第四章　满意度评价

"市热线办"对已办结工单（不纳入"满意度"测评、"存电"工单除外）实行满意度测评,通过人工回访、短信和语音测评、网上自助评价三个途径采集信息。

第二十三条（人工回访）

"市热线办"对受理后转送的事项按照 15% 的比例进行回访。"市局热线办"对已办结的工单进行电话回访,特别是对申报不纳入"满意度"测评的工单。市局业务部门、分局"市民服务热线"三级承办单位对下属承办单位已办结的工单进行电话回访,采集以下信息:

（一）办理时限的执行情况。

（二）市民、企业对办理结果、办理效率和办理态度的评价。

（三）办结报告的真实性。

第二十四条（短信和语音测评）

"市民服务热线"语音座席受理的事项,除人工回访之外,其余通过短信或者语音进行满意度测评。

第二十五条（网上自助评价）

"市民服务热线"官方网站和手机 App 受理的事项,由市民自助进行满意度评价。

第五章　督办督查

市局业务部门、分局三级承办单位应当由专人负责督办工作,按照"公安专线"标准和规范,对市民来电事项受理、办理、办结等环节进行督办,建立督办工作数据库。

第二十六条（督办内容）

对下列事项进行督办:

（一）涉及重大民生,与市委、市政府、市局中心工作相关事项;

（二）推诿扯皮和谎报瞒报等违反工作标准、规范的行为;

（三）领导批阅、指定办理、上级交办和媒体曝光的事项;

（四）应解决而未解决的事项。

第二十七条（督办督查形式）

（一）回访复核。对经"市热线办"、"市局热线办"回访发现承办单位存在办理不到位、谎报瞒报等情况，承办单位应对事实认定、诉求认定、解决结果和市民评价等环节进行复核，在自收到回访复核单之日起 5 个工作日内完成复核工作，复核情况须逐级上报，经市局业务部门、分局"市民服务热线"三级承办单位审核后，向"市局热线办"提交复核报告，并回复当事人。

（二）督办。对热线督办事项，承办单位收到督办单后，应当在自收到督办单之日起 5 个工作日内办结。

（三）召开协调会。对职责交叉、管理存在盲区等事项，"市局热线办"可以通过电话、会议通知等方式召集相关市局业务部门、分局协调，明确相关事项办理的牵头和配合单位，并视情报请市局领导予以协调。

（四）重点督查。对应解决未解决、谎报瞒报等问题，"市局热线办"随时采取抽查、查阅档案、实地察看、电话回访等方法督查。

第二十八条（督办件归档）

督办事项办结，须结论明确，"一事一档"。档案主要包括：市民和企业诉求、法律政策依据、原办理情况、存在问题、督办督查经过、最终结论及凭证、图片、视频等。

第六章　知　识　库

市局业务部门、分局"市民服务热线"三级承办单位应当由专人负责知识库信息维护工作。

第二十九条（内容范围）

知识库报送及维护工作遵循"权威准确、标准统一、报送及时、方便使用"原则。承办单位应当及时报送以下信息：

（一）承办部门工作职责、权力清单、责任清单、服务事项，各公共服务机构名称、联系方式、对外服务时间；

（二）承办部门发布或负责实施的、涉及公众的、可以公开的法律政策及其配套解读文件和常见问答；各类公安管理（服务）事项办事指南、便民服务信息等；

（三）重大事件答复口径。

第三十条（报送时限）

（一）新的法律政策正式向社会公开发布的同时，相关单位应当将法律政策原文以及配套解读信息同步上传公安热线管理应用平台。

（二）突发、重大社会事件，主管地区分局和市局业务部门应当按"快报情况、慎报原因"原则，及时报送答复口径。

（三）查无信息，相关承办单位应当在收到"市局热线办"下发查无信息之日起3个工作日内补齐；纠错信息，相关承办单位应当在收到"市局热线办"下发纠错信息之日起1个工作日内修正。

第三十一条（格式及维护）

（一）按照热线知识库格式报送相关信息。信息要素齐全、格式规范；信息结构清晰、查询展示美观；信息内容实用、通俗易懂；信息标题、关键词表述清晰、设置合理，检索方便。

（二）法律和政策应当提供的常见问答。

第七章 数据信息

第三十二条（记录）

"公安热线"管理应用平台应当如实记录受理、转送、办理、办结、回访、督办等数据信息。

第三十三条（统计与分析）

（一）每月统计、核对各级承办单位的评估数据。

（二）每月通报评估数据。

（三）各级承办单位应当结合自身工作情况和实际，及时分析热点、难点问题及工作趋势。

第三十四条（报送）

（一）"市局热线办"每月向市局领导和相关市局业务部门、分局报送"公安专线"工作情况分析报告。

（二）不定期通过摘报等形式向市局领导报送"公安专线"办理中存在的热点、难点问题。

（三）市局业务部门、分局"市民服务热线"三级承办单位参照"市局热线办"执行。

第八章 监 督

第三十五条（联合工作机制）

坚持和完善各级热线承办部门、监察部门联合工作机制。加强梳理分析，综合运用专项治理、通报、约谈等机制，加大效能监察及问责力度。

第三十六条（移送问责机制）

市局业务部门、分局"市民服务热线"三级承办单位应当会同监察部门,对谎报瞒报、不作为、慢作为等行为,建立共同监督、移送问责机制。

第三十七条（社会力量参与）

市局业务部门、分局"市民服务热线"三级承办单位应当完善人大代表、政协委员、市民代表、市民巡访员、媒体记者、律师等社会力量参与热线事项督查督办、沟通来电市民机制。

第九章　评　　估

第三十八条（评估内容）

（一）主要评估"市局热线办"转送市民来电事项的先行联系情况、按时办结情况、诉求解决情况、市民满意情况、办理质量和结果真实性等。评估情况纳入《市局绩效考评方案》。

（二）加分及减分。

加分情况。加分项目主要包括:被市领导、市局领导批示肯定的;承办单位在办理热点、难点问题中积极主动作为并取得显著成效,上报典型案例被录用的;"市局热线办"按照重点工作推进情况,实时提出拟加分事项动议。

减分情况。减分项目主要包括:被"市热线办"列入重点督办且问题仍未解决的;被《市民服务热线工作简报》《市民服务热线公安专线工作情况通报》中点名批评的;对"市热线办"、"市局热线办"下发的《督办单》《回访复核单》经"市局热线办"复核后发现承办单位存在不作为、慢作为、乱作为、弄虚作假等问题。

第三十九条（评估工作原则）

实事求是,客观公正,分级分类,定性与定量相结合。

第四十条（评估主体）

市局指挥部("市局热线办")实施评估。

第四十一条（评估周期）

评估周期为上年 12 月 1 日至当年 11 月 30 日。

第十章　附　　则

第四十二条（解释与实施）

由"市局热线办"负责解释,本办法自发布之日起实施。

7. 上海市公安局关于进一步做实城乡
社区警务工作的意见

为深入贯彻落实公安部和市委、市政府决策部署,推动公安机关社会治理重心向基层下移,健全完善与我市城乡社区治理相适应的新型社区警务机制,提升城乡社区治安治理和服务能力水平,按照《公安部关于加强新时代公安派出所工作的意见》《公安部关于进一步做实城乡社区警务工作的意见》《上海市公安局关于加强新时代公安派出所工作的意见》等文件要求,现就进一步做实我市城乡社区警务工作提出以下意见。

一、重要意义

城乡社区警务是公安基层基础工作的基石,是落实党对公安工作方针政策、措施要求的"最后一公里",也是公安机关维护稳定、服务群众的"最初一公里"。以习近平同志为核心的党中央高度重视公安基层基础工作,明确要求大抓基层、大抓基础,重心下移、警力下沉、保障下倾,做精机关、做优警种、做强基层、做实基础。近年来,上海公安机关深入实施城乡社区警务战略,坚持党的群众路线,坚持和发展新时代"枫桥经验",为推进基层社会治理、服务公安现实斗争提供了有力支撑。当前我国发展面临着前所未有的复杂环境,诸多矛盾叠加,风险挑战增多,社会治安大局稳定的基础仍需进一步巩固。面对新形势新任务,为切实履行好新时代公安机关捍卫政治安全、维护社会安定、保障人民安宁的使命任务,必须加快建立健全新型社区警务机制,进一步做实城乡社区警务工作,努力实现基础牢、出事少、治安好、党和人民满意的派出所工作目标。

二、基本原则

(一)坚持党的领导。坚持党建引领,充分发挥基层党组织战斗堡垒作用,统筹各方资源力量,推动社区警务与社区治理深度融合,确保城乡社区警务始终保持正确的政治方向。

（二）坚持以人为本。坚持以人民为中心的发展思想，把人民的利益作为第一选择，把人民的需求作为第一考虑，把人民的满意作为第一标准，服务与管理相结合，保持社区既充满活力又安定有序。

（三）坚持科技支撑。坚持人力与科技相统一，持续推动智慧公安成果在基层所队的普及应用、集成应用、综合应用，进一步提升智慧公安场景化应用能力水平，提升社区警务工作质效。

（四）坚持专群结合。推动社区群众、社区组织积极参与基层社会治理，不断充实壮大群防群治队伍，创新完善群防群治守护网建设，建设人人有责、人人尽责、人人享有的社会治理共同体。

三、明确社区民警职责任务

社区民警主要承担以下五项职责任务：

（一）管理实有人口。常态化开展辖区标准地址、实有人口、实有房屋、实有单位等基础信息采集。全面掌握辖区实有人口基本情况，动态管控重点人员，参与服务管理特殊人群。分析人口动态，服务社区治理。

（二）掌握社情民意。密切联系辖区群众和单位，线上线下结合，倾听意见和呼声。排查分析社情动态和安全隐患，加强风险预知预警预防。及时收集、掌握、报告涉及国家政治安全、社会稳定、违法犯罪的各类线索和信息。

（三）组织安全防范。具体负责指导治保会工作，加强平安类社会组织等群防群治力量建设，指导、监督辖区单位开展内部治安保卫工作。宣传教育群众增强安全意识和防范能力，组织开展治安巡逻和邻里守望等安全防范活动。推动住宅小区、单位（楼宇）智能安防建设。

（四）维护社区秩序。根据一线综合执法要求，按照职责做好街面巡逻防控、就近接处110警情、道路交通管理等工作。依法加强辖区娱乐服务场所、特种行业、危险物品和新兴重点行业治安管理。参与治安调解和矛盾纠纷多元化解，严防"民转刑"案件和个人极端案事件发生。社区发生重大案事件必到现场，依法参与处置，加强跟进回访。参与治安灾害事故预防和先期处置工作。

（五）服务辖区群众。通过入户走访、警务室接待等形式，密切联系群众，了解掌握群众需求，接受群众咨询求助，提供紧急救助。依法按规定提供公安政务便民利民服务，积极参与帮扶困难群众。以警情通报会等形式，定期向群众代表报告工作，自觉接受监督。

四、推进以人为中心的社区警务

（一）树立以人为中心的理念。牢牢把握人民群众对美好生活向往、社会平安期待，树立群众观点、站稳群众立场、践行群众路线、维护群众权益，更高效更便捷为群众办好事、做实事、解难事，创建更多平安村居单位。坚持人民公安为人民，建立健全民意感知体系，对政务服务和有效警情接处等情况进行满意度调查，以人民满意为追求，提高社区警务效能。

（二）强化实有人口管理服务。加强与政府部门、企业单位协作，深化数据信息共享共用，统筹协管队员、特保、社工、志愿者等力量，拓展延伸人口管理触角，精准掌握实有人口、实有房屋、实有单位信息变更情况。加强对贫困人口、低保对象、留守儿童和妇女、老年人、残疾人、特困人员等特殊群体的关爱服务，了解群众困难和诉求，听取意见建议，千方百计为群众排忧解难。

（三）加大入户走访宣传力度。建立入户宣传走访长效机制，深入开展"百万警进千万家"活动，依托微信警务室、微信群等方式，进百家门、建百家群，了解社情民意，把握社会脉搏，及时解决群众反映问题。根据辖区治安形势，组织开展防范入室盗窃、预防交通事故、电信网络诈骗、拒赌防毒等主题宣传活动，形成更加紧密的警民联系沟通格局。

（四）健全完善群防群治格局。推广"平安马甲"等经验做法，因地制宜发掘、培育一批快递小哥、沿街商户等特色群防群治组织，不断壮大平安志愿者队伍。紧紧依靠各类群防群治力量，充分发挥熟悉本地情况、防范方式灵活多样的优势，协助开展治安防范、交通安全教育、普法宣传、防火监督等辅助性工作。健全"一事一奖、一案一奖"制度，推动完善见义勇为人员认定、表彰、奖励和补偿救济机制，充分激发各方参与基层社会治理和平安创建的积极性。

五、坚持把防控风险隐患的关口向社区前移

（一）深化动态隐患清零工作。以居村为单位，紧盯"人、地、物、事、组织"等治安要素，进一步健全工作机制、优化工作流程，推动动态隐患清零工作不断走深走实。注重在社区走访、日常检查、排查清查中发现不稳定苗头、梳理不安定因素，通过线索汇集、分析研判，从苗头中发现隐患、从前兆中洞察趋势，及时发布治安预警，切实提高风险监测预警能力。

（二）推动矛盾纠纷联调联控。围绕重点领域、重点问题、重点人群，持续开展矛盾纠纷排查化解行动，全面掌握辖区矛盾纠纷，对属于公安职责范围内的，按照"一般

类""关注类""重点类"分类落实调处措施。原则上由社区民警负责本社区的矛盾纠纷调处,其他民警应急调处的通报社区民警,一时化解不了的移交社区民警跟进,加强矛盾纠纷多元预防调处化解。积极会同基层组织,帮助群众解决合理合法诉求,引导群众依法表达诉求,妥善防范应对涉稳问题。推动健全社会心理服务体系和危机干预机制,在打开群众心结、疏导社会心理上下功夫,培育自尊自律、理性平和、积极向上的心态,把安定人心的工作做实。

(三)落实关注人员发现管控。全面加强对易肇事肇祸精神障碍患者、涉枪、涉爆、涉毒等重点关注人员的排查管控,逐人建立台账,对不放心人员落实定期约见制度,严防发生恶性暴力犯罪案件。充分运用关注人员发现管控系统,按照布控、预警、处置、反馈等工作流程,落实关注人员发现管控工作措施。建立健全与信访、司法、人社等部门会商机制,强化情况互通、信息共享,不断提升个人极端倾向排查发现、预警处置效能。

六、实现社区警务工作更加智能便捷高效

(一)强化信息智能采集录入。建立完善基础信息采录清单,把采集核录基础信息作为社区民警的基本工作任务,结合社会面智能安防建设,全量采集、录入社区内各类基本要素信息,做到"一站式"集中采集。完善推广二维码门牌,基于大数据智能应用及时向社区民警推送工作对象全量信息、核查指令,实现与后台大数据碰撞比对,为社区民警开展工作提供信息支撑。

(二)深化智能安防社区建设。动态完成封闭式小区、开放式住宅区域、商务办公楼宇、人员密集和特别关注场所智能安防建设,围绕侦查打击、治安防控等实战需求持续拾遗补缺,推动建设成果在派出所的普及应用、集成应用、综合应用。结合"新型基础设施"建设,将数字社区建设融入信息化规划和社区重点建设工程,充分应用数字化赋能城乡社区警务。

(三)优化派出所系统模块集成应用。坚持用户导向,不断完善智综系统"派出所基础工作模块"等系统建设应用,组织开展操作培训,使各类系统模型更好用、更管用,使智慧公安建设成果更多惠及社区民警,进一步提升社区警务实战效能。

七、健全完善社区警务体制机制

(一)推进派出所"一室两队"改革。按照《本市公安派出所组织架构优化调整实施方案》要求,全面落实"一室两队"组织架构,确保统筹调剂的领导职数真正落到派出所、责任区。制定出台派出所"一室两队"运作规范,统筹综合指挥室、社区警务队、案

件办理队日常运作,常态勤务下社区警务队承担派出所街面巡逻勤务。

(二)配齐配强社区民警。立足警务责任区,将街面、楼宇(单位)等一线综合执法勤务纳入社区警务工作范畴。积极推动派出所警力向社区前置,严格按照"一居(村)一警一室两辅"基本要求配备专职社区民警(辖区内实有人口数低于1500人的居委以及"空壳村"除外);在人口较多、治安复杂、任务较重的区域,可以根据实际需要增加其他社区民警,确保社区民警警力配置达到40%以上。社区民警每周必须5个半天工作时间在社区,精耕细作社区警务,履行一线综合执法职责。

(三)推动社区民警进居村"两委"班子。持续深化党员社区民警兼任居(村)委党组织副书记,推行非党员社区民警兼任居(村)委副主任,充分发动和依靠居(村)"两委"开展治安联防、矛盾联调、维护秩序等平安社区(乡村)共创工作,推进治保主任专职化,加强居(村)委治保会组织建设。建立公安派出所与"两委"整体联动机制,协助基层党组织解决群众关心的热点、难点问题,做到对辖区内每一个治安要素底数清、情况明。

(四)推进"多格合一"联勤联动。积极配合城运、城管等政府职能部门,同步推进警务责任区与综治网格、城运网格"多格合一"工作。推动建立"平安联创工作室""网格联勤联动工作站",组建"7×24"小时联勤联动队伍,依责响应风险隐患,打造一体化运行的基层社区治理共同体。

(五)加强社区警务工作保障。原则上专职社区民警在社区工作不少于5年,民警离开工作岗位的,落实"先进后出"填补缺口,保证专职社区民警队伍相对稳定,不得将专职社区民警挪作他用或安排出差办案。加强社区民警、辅警教育培训,提升社区工作能力水平。加强社区警务室规范化建设,推动社区警务室与居(村)委、党群服务中心同址办公,推行在地区分局公用经费中保障社区警务工作经费。建立社区警务工作准入机制,杜绝违规给社区民警下达办案指标、转嫁工作任务。

八、加强组织实施

(一)强化组织领导。充分发挥两级加强派出所工作领导小组的作用,积极争取党委政府重视,将城乡社区警务工作纳入地区经济社会发展和平安建设总体规划,科学合理设计平安建设考核指标,积极推动形成党委政府领导、政法综治协调、公安机关为主、相关部门参与的工作格局。各分局"一把手"要具体牵头负责本地区城乡社区警务工作,协调解决制约发展的体制性、机制性、保障性问题,牵头研究并协调解决面临的新情况、新问题。

(二)开展典型选树。深入开展"枫桥式公安派出所"创建活动,每两年命名表彰一批全市公安机关"枫桥式公安派出所"。每年举办"十佳"优秀社区民警、辅警评选活动。组织对辖区发案少、秩序好、群众评价高、工作成效突出的优秀社区民警的警务室进行命名,打造一批基层警务示范点。将社区民警配置比例、"一标三实"基础信息案前采集率、群众安全感和满意度高于上一级平均数,作为推荐优秀公安局、"枫桥式公安派出所"和一级派出所的前提条件。

(三)健全评比机制。建立健全派出所和社区民警全员评比机制,强化考核结果运用,与职务职级晋升、表彰奖励分配挂钩,营造争先创优氛围。对社区民警通过基础工作为侦查破案提供有价值情报线索的,实行同功同奖;对及时发现化解隐患苗头、有效预防有可能引发重大案事件的,做到该奖必奖。对发生重大案事件的,要对地区分局抓派出所工作情况组织倒查,及时矫正纠偏。

8. 上海市开展"证照分离"改革
全覆盖工作的实施方案

各分局、市局有关部门:

根据《国务院关于深化"证照分离"改革进一步激发市场主体发展活力的通知》(国发〔2021〕7号)、《上海市人民政府关于印发〈上海市开展"证照分离"改革全覆盖工作的实施方案〉的通知》(沪府规〔2021〕7号)要求,市局决定在全市范围对"上海市'证照分离'改革全覆盖事项清单"内11项公安改革事项,按照直接取消审批、审批改为备案、实行告知承诺、优化审批服务等四种方式分类推进审批制度改革,同时在浦东新区和奉贤区进一步加大改革试点力度。具体改革措施如下:

一、全市范围

(一)对"典当业特种行业许可证核发"事项,直接取消审批。

(二)对"保安培训许可证核发"事项,审批改为备案。目前暂缓实施,待公安部进一步明确备案管理制度后再行实施。

(三)对"旅馆业特种行业许可证核发""公章刻制业特种行业许可证核发""互联网上网服务营业场所信息网络安全审核"3项事项,实行告知承诺。

(四)对"保安服务许可证核发""爆破作业单位许可""营业性射击场设立许可""民用枪支(弹药)配售许可""弩的制造、销售、购置、进口、运输许可""公共安全技术防范工程设计施工单位的核准"6项事项,优化审批服务。

二、浦东新区和奉贤区

(一)对"互联网上网服务营业场所信息网络安全审核"事项,直接取消审批。

(二)对"公章刻制业特种行业许可证核发"事项,审批改为备案。由市局治安总队负责指导浦东、奉贤分局治安部门实施。

(三)其他9项事项按照全市范围的改革措施实施。

　　为切实推进改革事项落地,市局法制总队会同治安、网安总队逐项完善了具体改革措施和加强事中事后监管措施(附后),请各单位结合实际认真贯彻执行。工作中如遇问题,请及时与市局行政审批制度改革工作领导小组办公室(设在市局法制总队)联系。

9. 上海市司法局关于全面加强和 改进基层法治建设的意见

为更好适应新形势下全面依法治国、全面依法治市的新任务新要求,有效提升基层依法治理水平,使法治更好地成为上海城市核心竞争力的重要标志、城市治理现代化的闪亮名片,现就全面加强和改进基层法治建设提出如下意见。

一、总体要求

(一) 指导思想。以习近平新时代中国特色社会主义思想为指导,全面贯彻落实党的十九大和十九届二中、三中、四中全会精神,坚持党的领导、人民当家作主、依法治国有机统一,坚定不移走中国特色社会主义法治道路,坚决维护宪法法律权威,依法维护政治安全、社会安定、人民安宁,打造公开、透明、稳定、可预期的法治环境,建设法治环境最好的城市之一。

(二) 基本原则

——坚持党的领导。牢牢把握党的领导是社会主义法治最根本的保证,坚持党领导立法、保证执法、支持司法、带头守法,充分发挥街镇党(工)委在基层法治建设中领导推动、根本保证的作用,确保基层法治建设正确方向。

——坚持统筹推进。坚持法治与自治、共治、德治有机融合,针对基层治理顽症及时完善制度规范,提供有效法治保证。完善基层行政执法体制改革,全面提升基层严格规范公正文明执法水平;深入开展普法宣传,引导基层群众自觉遵守法律,依法维护权益、解决问题,形成尊法学法守法用法的良好氛围。

——坚持聚焦重点。聚焦人民群众反映强烈的基层法治建设薄弱环节和突出问题,聚焦基层法治建设中的体制机制性问题,聚焦基层行政执法瓶颈和短板,聚焦居村依法治理痛点难点,坚持将人民群众最不满意的地方作为基层依法治理的聚焦点和发力点,抓重点、补短板、强弱项,切实增强基层法治建设的针对性、实效性。

——坚持立足实际。统筹考虑各区、各街镇经济社会发展和法治建设实际情况,因地制宜,注重实效,保证各项制度和方案行得通、真管用。鼓励各区、各街镇结合实际、大胆创新,探索出一条符合上海超大城市基层依法治理的新路子。

(三)主要目标。通过3到5年的持续推进,党对基层法治建设的领导进一步加强,基层法治建设体制机制更加健全,相关党内法规和地方性法规、政府规章、规范性文件更加完备,基层依法治理成效明显提升,党政机关、企事业单位、社会组织和人民群众更加自觉维护执法司法权威,权力运行受到更加有效监督制约,公民、法人和其他组织合法权益得到更加有效保障,尊法学法守法用法的浓厚氛围进一步形成,法治作为上海城市核心竞争力的重要标志得到普遍认可。

二、建立健全基层法治建设领导体制和工作机制

(四)建立健全各街镇法治建设领导体制和工作机制。各街镇党(工)委要建立健全法治建设领导体制和工作机制,明确负责人以及日常办事机构,统筹各方力量推进基层法治建设。党(工)委书记要切实履行推进基层法治建设第一责任人职责,加强组织领导,将法治建设与经济社会发展同部署、同推进、同督促、同考核、同奖惩。街道办事处主任、乡镇长要履行好推进基层法治政府建设主体责任,带头抓好推进法治政府建设各项工作。日常办事机构一般由党(工)委分管负责人担任主要负责人,日常事务一般由司法所承担,主要负责统筹、协调、督促、检查、推动各项基层法治建设任务落实。

(五)健全基层法治建设制度体系。各街镇党(工)委或其法治建设领导机构每年要专题研究部署本区域法治建设工作,积极贯彻落实上级有关法治建设的工作部署和要求。日常办事机构要做好督促检查工作,并向街镇党(工)委或其法治建设领导机构报告工作情况。进一步细化明确区域内相关单位推进法治建设职责,建立任务分派、督察、考核、培训等制度机制。市、区依法治市(区)工作机构要加强对基层法治建设的指导和支持,不断夯实全面依法治市(区)工作的基础。

三、切实提升基层行政执法效能

(六)不断深化基层行政执法体制改革。认真落实中共中央办公厅、国务院办公厅印发的《关于推进基层整合审批服务执法力量的实施意见》,推进行政执法权限和力量向基层延伸和下沉,强化街镇的统一指挥和统筹协调职责。深化基层行政执法体制改革,最大限度减少不必要的行政执法事项。依托城市网格化综合管理平台推动条块联动、条条协作。强化街镇在城市综合管理中的统筹协调作用,进一步完善联动工作机制,增强对城市管理顽症的快速发现和处置能力,提升执法效能。

（七）加强基层行政执法规范化建设。规范街镇执法检查、受立案、调查、审查、决定等程序和行为，全面推行行政执法公示制度，做到依据公开、决策公开、执行公开、结果公开、过程公开；全面推行行政执法全过程记录制度，实现全过程留痕和可回溯管理；全面推行重大行政执法决定法制审核制度，确保每一起重大行政执法决定合法有效。加强执法监督，坚决惩治行政执法领域的腐败行为，确保权力不被滥用。市、区行政执法部门要加强对本条线基层行政执法工作的指导、监督，加强对基层行政执法队伍的培训和管理，提升基层行政执法规范化水平。

（八）加大基层行政执法制度供给力度。积极开展与基层行政执法相关的法规规章、规范性文件的立改废释工作，为基层行政执法提供及时、有效的制度供给。进一步扩大基层立法联系点覆盖面，完善相关工作机制，充分发挥立法联系点反映社会各方意愿和意见的作用，提高地方立法质量，推进立法精细化、民主化。针对城市管理顽症，进一步修订完善现行法规规章或制定相应实施细则，提升基层行政执法制度规范的针对性和可操作性。针对经济社会发展中出现的新技术、新产业、新业态、新模式以及应对重大突发公共事件中出现的新情况、新问题，及时组织开展立法工作，制定相应制度规范，为基层行政执法提供有效的制度依据。

四、深入推进全民守法普法

（九）全面落实"谁执法谁普法"普法责任制。深入推进街镇"谁执法谁普法"工作，制订具体实施方案，明确重点宣传内容，建立信息联络、工作报告等制度，全面推进辖区内普法工作进程。按照"谁执法谁普法"普法责任制要求，结合街镇工作实际，开展相关条线专项宣传活动。街镇各执法部门要把普法与部门工作有机结合，在执法时加强普法教育和说理执法，并有计划地开展普法宣传，提高群众对法律法规的了解和认识，形成自觉守法的良好习惯。在重大突发公共事件处置中加大法治宣传力度，积极引导群众自觉遵守法律法规、执行应急措施，自觉维护社会秩序。

（十）加大街镇和居村委会工作人员的学法普法力度。将法治教育培训纳入街镇和居村委会工作人员培训内容，有计划、有步骤、有重点地开展日常学法普法，不断提升街镇和居村委会工作人员运用法治思维和法治方式破解难题、推动发展、化解矛盾、维护稳定的水平。依托居村公共活动场所，为居村委会工作人员和群众搭建学法平台。

（十一）广泛推动人民群众参与社会治理。坚持法治与自治、共治、德治有机融合，全面开展居村自治规范修订工作。充分调动居村法律顾问、社会组织、社区志愿者等力量，对居村自治章程、乡规民约（居民公约）、业主大会及业委会章程等自治规范进行修订,确保自治规范的合法性、合规性和可操作性。健全完善居村委会、居村民小组民主协商议事制度,依法组织居村民就辖区内公共事务、重大民生问题开展民主协商,依法组织居村民积极参与应对重大突发公共事件等社区治理公共事务,真正实现"民事民议、民事民办、民事民管"。

(十二)加大基层公共法律服务供给力度。深化街镇、居村公共法律服务实体平台标准化、效能化建设,打造"一门式、一口式、一站式"服务平台,努力满足居村民各类法律服务需求,让基层群众更加便捷地获得优质、高效的公共法律服务。完善普法讲师团及普法志愿者、法律服务团等工作机制,定期开展"法律进社区""法律进乡村"活动,为基层群众提供一对一、面对面法律服务。充分发挥居村法律顾问作用,将法律顾问工作与居村普法教育、化解矛盾纠纷、提供法律援助等工作结合起来,及时解决城乡建设、基层治理过程中遇到的涉法问题,引导居村民遇事找法、解决问题靠法。完善人民调解、行政调解、司法调解联动工作体系和社会矛盾纠纷多元预防调处化解综合机制。推动退休法律从业人员、调处类社会组织参与相关纠纷调解工作,依法稳妥化解各类矛盾纠纷。

五、大力加强基层法治队伍建设

(十三)加强基层一线执法人员培训。把法律法规知识培训作为执法人员培训的一项长期任务。根据基层行政执法队伍实际,采取岗前教育、集中培训、日常学习等多种方式,全面开展法律法规知识学习和遵纪守法教育,不断提高执法人员法律知识水平,增强法律意识和法治观念,做到知法、懂法、守法、用法,坚持依法办事、秉公执法。严格执行行政执法人员持证上岗和资格管理制度,促进基层一线执法队伍提升法治素养和执法能力。

(十四)加强司法所队伍建设。根据司法所功能定位和职责任务,动态调整全市各司法所政法专项编制,并在3到5年内,将司法所核定政法专项编制人员配备到位。完善司法所人员职业发展保障措施,营造良好的履职和发展环境,吸引更多的优秀法律专业人员加入司法所工作队伍。逐步建立司法所工作人员准入标准,不断提高司法所工作人员中获得法律职业资格人员的比重。综合区域面积、人口数量等要素,制定司法所人民调解员、社工、文员等辅助人员配备标准,提升司法所综合服务能力。建立司法所所长列席街道办事处主任、乡镇长办公会议制度。

(十五)加强街镇公职律师和法律顾问队伍建设。健全街镇公职律师制度和法律顾问制度实施规范和配套保障措施,充分发挥街镇公职律师和法律顾问作用,着力防范化解法律风险。建立健全以司法所工作人员为主体、吸收律师和法学专家参加的街镇法律顾问队伍,发挥法律顾问在进行重大决策、推进依法行政中的积极作用。进一步完善居村法律顾问工作机制,推动居村法律顾问深入参与基层自治和依法治理。

（十六）实施"律人"培养工程。研究制订"法律明白人"培养工程实施方案,培育一批以居村委会干部、人民调解员、居民区楼组长、村民小组长等基层群众自治力量为重点的"法治带头人"。坚持示范引领,规范遴选程序,突出能力素质,加大培训力度,扎实推进实施"法律明白人"培养工程。

六、加强基层法治建设保障

（十七）压实街镇党政主要负责人推进基层法治建设的责任。认真落实《上海市推行党政主要负责人法治建设责任制的规定》,抓住"关键少数",全面组织开展街镇党政主要负责人履行基层法治建设第一责任人述职工作,并将履职情况纳入政绩考核指标体系。在全市范围开展街镇党政主要负责人法治轮训,推动街镇党政主要负责人带头抓好基层法治建设。健全基层法治建设督察考核机制,规范督导检查程序,将基层法治建设纳入区委、区政府对街镇年度绩效考核体系,充分发挥考核激励指挥棒的作用,扎实推进基层法治建设。

（十八）加大对基层法治建设的支撑力度。各级党委和政府要高度重视基层法治建设,加强组织领导,强化工作保障,及时协调解决基层法治建设中的突出问题。加强财政保障,进一步完善基层法治建设经费保障机制。大力推进基层法治信息化建设,重视运用信息技术手段推动基层法治建设。

（十九）加强基层法治建设的示范创建和宣传引领。组织开展基层法治建设示范创建活动,大力培育基层法治建设先进典型。加强舆论引导,大力宣传报道基层法治建设中的先进人物、典型事迹、创新经验,充分调动社会各界和群众参与基层法治建设的积极性和创造性,切实提高群众对法治建设的感受度、认同度、满意度。

10. 上海市司法局关于全面加强新时代司法所建设切实提升基层法治水平的意见

全面依法治国,重点在法治政府、难点在基层。司法所是基层法治建设的重要力量,发挥着关键作用。加强新时代司法所建设,是贯彻中央精神,落实市委市政府关于基层法治建设、基层综合行政执法改革决策部署的重要举措。根据市委办公厅、市政府办公厅《关于全面加强和改进基层法治建设的意见》《关于完善街道乡镇管理体制整合街道乡镇管理服务资源的实施意见》,为全面加强新时代司法所建设,切实提升基层法治水平,提出如下意见。

一、总体要求

1. 坚持以习近平新时代中国特色社会主义思想为指导,深入贯彻落实习近平法治思想,坚持党的绝对领导,把党的领导贯穿到司法所工作的全过程和各方面,着眼于把司法所打造成为新时代基层综合法治工作部门,切实强化司法所工作职能,提高司法所统筹推进基层法治建设、承担基层政府法制工作、提供基层公共法律服务等履职能力,服务和保障街道乡镇中心工作提升基层法治水平,为使法治成为上海城市核心竞争力的重要标志筑牢基础。

二、明确司法所工作职责

2. 司法所负责统筹推进基层法治建设、承担基层政府法制工作、提供基层公共法律服务。具体履行以下职责:

(1)协调、推进基层法治建设,承担街道乡镇法治建设领导体制日常办事机构职能;

(2)牵头推进街道乡镇依法行政,协调推进街道乡镇开展行政执法公示、行政执法全过程记录,负责重大行政执法决定法制审核、行政执法证件管理等行政执法规范和监督工作;

（3）办理街道乡镇的行政复议、行政应诉工作；

（4）承担街道乡镇政府法律顾问职责并做好外聘法律顾问管理工作；

（5）牵头组织开展基层普法依法治理工作,指导推动基层法治文化建设；

（6）指导人民调解、行业性专业性调解、行政调解工作,参与调处重大疑难复杂纠纷；

（7）根据社区矫正机构的委托,承担社区矫正相关工作；

（8）协调相关部门和单位组织开展对刑满释放人员的安置帮教工作；

（9）统筹提供基层公共法律服务,开展法律咨询服务,提供律师、公证、司法鉴定、仲裁、法律援助等法律业务需求指引；

（10）指导监督基层法律服务所、街道乡镇公共法律服务工作站、居村公共法律服务工作室和居村法律顾问工作；

（11）参与面向社会征集立法建议,协助开展人民陪审员选任工作；

（12）完成区司法局、街道乡镇交办和法律法规规定的其他事务。

三、充实司法所工作力量

3. 司法所按行政区划单独设置,每个街道办事处、镇（乡）人民政府均应当设置司法所。具有社会管理、公共服务职能的开发区应当设置司法所。司法所的设立、撤销、合并或者变更规格、名称,由区司法局报同级机构编制管理部门审批,并报市司法局备案。司法所的名称为:上海市××区司法局××（司法所机构所在地地名）司法所。

4. 司法所根据所在辖区面积、人口规模、经济社会发展状况及工作实际需要,配备工作人员。司法所人员编制不少于4名。常住人口在15万以上或面积在30平方公里以上的街道,常住人口在30万以上或面积在60平方公里以上的乡镇,以及人员配备与承担工作任务差距较大的街道乡镇,由所属区司法局按程序报批后适当增加编制。

5. 司法所编制管理。

四、优化司法所管理机制

6. 司法所实行所长负责制,设所长1人,根据工作需要可以设副所长。司法所所长、副所长和正式在编人员的人事任免、调动,由区司法局提出建议,充分听取街道乡镇的意见,按照干部管理权限有关规定办理。

7. 司法所应当围绕街道乡镇中心工作开展业务工作,街道乡镇应当为司法所履行职责提供支持。司法所机构和人员下列事项纳入街道乡镇日常管理和考核:

（1）统筹安排基层法治建设、依法行政、社区矫正、纠纷调解等业务工作,形成配合支持、协作联动的工作机制;

（2）负责司法所的岗位分工、日常考勤、工作纪律,定期听取工作汇报;

（3）统一组织实施司法所及所属人员的日常考核、奖惩。

五、强化司法所队伍建设

8. 适应司法所新职能新任务的需要,全面提升司法所干部队伍能力素质。新招录的司法所正式在编工作人员应当具备大学本科以上文化程度,具备较高的政治素质以及履行岗位职责所必备的法律专业知识和业务工作能力。不断提高司法所工作人员中获得法律职业资格证书人员比重,各区司法局应当在 2 年内为辖区内每个司法所至少配备 1 名具备法律职业资格证书的工作人员。新提任司法所所长、副所长应当具备法律职业资格证书。

9. 健全新录用的市、区司法局机关干部到司法所锻炼制度。建立健全市、区司法局机关干部联系司法所工作机制。落实以区司法局为主的分级教育培训责任,市司法局应当提供业务指导。广泛开展形式多样的技能培训和岗位练兵,切实提高司法所工作人员专业化水平。按照有序、合理的原则,鼓励司法所干部与区司法局机关、街道乡镇及其他单位干部交流任职。交流到司法所的干部原则上应当具备履行岗位职责必备的法律专业知识和业务工作能力。

六、提升司法所工作保障

10. 提升司法所业务用房保障水平,司法所业务用房应当产权明晰,用房面积按照《司法业务用房建设标准》执行,且应当满足业务工作以及档案管理、值班备勤等功能需要。认真落实《基层司法行政机构运行管理与工作规范》,不断提高司法所标准化建设水平。司法所人员经费、公用经费、业务装备经费、基础设施建设经费、办案(业务)经费等列入区财政预算,实现全额保障。加大司法所信息化建设投入力度,建成全市统一平台,融入"一网统管",实现信息化赋能。

七、加强司法所组织领导

11. 加强司法所党的建设。有正式党员 3 人以上的司法所,应当结合实际情况建立党支部,司法所党支部可以实行属地管理。坚持把政治建设放在首位,严格落实党的组织生活基本制度,加强对党员的教育管理监督,充分发挥党支部战斗堡垒作用和党员先锋模范作用。

12. 各区司法局要建立健全司法所建设领导责任制,局主要领导负第一责任,分管领导负直接责任,确保层层压实责任。各街道乡镇要大力支持司法所工作,为司法所建设提供充分保障。建立健全领导干部基层工作联系点制度,切实转变工作作风,加强工作督导检查,深入调查研究,及时发现并研究解决司法所建设和工作中存在的困难和问题。全面落实司法所长列席街道办事处主任会议、镇(乡)长办公会议制度,切实履行司法所承担的政府法律顾问职责。

13. 加大司法所工作宣传力度,不断扩大司法行政工作社会影响力,营造干事创业的良好氛围。尊重司法所首创精神,善于从基层的鲜活实践中提炼、总结好做法、好经验,着力培育并及时推广具有时代特征、凸显基层法治特色的先进典型。推动将司法所及其工作人员纳入街道乡镇评先评优范围,大力宣传表彰司法所工作先进集体和先进个人,切实增强司法所工作人员的职业荣誉感和归属感。

做好新时代司法所工作,关键在于落实。各区党委、政府,各级司法行政、组织、编制、发展改革、财政等职能部门,各街道乡镇要提高政治站位,深刻认识加强新时代司法所建设对于全面提升本市基层法治水平的基础性作用,把司法所建设摆上重要议事日程,共同抓好本意见的贯彻落实。

11. 坚持政治引领、党建先行　推进新时代司法行政改革发展的实施意见

为深入学习贯彻习近平总书记关于党的建设特别是政治建设的重要讲话和重要指示精神,全面加强党对司法行政工作的领导,认真贯彻落实《中共中央关于加强党的政治建设的意见》和司法部关于深入推进政治引领、党建先行,推动新时代司法行政事业改革发展的要求等,结合本市司法行政工作实际,制定如下实施意见。

一、指导思想和总体目标

（一）指导思想。高举中国特色社会主义伟大旗帜,坚持以习近平新时代中国特色社会主义思想为指导,全面贯彻落实党的十九大和十九届二中、三中全会精神,牢牢把握司法行政机关首先是政治机关的根本属性,把党对司法行政工作的绝对领导作为最高原则,把坚决维护习近平总书记核心地位、坚决维护党中央权威和集中统一领导作为最根本的政治纪律和政治规矩,以党的政治建设为统领,坚持政治引领、党建先行,全面加强本市司法行政系统党的建设,切实履行机构改革后司法行政新职能,担负起服从服务国家战略和奋力谱写新时代上海改革发展新篇章的政治责任和重大使命。

（二）总体目标。坚持政治引领、党建先行,把讲政治、抓党建贯穿司法行政各项工作,以党的政治建设为统领,树牢"四个意识",坚定"四个自信",坚决做到"两个维护",努力把本市司法行政机关建设成为让中央、市委、市政府和司法部放心,让人民群众满意的模范机关;以坚定理想信念为根基,夯实本市司法行政系统党的基层基础,推动全面从严治党落地生根;以确保绝对忠诚为首要标准,努力打造一支充满激情、富于创造、勇于担当,既政治过硬又本领高强的司法行政干部队伍;以改革开放再出发为己任,坚定不移贯彻落实中央和市委、市政府、司法部决策部署,不断激发和凝聚全系统攻坚克难、创新实干的强大合力,努力实现新时代本市司法行政事业大发展。

二、坚持政治引领、党建先行，坚定司法行政工作正确政治方向

（一）坚持政治领导，加强党对司法行政工作的绝对领导

1. 突出政治忠诚和政治领导。坚持把维护党中央权威和集中统一领导作为政治建设的首要任务，坚决贯彻执行市委《关于进一步严明党的政治纪律和政治规矩　坚决做到"两个维护"的意见》，树牢"四个意识"，坚定"四个自信"，坚决做到"两个维护"，在政治立场、政治方向、政治原则、政治道路上始终同以习近平同志为核心的党中央保持高度一致。坚持强化党领导全局、协调各方的政治核心作用，健全加强本市司法行政系统各级机关党的全面领导的组织体系、制度体系、工作机制，把党的领导载入各级律师、公证、仲裁、人民调解、司法鉴定协会等社会组织章程，保证这些组织在党的领导下独立负责、协调一致地开展工作。

2. 强化政治导向和政治要求。坚决把准政治定位和站位，紧紧围绕政法机关是党和人民手中"刀把子"的政治定位，注重从政治上研判形势、分析问题。组织开展模范机关创建活动，将全面发挥政治引领作用、全面落实党建先行要求贯穿活动始终。坚决贯彻落实上级决策部署，旗帜鲜明坚持政治统领业务，对照司法部明确的"一个统筹、四大职能"工作总体布局，高质量落实司法行政各项职责任务。坚决执行请示报告制度，市局党委每半年向市委、市政府、司法部和市委政法委报告一次工作情况，重大情况及时请示报告；全市各级司法行政机关严格按规定向上一级党委请示报告，力求重大问题、重点事项、重要工作"一次不少、一件不漏、一刻不迟"。

3. 深化政治巡察和政治督察。进一步突出巡察政治定位，对市局系统机关部门、处级单位党组织做到每四年巡察全覆盖，查找政治偏差，推动落实整改，不断强化政治巡察发现问题、形成震慑的"利剑"作用。探索建立政治督察制度，重点督察贯彻落实习近平新时代中国特色社会主义思想和中央、市委、市政府、司法部对司法行政工作重大决策部署，捍卫国家政治安全，落实意识形态工作责任制等方面的情况，督察对象是市局系统每个党组织，重点是监狱管理局、戒毒管理局、社区矫正管理局等党委（党总支）及其成员，原则上每年督察1个单位，进一步强化政治责任逐级落实、政治建设层层深入。

（二）加强政治武装，深入学习贯彻习近平新时代中国特色社会主义思想

4. 持续推动习近平新时代中国特色社会主义思想深入人心。始终把学习贯彻习近平新时代中国特色社会主义思想和党的十九大精神作为首要政治任务，作为开展大学习大研讨大培训的中心内容，作为各级党委（党组）理论中心组学习的规定动作，不断增强学习实践的理论深度、实践力度、情感温度。汇聚整合全系统、各方面的研究力

量,确定一批贯彻习近平总书记全面依法治国新理念新思想新战略,推动司法行政改革发展的研究选题,形成一批高质量研究成果,推动学习不断往心里去、往深里走、往实处落。

5. 建立健全"首题必政治"政治学习制度。市局党委带头将政治学习作为党委会议第一议题,及时传达学习中央、市委、司法部、市委政法委的重要精神、重大决策。严格落实《中国共产党党委(党组)理论学习中心组学习规则》,以政治专题学习为"主课",探索建立述学、评学、督学、考学机制。紧跟大局大势,制定学习计划,市局党委中心组学习会一般每月安排1次,集体学习研讨每季度不少于1次,带动全系统大兴学习之风。

6. 扎实开展各类主题、专题教育活动。贯彻中央、市委有关精神,结合司法部每月主题教育,开展"不忘初心、牢记使命,进一步深化'讲转促谋'"学习实践活动。充分运用上海红色文化资源,教育引导党员干部悟初心、守初心、践初心。扎实推进"两学一做"学习教育常态化制度化,以党支部为"基本单元",持续抓好党章党规党纪教育,引导全体党员做合格共产党员。

(三)突出政治功能,充分发挥党组织坚强战斗堡垒作用

7. 彰显政治统领严密全系统党组织体系。以提升组织力为重点,进一步优化组织设置,持续扩大法律服务行业"两个覆盖",促进各级党组织各正其位、各司其职、各负其责,把党的领导和党的建设落到实处。建立健全谋划部署、督促指导、述职评议"三位一体"长效机制,推动各级党委成立党建工作领导小组,聚焦政治建设,每半年至少专题研究、部署1次系统党建工作,每年至少开展1次党建工作专项督导和党组织书记党建述职考核,压紧压实党建工作责任。

8. 严肃党内政治生活和组织生活。坚持和完善民主集中制,健全各级党委议事决策规则和工作规则,严格落实"三重一大"等制度,充分发挥各级党委和领导班子成员"头雁效应",维护好坚持党性基础上的团结。认真落实《中国共产党支部工作条例(试行)》和市委组织部有关文件精神,研究制定市局系统实施意见,从严从细落实"三会一课"、组织生活会、主题党日、党员领导干部双重组织生活等制度,定期组织重温入党誓词、入警入职宪法宣誓及过集体"政治生日"等政治仪式,不断增强全系统的凝聚力战斗力。

9. 健全党群一体化运行机制。发挥党支部组织、宣传、凝聚群众等职责,以常态化思想政治工作引领群众,以"战时"党组织凝聚群众,以"三改三比三创""岗位建功"等活动发动群众,教育引导广大干警和法律服务工作者讲政治、顾大局、守纪律、尽责任、促发展。坚持党建带群建促团建,推动在律师事务所、公证机构等组织中建

立群团组织。强化群团组织政治责任,常态化开展"一学一做"教育实践活动,依托"司青大学习""送团课入行业下基层"等工作,更好承担起引导群众听党话、跟党走的政治任务。

（四）保持政治清醒,以钉钉子精神打好作风建设持久战

10. 持之以恒查纠"四风"。 严格执行中央、市委和市局党委"八项规定"精神相关要求,加强对公务用车、公款旅游、公务接待,以及各种名义变相发放津补贴等情况的监督检查。查准找实本市司法行政系统形式主义、官僚主义的具体表现以及隐形、变种问题,开展集中专项整治。针对系统纪检部门执纪审查对象存在"四风"问题的,先于其他问题查处和通报。

11. 驰而不息改进作风。 围绕"政治站位不高、作风不实、战斗力不强、合力不够"等突出问题,推进专项教育活动再深化、再出发。深化政风警风行风建设,坚决反对形式主义、官僚主义,重点纠正一些领导干部作风漂浮、不敢担当、回避矛盾等问题,一些基层干警不作为、乱作为、选择性作为等问题,一些窗口单位"门难进""脸难看""事难办"等问题,坚决查办曝光损害群众利益的典型案件。

12. 大兴调查研究之风。 持续巩固和深化大调研活动成果,研究出台形成长效机制的实施意见。扎实开展"短板大调研",补短板,强弱项。持续落实市局党委直接联系群众等制度要求,建立建实基层联系点。全面推行驻在式调研,推进市局系统机关干部下沉司法所,监狱管理局、戒毒管理局机关干部下沉基层监所,基层监所科室下沉监区大队的"三级下沉"机制,完善机关与基层双向评价机制。

（五）严明政治纪律,推进全面从严治党向纵深发展

13. 严抓纪律教育执行。 加强党规党纪教育,突出政治纪律和组织纪律开展专项学习,坚决做到"四个服从",严防"七个有之"。定期开展对遵守党纪党规,特别是遵守政治纪律和政治规矩情况的监督检查,及时纠正和严肃处理违反政治纪律和政治规矩的行为,让党员、干部习惯在受监督和约束的环境中工作生活。

14. 严抓监督管理。 用好监督执纪"四种形态",聚焦日常管理做实"第一种形态",深化系统廉政风险防控机制建设,建立局级、监所、支部三级队情廉情分析机制,落实谈心谈话工作要求,探索建立失信记录惩戒机制和干警八小时之外监管机制。做强党委巡察、党风廉政建设专项监督检查、纪检监察、审计、警务督察等多位监督,加大执法执业等领域专项治理,强化纪委书记专职专任,落实谈话函询过程中实行理想信念宗旨和政治责任"两必谈",严肃查办违法违纪案件,并严肃开展警示教育。

15. 严抓责任落地。 落实市局党委全面从严治党"四责协同"机制实施意见,围绕责任清单、机制清单定期议廉、签订责任书、制定责任项目、协同指导推进,推动各级责

任主体切实承担管党治队政治责任。把管党治队责任落实情况纳入党委巡察、党风廉政督查、班子考核等督导考核工作,每半年开展1次党风廉政责任制总结检查,每年末向上一级党委报告落实全面从严治党责任情况,并抄告市纪委监委驻市委政法委机关纪检监察组,对履责不力等情形严肃追责。

（六）健全政治规范,形成建设政治机关的长效机制

16. 推进政治规范进制度。坚持问题导向,立改废释并举,有真空断档的抓紧制定完善,有不一致不协调的尽快修改废止,形成本市司法行政系统政治规范体系,有效防范和解决政治信仰失向、政治意识失真、政治行为失范、政治功能失修、政治责任失守等问题。加大政治规范的宣传教育和执行力度,切实做到内化于心、外化于行。

17. 突出政治标准把关口。把政治过硬作为干部选拔任用首要标准,全方位考察政治表现,坚决防止政治上的"带病提拔"。落实发展党员政治审查制度,稳妥有序开展政治不合格党员组织处置工作;注重在律师等高知识群体中发展党员,坚持把骨干发展为党员、把党员培养成骨干。对"上海司法行政工作先进集体和先进个人""两优一先"等重大表彰,严格落实审核推荐、廉政意见征询、逐级公示等制度,对政治上不合格的"一票否决"。

18. 强化政治要求管干部。严格贯彻落实干部考核工作相关规定,探索建立领导干部政治素质识别和评价机制。推进系统处以上领导干部以身作则,带头遵守政治规范,坚决做到令行禁止。进一步健全司法行政纪律作风制度体系,对违反和破坏政治规范的行为"零容忍",严肃查处有令不行、有禁不止、随意变通、恶意规避等违反政治规范的行为,使政治规范真正形成硬约束。

三、践行政治引领、党建先行,推动司法行政事业改革发展

（一）坚持政治原则,坚定不移走中国特色社会主义法治道路

19. 牢固树立当好"法治建设排头兵"意识。深入学习贯彻习近平总书记全面依法治国新理念新思想新战略,坚定政治自信、保持政治定力,旗帜鲜明反对"宪政""三权分立""司法独立"等错误思想,坚定不移走中国特色社会主义法治道路。自觉站在"四个放在"高度,聚焦建设法治环境最好城市的目标,切实履行市委全面依法治市委员会办公室职能,勇当"法治建设排头兵"。

20. 着力加强全面依法治市统筹规划。推动完善市委领导法治建设的体制机制,高标准研究制定法治上海建设规划,把党的领导贯彻落实到领导立法、保证执法、支持司法、带头守法全过程和各方面。充分发挥市委全面依法治市委员会办公室的协调、督促、检查和推动作用,构建顺畅、高效、协同的工作机制,推进全面依法治市工作规范

运行。组织重大理论和实践问题攻关,加强政策预研和储备,为完善全面依法治市顶层设计提供高质量的决策参考。

21. 积极推动深化全面依法治市实践。积极协调落实市委全面依法治市委员会决策部署,统筹推进落实全面依法治市重点工作,协同推进法治城市、法治政府、法治社会一体建设。充分发挥法治对改革的引领和保障作用,以法治凝聚改革共识、引领改革方向、规范改革进程、预防化解改革风险、巩固扩大改革成果,确保深化改革与法治建设协调一致、良性互动。

(二)强化政治意识,认真履行行政立法、行政执法监督、刑事执行、公共法律服务四大职能

22. 高质量推进行政立法。围绕国家战略和市委、市政府重点工作强化立法保障,科学编制立法规划和计划,加强四大战略支撑、生态环境、民生保障等重点领域立法,坚决完成好市委、市人大、市政府确定和交办的立法项目。坚持立法工作正确政治方向,明确把坚持党的领导、贯彻落实党的路线方针政策和决策部署体现在法规规章之中。善于将党的意志通过地方立法转化为法律制度,加强立法工作政治把关,对起草审议政治方面立法和重大经济社会方面立法,对立法中涉及的重大体制和重大政策调整,对协调解决重大立法争议,认真研究提出意见建议,及时向市委请示报告,坚决防范和纠正政治上有问题的内容,防止立法上"放水"现象发生。

23. 加强行政执法监督协调。坚持在党委领导下加快推进法治政府建设,在行政执法中坚持政治领导、体现政治目的,提高防范政治风险的能力。深化行政执法体制改革,指导重点领域综合执法体制改革,全面推行行政执法全过程记录、行政执法公示、重大执法决定法制审核制度。加强行政执法协调监督,完善行政复议、行政应诉制度规则,推动严格公正规范文明执法。建立健全行政纠纷解决体系,推动构建行政调解、行政裁决、行政复议、行政诉讼有机衔接的纠纷解决机制。

24. 构筑刑事执行与戒毒工作新格局。坚持把监狱、戒毒、社区矫正、安置帮教工作放在总体国家安全观中谋划,站在平安上海建设高度执行,坚决守好执行矫治安全底线,切实维护政权安全、制度安全和社会稳定。坚持以政治改造统领各项改造工作,全面推进监狱社区矫正一体化建设,探索构建监狱和社区矫正政治改造体系,加快构建"五大改造"新格局。坚持把政治思想教育纳入教育戒治全过程,加快推进戒毒工作基本模式落实落地,为全国提供科学戒毒上海经验。

25. 优化公共法律服务。从讲政治的高度加快推进高水平公共法律服务体系建设,为人民群众提供优质、便捷、精准的法律服务。围绕司法部"一体化、精准化"目标任务,推进实体、热线、网络三平台融合,打造升级版的上海法律服务网。全面深化律

师、公证、司法鉴定、法律援助、仲裁等改革,不断提高法律服务质量和行业公信力,全力打响上海法律服务品牌。

（三）夯实政治根基,践行司法行政为民宗旨

26. 坚持密切联系群众。紧扣民心这个最大的政治,毫不动摇把以人民为中心作为根本政治立场。市局党委成员带头深入基层群众,带头执行领导接访、领导下访、领导包案化解信访矛盾等制度。各级领导干部要带头密切联系群众、改进工作作风,带动形成良好政风行风,坚决纠正损害群众利益的行为。

27. 尊重群众发言权、评价权。践行以人民为中心的发展思想,推进科学立法、民主立法,拓宽公众有序参与立法途径。完善重大行政决策公众参与制度,健全听取和采纳党政机关法律顾问、公职律师法律意见的工作机制。提高行政复议办案质量和效率,加大对违法或不当行政行为的纠错力度。把人民群众是否满意、满意到什么程度作为评价司法行政工作的第一标准,扎实开展人民群众满意度评价工作。

28. 优化便民利民服务举措。贯彻落实深化"放管服"改革要求,大力推进证明事项清理、"一网通办"和"最多跑一次"等工作。积极融入"智慧城市""智慧政府"和"数字法治、智慧司法"建设体系,加快信息化智能化建设,不断提高行政管理和服务效率。推动"法治体检"常态化,维护民营企业合法权益。带着对人民群众的深厚感情做工作,积极开展民生领域、弱势群体法律服务,努力让人民群众有更多获得感、幸福感和安全感。

（四）强化政治担当,推进司法行政改革发展

29. 弘扬伟大改革开放精神。持续深入学习贯彻习近平总书记在庆祝改革开放40周年大会上的重要讲话精神,进一步坚定改革信心、凝聚改革意志。认真贯彻落实市委《关于深入学习贯彻落实习近平总书记考察上海重要讲话精神奋力谱写新时代上海改革发展新篇章的意见》、司法部系列改革文件,加快推进本市司法行政改革,最大限度发挥司法行政服从服务国家和上海新时代改革开放的职能作用。

30. 强化改革发展政治保证。坚持把司法行政放在全局中考量,确保中央、市委和司法部确定的改革方向不偏离、部署的改革任务不落空。推进政治动员制度化体系化,把政治动员作为推进重大工作部署的首要环节,主要领导带头作政治动员,确保重大改革、重大活动顺利有效实施。突出各级党组织政治功能,紧紧围绕贯彻落实中央、市委、司法部决策部署推进司法行政改革。

31. 彰显改革责任担当。研究制定贯彻落实《关于加快推进司法行政改革的实施意见》分工方案,进一步细化改革责任和具体任务。突出"一把手"抓改革第一责任,做到重要改革亲自部署、重大方案亲自把关、关键环节亲自协调。坚持目标导向和问题

导向,使改革精准对准发展所需、基层所盼、民心所向,以改革的办法解决司法行政事业发展中的问题。

（五）锤炼政治素质,建设过硬司法行政队伍

32. 加强政治培训。坚持把习近平新时代中国特色社会主义思想和全面依法治国新理念新思想新战略作为首要培训任务,针对司法行政人民警察、司法行政干部和法律服务工作者不同实际,分类施训、因人施策,突出培训针对性、精准性、实效性。把斗争精神、斗争本领作为教育培训的重要内容。分类分层开展全员政治轮训,确保领导干部、一般干警及法律服务工作者每年参加政治轮训的课时有硬性规定、内容有质量保证,筑牢听党指挥、忠诚使命的思想根基。

33. 提升政治能力。加强经常性党性教育、党性锻炼和党内政治生活,不断增强党员干部政治敏锐性、鉴别力和政治执行力。加大选派干部到困难地区对口支援和到巡察、信访等关键岗位实践锻炼力度,坚持在重大任务、改革实践中磨练政治才干。在坚持集体领导、处理重大问题、应对重大风险中加强政治历练,积累政治经验、政治智慧,提升领导干部把握方向、驾驭全局的政治能力。

34. 增强政治担当。落实激励干部担当作为创新实干的实施意见,健全容错纠错机制,激励广大干部顺应新形势、担当新使命、展现新作为。加强律师行业党的建设,实现律师行业党建工作全覆盖全规范全统领。引导全体干警职工和法律服务工作者在改革创新中勇当排头兵、先行者,在服务保障长江三角洲区域更高质量一体化发展、上海自由贸易试验区建设、优化营商环境、民营经济发展等重大任务中提升政治站位和全局意识。

35. 凸显价值引领。把习近平新时代中国特色社会主义思想作为新时代政治文化灵魂,弘扬忠诚老实、公道正派、实事求是、清正廉洁等共产党人价值观,践行社会主义核心价值观和政法干警核心价值观。结合建国 70 周年、"五四"运动 100 周年、司法行政恢复重建 40 周年等重要节点,大力选树宣传先进典型、政治典范。开展局训征集讨论和宣传弘扬活动,全面促进机关、警营、律师、公证、司法鉴定、政府法制等专属特色文化创建,完善新时代上海司法行政品牌文化体系。

四、加强组织领导

（一）思想认识务必提升。要深刻认识坚持政治引领、党建先行是落实党对司法行政工作绝对领导的必然要求。各级党组织要结合本系统、本单位、本部门实际,加强持续深入的政治教育和思想工作,统一思想、提高认识,促进干警职工全面提升政治觉悟、树立政治思维,形成讲政治、抓党建、促发展的共识和合力。

（二）主体责任务必到位。各级党委（党组、党工委、党总支）统一领导本系统本单位政治引领、党建先行各项工作，高标准、高质量推进落实。党建工作领导小组负直接责任，统筹做好规划、部署、指导、监督、检查等工作，努力形成上下同心协力、左右齐抓共管的工作格局。各级党组织主要负责同志要落实第一责任，各级领导班子其他成员履行"一岗双责"，逐级负责，层层抓落实。

（三）效果导向务必落实。要突出跟踪问效，强化监督考核，把各级党组织抓政治引领、党建先行工作情况作为政治巡察和政治督察的重要内容，作为落实党建工作责任制述职评议考核的重要指标，作为领导班子履职尽责管理和干部工作实绩评价、选拔使用等方面的重要依据。要及时梳理总结推广好做法、好经验，巩固扩大成果，逐步建章立制，推进政治引领、党建先行常态化、制度化、长效化。

执法司法制约监督机制改革篇

改革和建设执法司法制约监督体系,是遵循权力运行规律的必然要求。司法责任制是司法体制改革的"牛鼻子",制约监督机制则是牵住"牛鼻子"的缰绳。2020年8月,中央政法委在京召开政法领域全面深化改革推进会,明确了加快推进执法司法制约监督体系改革和建设工作。

面对改革后的执法司法运行新模式,上海立足体系化思维,积极构建执法司法权立体化监督格局。通过完善党对执法司法工作的领导监督、政法部门之间制约监督、政法各系统内部制约监督、社会监督和智能化管理监督等制度机制,上下贯通、内外结合、系统完备、规范高效的执法司法制约监督体系进一步完善,执法司法权力与责任的契合匹配进一步优化、放权与监督、公正与效率得到进一步统一。

本篇选取具有代表性的14个制度文件,展示相关制度成果。

12. 上海市高级人民法院关于进一步深化审判权力制约监督体系改革的实施意见

为认真贯彻落实中央关于加快推进执法司法制约监督体系改革和建设重大部署,进一步深化新时代司法体制综合配套改革,加快实现上海法院审判体系和审判能力现代化,根据中央《关于政法领域全面深化改革的实施意见》《关于深化司法责任制综合配套改革的意见》,最高人民法院《关于深化司法责任制综合配套改革的实施意见》,市委《上海市贯彻落实〈关于深化司法责任制综合配套改革的意见〉的总体方案》等文件精神,结合上海法院实际,制定本实施意见。

一、总体要求

（一）指导思想

以习近平新时代中国特色社会主义思想为指导,深入学习贯彻习近平法治思想,充分认识司法权力制约监督体系对于严格公正执法、全面落实司法责任制、回应人民群众对公平正义新期待的重要意义,全力构建上下贯通、内外结合、系统完备、规范有序、运行高效的审判权力制约监督体系,确保司法公正廉洁、高效权威,全面提升司法质量、效率和公信力,推进法院队伍革命化、正规化、专业化、职业化建设和司法工作高质量发展。

（二）基本原则

一是坚持正确政治方向。 坚持党对司法工作的绝对领导,完善党对司法工作的领导监督体系,确保党中央决策部署在司法活动中得到不折不扣贯彻落实,确保司法工作沿着正确方向前进。

二是坚持注重问题导向。 聚焦司法责任制改革放权后面临的新情况和当前制约监督方面存在的问题,着力破解影响司法权力运行和制约监督落实见效的堵点、难点、痛点,构建完善与新型审判权力运行模式相适应的制约监督体系。

三是坚持遵循司法规律。 正确认识和把握司法活动的客观规律,处理好放权与监督的关系,明晰制约监督的权力清单、严守职责边界,确保制约监督体现权责统一、公开公正、尊重程序的要求。

四是坚持推动系统集成。通过制度完善、机制创新,推动资源整合、力量融合、手段综合,增强制约监督的耦合性、协同性,形成整体合力,全面提升制约监督整体效能。

五是坚持强化科技驱动。坚持把智能化作为制约监督的有效载体和重要手段,推动制约监督工作与科技应用深度融合、两翼发力,切实将科技优势转化为监督效能。

（三）主要目标

以党对司法工作的领导为**统领**,坚持问题导向,针对立案、审判、执行全流程,全力推进审判权力制约监督机制的**系统化、标准化、智能化**建设,形成覆盖立审执全流程、涵盖事前、事中、事后全过程的审判权力制约监督体系,推动在更高层次上实现审判权力与责任的平衡、放权与监督的结合、公正与效率的统一,提升审判体系和能力的现代化水平,努力让人民群众在每一个司法案件中感受到公平正义。

二、主要任务

（一）推进审判权力制约监督闭环机制系统化建设

1. 加强审判组织内部流程管理和监督。严格落实立案登记制,完善与审判团队、繁简分流相适应的随机分案为主、指定分案为辅的案件分配机制,规范院庭长对随机分案后需调整审判组织等事项的监管标准和流程;严格按照《上海法院审判权责清单指引》分解落实合议庭的职能和责任,落实合议庭成员在审判长主持下共同参与、分工配合审理案件机制,防止"参而不审""形合实独"现象;严格落实合议庭成员、独任法官、司法辅助人员履职全程留痕和附卷备查制度;严格落实"裁执分离"运行机制,加强执行裁决权和执行实施权的相互制约,细化规范对可供执行财产的及时处置、终结及终本结案管控、代管款逾期发放、纳入失信名单精准适用等事项的审批权限及程序,加强对执行重点环节的监管;严格减刑、假释案件的审理程序,加强对减刑、假释案件的监督和评查;规范审判监督管理和审务督察部门的日常案件质量检查工作流程和评价标准。

2. 完善院庭长、审判团队负责人监督履职机制。严格落实《上海市高级人民法院关于进一步加强院庭长办理案件工作的实施意见》和《上海市高级人民法院关于审判团队建设的指导意见》,将院庭长、审判团队负责人履行"一岗双责"及履行审判监督管理职责作为综合考评的重要内容;细化规范院庭长、审委会委员、审判团队负责人带头办理疑难复杂案件、主持参与专业法官会议和重点监督"四类案件",以及对长期未结案等案件质效管理的标准;明确对非本人参与办理的上述案件进行监督管理需通过专业法官会议、立审执联席会议、审委会等会议形式集体讨论、全程留痕;区分依法依规正常履行审判监督管理职责与违规过问干预案件行为,严格执行《领导干部干预司法活动、插手具体案件处理的记录、通报和责任追究规定》《司法机关内部人员过问案件的记录和责任追究规定》等"三个规定",落实"三个规定"的记录报告和监督管理工作。

3. 落实专业法官会议监督把关机制。修订完善《上海市高级人民法院关于专业法官会议的规定》,对于需要提交讨论的"涉及群体性纠纷,可能影响社会稳定的""疑难、复杂且在社会上有重大影响的""与本院或者上级法院的类案判决可能发生冲突的""有关单位或者个人反映法官有违法审判行为的"等"四类案件",高院制定全市统一的识别标准,覆盖包括合议制和独任制在内的,符合条件的立案审查、一审、二审、申诉审查和执行案件,各级法院根据管辖案件特点制定本院实施细则;建立会议实施情况定期抽查通报机制,针对改判发回等重点案件建立专项"倒查"机制,严格落实"符合规定要求必须提交讨论""全程留痕""合议庭复议意见与专业法官会议意见实质性相悖需提交审委会讨论"等刚性要求,切实发挥专业法官会议"专业咨询"与"审判监督"的双重功能。

4. 完善审判委员会审判监督和统一裁判规则机制。落实审判委员会讨论案件的决定及其理由依法在裁判文书中公开机制;严格执行检察长、纪检组长列席法院审判委员会会议制度;高院审委会定期讨论发布参考性案例、类案办案要件指南,专项研究区域法律适用分歧及审判质效管理中的重大问题,充分发挥对区域适法统一的监督职能和对审判质效的管理职能;中院、专门法院和基层法院审委会对本辖区改判发回案件和法律适用分歧问题定期进行专项研究,及时总结上报典型案例、存在的法律适用分歧问题和类案裁判经验;严格执行原审法院审委会对上级法院改判发回瑕疵案件评估定责和备案机制。

5. 强化落实审级监督工作机制。严格落实上级法院对本辖区下级法院法定审级监督职责,完善对本院确有错误的生效案件及检察机关抗诉案件依法启动审判监督程序工作机制,加强改判发回及指令再审案件的判前沟通和异议反馈;严格规范改判发回及指令再审案件瑕疵责任评估标准、信息确认和修改程序,二审法院对辖区法院改发案件加强原因研判和通报讲评;结合四级法院审级职能定位改革,探索完善案件管辖权转移和提级审理机制,规范报请上一级法院决定移送审理和上级法院决定提级审理的案件范围。

6. 完善适法分歧解决工作机制。完善类案检索及相关配套制度,细化明确类案标准和应当进行类案强制检索的案件范围;高院建立典型案例定期发布和类案办案要件指南编撰机制,构建以指导性案例、公报案例、上海法院参考性案例和类案办案要件指南、其他生效案件裁判文书等为梯次的类案检索库,优化类案检索方法和操作规则,规范类案检索结果应用;建立完善法律适用分歧研讨和解决机制,充分发挥高院业务部门条线指导、全市审判业务专家和司法智库咨询专家的作用,推广应用全市法院"法律适用疑难问题网上咨询系统",规范下级法院对法律适用分歧问题的请示机制;规范高院办案指导文件及参考性案例的调研、论证、制定、发布等程序,完善归口管理和备案审查制度。

7. 落实交流、回避、退出和惩戒机制。严格执行《上海市高级人民法院关于部分重点岗位干部交流工作规定》,落实重点审判岗位干部定期交流常态化机制;规范落实任职回避、个案回避、个人有关事项报告等从严管理规定;与司法局建立健全法院干警办理案件律师代理情况分析、通报、处理机制,严格落实离职司法人员的从业限制规定,加大对离职司法人员从事隐名代理、幕后代理等隐形利益输送行为的识别和查处,规范法官与律师的关系;发挥法官权益保障部门作用,完善法官依法履职保障机制;研究制定法官惩戒工作办法,规范完善调查发现、提请审查、审议决议、权利救济等规则,理顺法官惩戒程序与纪检监察程序的关系;完善员额退出办法,细化员额退出条件和程序。

8. 完善主动接受监督工作机制。健全接受党委领导监督机制,完善落实重大事项请示报告、向党委述职和党委决策执行情况督察反馈制度;完善接受政法委专项督查司法工作、协调指导重大案件、督导督办涉诉信访案件等工作机制;完善党组研究重大工作、定期听取制约监督体系改革情况汇报、开展司法质效态势分析机制;完善领导班子自觉接受纪检派驻监督工作机制;完善接受人大常规监督和专项监督机制,落实规范性文件备案审查制度;完善向政协通报工作、办理提案、走访调研等沟通机制,畅通接受民主监督渠道;积极配合检察机关履行诉讼监督职责,完善检察建议、检察机关对生效裁判提出抗诉案件等办理机制;完善与律协的正常履职和业务交流机制,加强与律协的沟通联系;完善案件廉政回访、审务督察、司法巡查等工作制度,实现监督范围全覆盖;充分发挥廉政监察员作用,在加强事后监督和警示教育的同时,了解干警思想动态,加强事前、事中及业外活动监督;完善配合开展第三方评估工作机制,探索制定审判权力监督态势指标体系,把监督要点转化为制度执行标准,提高审判监督工作的精准性。

(二)推进审判权力制约监督配套工程标准化建设

9. 加强审判权责清单标准化建设。适时更新审判权责清单指引,明晰放权后各类人员、审判组织权责行使的界限,为各类审判权责主体依法履职和责任追究提供规范依据;加快推进权责清单融合应用,将梳理出的权责清单细化分解为质效指标、考核标准、工作流程和风险提示点,逐项嵌入上海法院的日常办案、考核管理、风险预警、质效评估体系,使之成为司法人员的常态化行为评价标准;建立对违反权责行使情况的日常督察、定期通报制度,实现对各项审判权责的全覆盖、标准化、可视化管理。

10. 加强立审执流程节点管控标准化建设。编制涵盖立案、审判、执行、诉讼服务等各个环节的审判流程标准,梳理完善立案登记、随机分案、"四类案件"监管、专业法官会议、长期未结案、改发案件、虚假诉讼、代管款管理、司法拍卖、终本执行等重点节点管控清单;推动将从立案到结案归档各个重点节点的管控要点、时限要求、程序调整、岗位指引、监督考核和文书样式嵌入信息化办案平台,实现对已完成事项的全程留痕、待完成事项的提示催办、将到期事项的定时提醒、有瑕疵事项的实时预警、违规性事项的及时冻结等自动化、静默化辅助功能。

11. 加强审判质效评估和权重系数标准化建设。适时调整优化审判质效评估指标和案件权重系数,提高评估指标设置和系数设定的科学性、针对性,充分发挥"体检表""指挥棒"作用;依托立审执联席会议、院长办公会、季度讲评会等制度性平台,一体推进案件质量评查、审判运行态势分析、审务督查、绩效考评、审执风险预警、改发案件研判、责任认定评估及其报告制度,对全市法院审判质效指标按季度、年度"合理区间"统一管控、实时预警,形成全程覆盖、动态多维的案件质效管控制度。

12. 加强类案适法统一标准化建设。持续推进类案办案要件指南工作机制,形成一批实用性强、可操作的类案办案要件指南,实现常见类案问题全覆盖,推动类案在审理思路、裁判尺度上的统一性;建立健全类案办案要件指南库与案例库贯通机制,嵌入审判业务一体化支持平台,实现类案办案要件指南和典型案例全文关联推送,为类案检索提供基础支撑;继续推广应用刑事智能辅助办案系统,统一完善常见刑事案件证据标准和量刑指引,有效发挥证据标准对公检法办案的制约引导作用;建立参考性案例、典型案例、类案办案要件指南常态化清理制度,确保类案释法指导与最新法律精神保持一致。

(三)推进审判权力制约监督"一网统管"智能化建设

13. 整合升级全流程网上办案机制和智能化审判监督管理系统。研究制定完善全流程网上办案体系指导意见,依托电子档案单套制改革试点、在线立案、在线庭审、庭审记录方式改革、电子送达等统筹集成,整合优化全流程网上办案平台,推动办案流程再造。以全流程网上办案为基础,系统集成法官业绩档案、质效评估、审执预警分析、智能辅助办案等司法应用板块和各应用系统数据,打造全程留痕、全程可视、全程可控的一体化审判业务支持和管理平台,推动执法办案、考核评估、预警分析、释法指导的信息化、可视化和智能化。

——**优化法官业绩档案和质效评估应用**。细化以办案质量、效率和效果为基本内容的法官业绩评价指标体系和考评机制,将考核情况及时计入法官业绩档案系统;完善质效评估系统数据架构,增强质效评估数据与业绩评价指标的关联度;优化系统功能,实现自动抓取办案、办公数据,实时生成考核过程,动态更新考核内容,全方位记录、评估工作业绩和质效;增设系统指标动态预警功能,通过对优势数据、落后数据进行综合比较和自动提示,加强对法官执法办案行为的动态监管;强化考核结果综合运用,将之作为量化考核、绩效奖金分配、评优提任、择优遴选、等级选升、惩戒退额的主要依据。

——**优化审判执行监督预警分析应用**。适时调整风险预警点和因子模型设置,重点将细化后的"四类案件"监管要求、重点节点管控清单及时嵌入预警分析系统,对审判组织按规定应当报告而未报告、应当提交专业法官会议或审判委员会讨论而未提交等案件及相关案件重点质效管控节点,自动预警并提醒院庭长、审判团队负责人监督,实现自动化识别、智能化监管;落实监督核查责任;健全预警系统数据分析季度通报制度,及时发现、提示廉政管理的关键环节,完善风险预警分类处置机制,规范明确处置流程和标准,提升整体监管效能。

——**推动审判监督、管理与一线办案需求融合应用**。统筹集成典型案例指导、司法课题研究与类案办案要件指南、证据标准指引、互联网裁判规则,深度融合条线适法意见、专家法官意见与网上咨询系统、智能辅助办案系统,实现全市法院审判业务资源的集约化管理与信息化应用,为全市法官提供好用、管用、便捷、智能的业务支持与指引;将上述功能与审判监督、管理、考核等功能深度融合,推广应用"上海法院审判业务一体化支持平台",实现案件办理和制约监督的"一网通办""一网统管"。

三、工作要求

(一)统一思想认识,切实提高站位。深化审判权力制约监督体系建设,是深化司法责任制综合配套改革、健全社会公平正义法治保障制度的必然要求。要以习近平法治思想为指引,站在全局的高度,充分认识深化审判权力制约监督体系改革的重大意义,切实提高政治站位、工作站位,对标中央全面依法治国工作会议关于加快构建规范高效的制约监督体系,加强司法制约监督的要求,全力抓好制约监督各项任务的落地见效。各级法院党组要把贯彻《实施意见》作为一项战略性、基础性工作列入院党组议事日程,围绕"两个维护",以开展队伍教育整顿为契机,积极采取配套措施,切实抓好落实和推进,完善法院队伍监督管理制度。

（二）加强组织领导，严格责任落实。高院司法体制综合配套改革领导小组加强对本《实施意见》的组织领导，制定问题清单和《任务分解表》，明确需要完善、整改和推进的具体任务及要求；高院相关责任部门根据本《实施意见》按年度细化确定当年具体落实任务和工作要点，负责具体任务的对口指导、统筹协调、推进实施、督促落实、跟踪问效；中基层法院司法体制综合配套改革领导小组要切实发挥主体责任，主动对接《实施意见》要求，抓好领导和协调，把握推进节奏，确保各项任务有重点、有步骤、有秩序推进。

（三）抓好分类施策，加强评估问效。要在全面梳理审判权力制约监督相关制度落实情况的基础上，根据当前制度落实中仍需重点关注或存在的问题，抓好分类施策工作，确保改革取得实效，提高人民群众对改革的满意度和认可度：对于已有制度并取得一定成效的，加大深化落实和成果巩固；对于已有规定但需根据最新要求修订或细化完善的，及时跟进制度修订完善；对于制度仍有缺位的，加快补齐制度短板。要探索制定审判权力监督态势指标体系，确保审判监督制约工作可操作、可量化、可评价。要完善督察指导常态化工作机制，建立督察情况反馈、问题通报、挂账整改机制，加大督察力度，推动督察工作常态化。

（四）坚持系统集成，发挥综合效能。要以机制闭环体系为基础，以标准化工程和信息化系统为配套，统筹推进监督制约改革各项举措与党对司法工作的领导监督、队伍教育整顿、人员分类管理、组织机构职能、繁简分流改革、刑事诉讼制度改革、司法资源配置、诉讼服务等系统集成，确保在政策取向上相互配合、在实施过程中相互促进、在实际成效上相得益彰，推动形成有序放权和有效监督的制度合力，最大程度凸显审判权力制约监督的融合效应和综合效能。

13. 上海市高级人民法院关于专业法官会议的规定（2021 年修订版）

为进一步深化司法体制综合配套改革，健全完善专业法官会议工作机制，充分发挥专业法官会议总结审判（本规定所称审判均包括执行）经验、统一裁执标准和指导司法实践以及服务、监督、规范审判工作的职能作用，根据中共中央办公厅《关于加强法官检察官正规化专业化职业化建设全面落实司法责任制的意见》《关于深化司法责任制综合配套改革的意见》，最高人民法院《关于深化司法责任制综合配套改革的实施意见》《关于完善人民法院专业法官会议工作机制的指导意见》等有关规定，结合上海法院审判实际，制定本规定。

第一条 专业法官会议主要负责讨论研究案件的法律适用问题及与事实认定高度关联的证据规则适用问题，是人民法院向审判组织和院庭长（含审判委员会专职委员，下同）履行法定职责提供咨询意见的内部工作机制，也是促进法律适用统一、依法依规进行审判管理和监督的重要平台。

高、中院（专门法院）专业法官会议可根据需要讨论条线内的法律适用统一以及其他与审判业务有关的问题。

第二条 专业法官会议参会法官不少于 3 名，其中合议制审理案件的专业法官会议参会法官一般不少于 5 名，各院可结合实际对本院具体参会人数进行细化规定。

专业法官会议一般根据需要在本审判专业领域、业务庭内部召开，必要时可以跨审判专业领域、业务庭召开。各院可以根据业务领域、代表性等组建不同的专业法官库，视情况优先安排入库法官参加相关议题的专业法官会议。

第三条 专业法官会议由下列人员主持：

（一）审判专业领域或者跨业务庭、审判专业领域的专业法官会议，由院长、副院长，或其委托的审判委员会委员、庭长主持；

（二）本业务庭或者跨审判团队的专业法官会议，由庭长或其委托的副庭长主持；

（三）审判团队内部组织的专业法官会议，由庭长、副庭长或其委托的团队负责人主持。

第四条　专业法官会议参会人员由主持人指定。提交讨论案件的独任庭或合议庭的法官助理、书记员应当列席。主持人根据议题性质和实际需要可邀请综合业务部门工作人员等其他人员列席会议并参与讨论。

第五条　专业法官会议主要讨论下列案件:

(一)涉及群体性纠纷,可能影响社会稳定的;

(二)疑难、复杂且在社会上有重大影响的;

(三)有必要在审判团队、审判庭、审判专业领域之间或者辖区法院内统一法律适用的;

(四)与本院或者上级法院的类案判决、执行可能发生冲突的;

(五)有关单位或者个人反映法官有违法审判行为的;

(六)合议庭内部无法形成多数意见,或者持少数意见的法官认为需要提交讨论的;

(七)独任庭认为需要提交讨论的;

(八)拟改判或发回重审由原审审判委员会讨论决定的案件的;

(九)拟提交审判委员会讨论的;

(十)需要加强审判监督管理的其他案件。

独任庭、合议庭办理案件时或审判团队负责人行使监管职责时,发现存在上述情形之一的,应当建议院庭长提交专业法官会议讨论;院庭长可以主动依职权决定召开专业法官会议;综合业务部门认为存在前款第(一)至(五)项情形的,应当建议院庭长提交专业法官会议讨论。

第六条　上述第五条第(十)项所指其他案件,主要包括:

(一)拟免于刑事处罚、拟改变一审判决、拟对处于羁押状态的被告人判处缓刑、拟改变检察机关的指控罪名或犯罪事实的刑事案件;

(二)基层法院受理的诉讼标的额在 3000 万元以上拟以判决方式结案的大标的民事案件;二审适用独任制及合议制审理,与一审认定事实或者适用法律存在较大分歧,拟改判或发回重审的民事案件;

(三)拟判决区级以上人民政府、市级以上人民政府工作部门败诉的行政案件;

(四)基层法院申请执行标的 3000 万元以上、中级法院申请执行标的 1 亿元以上拟终结本次执行的大标的执行案件;涉党政机关被执行人拟终结本次执行的特殊主体执行案件;决定撤销拍卖的执行案件;执转破要移送至外地法院的执行案件等。

第七条　专业法官会议除讨论与案件有关的事项外,还可以讨论院庭长提交的下列有关审判事项：

（一）对涉及审判领域的新情况、新问题进行研究；

（二）总结审判经验，促进法律适用统一；

（三）需加强审限及执行期限监管的；

（四）其他需要提请讨论的审判事项。

第八条　主持人应当在会前审查会议材料并决定是否召开专业法官会议。对于法律适用已经明确，专业法官会议已经讨论且没有出现新情况，或者其他不属于专业法官会议讨论范围的，主持人可以决定不召开会议，并根据审判监督管理权限督促或者建议独任庭、合议庭依法及时处理相关案件。

主持人召开会议时，应当严格执行讨论规则，客观、全面、准确归纳总结会议讨论形成的意见。

第九条　拟提交专业法官会议讨论的案件，承办案件的独任庭、合议庭应当在会议召开前就基本案情、争议焦点、评议意见及其他参考材料等简明扼要准备报告，并在报告中明确拟提交讨论的焦点问题。案件涉及统一法律适用问题的，应当说明类案检索情况，确有必要的应当制作类案检索报告。

全体参加人员应当在会前认真阅读会议材料，掌握议题相关情况，针对提交讨论的问题做好发言准备。

第十条　专业法官会议按照下列规则组织讨论：

（一）独任庭或者合议庭作简要介绍；

（二）参加人员就有关问题进行询问；

（三）列席人员发言；

（四）参加人员按照法官等级等由低到高的顺序发表明确意见；

（五）主持人视情况组织后续轮次讨论；

（六）主持人最后发表意见；

（七）主持人总结归纳讨论情况，形成讨论意见。

第十一条　参加专业法官会议的法官或列席人员有下列情形之一的，应当自行回避：

（一）是讨论案件的当事人或者当事人的近亲属；

（二）本人或者近亲属和讨论的案件有利害关系；

（三）是讨论案件的诉讼代理人近亲属的；

（四）与讨论案件的当事人或者诉讼代理人有其他关系，可能影响案件公正处理的。

　　第十二条　专业法官会议的召开频率应当综合考虑所涉事项、议题数量、议题的必要性等因素合理确定,可以定期召集,也可以根据实际需要临时召集。

　　第十三条　主持人应当指定专人负责会务工作。召开会议前,应当预留出合理、充足的准备时间,提前将讨论所需的报告等会议材料送交全体参加人员。召开会议时,应当由法官助理或书记员制作会议记录,准确记载发言内容和会议结论,由全体参加人员会后及时签字确认;参加人员会后还有新的意见,可以补充提交书面材料并再次签字确认。

　　第十四条　专业法官会议讨论形成的意见供审判组织和院庭长参考。

　　案件经专业法官会议讨论后,独任庭、合议庭应当及时复议。

　　符合第五条第(一)(二)(四)(五)项规定的案件,专业法官会议没有形成多数意见,独任庭、合议庭复议后的意见与专业法官会议多数意见不一致,或者独任庭、合议庭对法律适用问题难以作出决定的,应当层报院长提交审判委员会讨论决定。

　　对于其他案件,专业法官会议没有形成多数意见,或者独任庭、合议庭复议后的意见仍然与专业法官会议多数意见不一致的,可以层报院长提交审判委员会讨论决定。

　　经专业法官会议讨论的案件被提交审判委员会讨论的,独任庭或合议庭汇报时应当说明专业法官会议讨论情况及会议意见。

　　第十五条　专业法官会议申请、审核、讨论、复议及处理结果等信息应当全程留痕,录入专业法官会议系统,纳入全流程网上办案体系。

　　专业法官会议申请表、会议记录等相关材料,经主持人审核确认后,应归入案件副卷存档。

　　第十六条　相关审判庭室应当定期总结专业法官会议工作情况,组织整理形成会议纪要、典型案例、裁判规则等统一法律适用成果,并报本院综合调研部门备案。

　　第十七条　法官参加专业法官会议的情况应当计入工作量,法官在会上发表的观点对推动解决法律适用分歧、促成公正高效裁判发挥重要作用的,可以综合作为绩效考核和等级晋升时的重要参考因素;经研究、整理会议讨论意见,形成会议纪要、典型案例、裁判规则等统一法律适用成果的,可以作为绩效考核时的加分项。

　　审判辅助人员、综合业务部门工作人员等列席专业法官会议的情况,参照前述规定纳入绩效考核。

　　第十八条　相关人员因故意或重大过失违反本规定第五、六、十一、十四条规定,导致严重后果的,应当按照《最高人民法院关于完善人民法院司法责任制的若干意见》的规定承担相应司法责任或岗位管理责任。

　　各院审判管理部门是专业法官会议管理的职能部门,应当定期对专业法官会议的召开、信息申报、意见采纳与否及理由等情况开展随机抽查和重点核查,实现全方位的监督管理和效果评估。

第十九条 各级法院应当结合本院实际情况,对本规定进行细化和补充规定,并报市高院备案。

第二十条 专业法官会议一般采取现场形式,非涉密案件也可依托法院专网的视频会议、电话会议等形式召开。

市高院通过健全全市统一的审判流程管理系统和一体化审判业务支持平台,推动专业法官会议记录、会议纪要、典型案例等与智能辅助办案系统和绩效考核等系统关联融合,实现信息查询、裁判指引、自动提示、智能监管等功能。各级法院应当根据本院实际,提升专业法官会议信息化、标准化和智能化水平。

各专业法官会议参会主体应充分运用相关系统、平台,切实发挥其功能。

第二十一条 参加、列席专业法官会议的人员和会务人员应当严格遵守保密工作纪律,不得向无关人员泄露会议议题、案件信息和讨论情况等审判工作秘密。

第二十二条 执行局和其他审判业务部门负责人参照适用本规定有关庭长的规定。

第二十三条 本规定自公布之日起施行。上海市高级人民法院此前制定的相关制度与本规定不一致的,以本规定为准;本规定与最高人民法院今后出台的司法解释或规范性文件不一致的,以最高人民法院的新规定为准。

14. 上海市高级人民法院关于运用法律适用疑难问题网上咨询系统 加强审判执行业务指导推动适法统一的实施办法

第一条 为进一步解决法律适用疑难问题,加强全市法院审判执行业务指导,推动全市法院法律适用统一,结合法院工作实际,制订本实施办法。

第二条 网上咨询本办法所涉系统按照立案、刑事、民事、商事、知产、海事、金融、行政、执行等业务条线设置栏目。咨询人的问题应归入相应栏目。

第三条 咨询人为基层法院、中级法院业务庭室及以上组织。

第四条 咨询内容应为审判执行中带有共性的法律适用问题。具体案件的处理或事实认定问题不属于咨询范围。

咨询问题需设标题,准确概括问题的主旨。咨询内容应简明扼要,不应涉及当事人姓名、具体案情等内容。

第五条 基层法院、中级法院在审理执行案件过程中遇到法律适用疑难问题时,应充分发挥专业法官会议或审判委员会的作用;经专业法官会议或审判委员会讨论后认为确属法律适用疑难复杂、具有研究价值问题的,经业务部门负责人或院领导同意后以业务部门或法院名义通过网上咨询系统报送至高院研究室。

第六条 高院研究室对报送的法律适用疑难问题进行梳理,属于单独业务条线的,通过网上咨询系统发送至高院相关业务部门予以解答;属于跨业务条线的,由高院研究室组织相关业务条线协调处理。

第七条 高院各业务部门设立咨询小组,组织好本条线的问题研究答复工作。咨询小组成员由各条线审判业务专家、审判业务骨干及高院相关业务部门调研骨干组成。咨询小组组长由高院各业务部门负责人担任,负责答复公布前的审核工作。

高院各业务部门设立的咨询小组成员名单及时报高院研究室备案,人员变动时亦应及时告知。

第八条 咨询小组可由组长召集会议进行研究,也可由小组成员出具书面意见后由组长审核把关;对于疑难复杂问题,亦可会同高院研究室组织专题研讨会进行深度研究后答复。答复意见的起草、审核、把关等过程应全程留痕。

第九条　咨询小组答复方式:

(一) 直接回答问题。

(二) 对不适合回答的问题,表明不予回答并说明理由。

第十条　咨询小组作出答复的时间一般不超过 45 个工作日。答复内容不得与现行法律、法规、司法解释、高院审判业务文件等相抵触;理由应全面具体充分,并写明答复依据。

对疑难复杂或需要向最高法院请示的问题,可延长答复时间,但应及时将延期原因告知咨询人。

第十一条　答复结果以咨询小组名义作出,由高院研究室通过网上咨询系统反馈至各咨询单位或业务部门,答复内容供全市法院审判执行工作时参考。

第十二条　高院各业务部门对通过网上咨询系统反映的法律适用问题,可适时出台相关的审判业务文件和类案审判指引。

第十三条　高院申诉审查庭、审判监督庭应加强对申诉审查和再审审理程序中发现的适法不统一问题的梳理汇总和研究,依托网上咨询系统,适时发布典型再审审查案例和再审审查工作指引,推进适法统一工作。

第十四条　高院研究室应加强与上海市律师协会的沟通交流,对律协提出的适法统一问题及时进行汇总整理和研究,并每半年对咨询与答复情况进行汇总,及时在上海法院网上公布;年底对咨询与解答进行梳理分析,形成报告上报高院审判委员会,并将其中具有研究价值的问题确立为调研课题予以立项。

咨询问题的答复情况列为对审判业务专家、审判业务骨干及高院各业务部门的调研考核依据。

第十五条　高院信息管理处做好网上咨询系统的技术管理维护工作。

第十六条　本规则自上海法院法律适用疑难问题网上咨询系统运行之日起试行。

15. 关于加强上海检察机关专业化办案团队建设的意见

为进一步加强上海检察机关专业化团队建设,推动团队迭代发展,完善相关保障激励措施,提出以下意见:

1. 加强专业化办案。注重成员专业化案件办理,强化团队办案效果。应当通过专业轮案、指定分案,提高团队成员在其本院的专业化办案比重;团队在全市范围内,积极提供疑难案件会诊、办案咨询指导;遇有全市范围内重大疑难复杂案件,优先从相关专业化团队抽调成员,组建专案组。

2. 深化专业化研究。团队要加强成果意识,在办案实践中开展实务总结、理论提炼、前沿研究。办出、用好指导性案例和典型案例,参与建章立制、规范办案标准,提供业务指引;从实务应用研究提升到检察司法政策和基础理论研究,更深入地引领实践;加强与高校、法律职业共同体以及相关行业专家学者的沟通交流,对国内外专业领域前沿问题开展研究。

3. 明确团队性质定位。专业化办案团队是全市检察机关专业领域的人才聚集体。实施开放管理,及时吸收专业化领军人才和骨干人才,办案团队成员原则上应在基层院同一专业领域担任主办检察官或独任检察官。

4. 加大业务条线指导力度。市院对口指导业务部门要将团队工作纳入部门年度工作计划统筹考虑,于年底形成团队建设工作报告,报政治部备案。每年至少向团队交办1件专业领域重大案件、1项课题调研、1件高检院或市院重点任务。

5. 建立述职考核机制。市院对口指导业务部门需明确团队主要任务、目标成果,每年底对指导团队开展考核,评选优秀成员。考核内容包含任务完成度、团队自主活动对条线工作的贡献度、团队召集人的主观能动性、团队成员在团队工作中的贡献度等方面评估。

6. 发挥示范引领作用。通过"专办"+"专研",在专业领域深耕,打造团队品牌,不断提升团队在全市乃至全国相关专业领域的影响力,培养专业化领军人才,打造上海检察机关人才高峰。

7. 提升支持保障力度。统筹检校合作、长三角等区域资源共享、法律职业共同体联合培训等资源,定制专业化培训、打造高端交流平台。倾斜相关学术资源,拓宽理论年会、联席会议、高端论坛等参会渠道,在课题调研、学术研讨等方面提供保障。

8. 扩大宣传展示效果。优先安排团队成员参与专业领域案件的庭审直播、媒体采访、法制宣传等活动。每年定期在团队建设周年等时间节点,对团队工作及优秀成员开展集中宣传,扩大团队知晓度。

9. 完善激励机制。团队述职考核结果应作为团队成员业绩考评、晋级晋升、干部选拔任用的重要参考依据。

16. 上海市检察机关履行法律监督职责开展调查核实工作规程(试行)

第一章 总 则

第一条【目的依据】 为依法行使调查核实权,准确查明事实情况,提升法律监督质效,根据《中华人民共和国人民检察院组织法》《中华人民共和国刑事诉讼法》《中华人民共和国民事诉讼法》《中华人民共和国行政诉讼法》等法律及有关司法解释、规范性文件规定,结合上海检察工作实际,制定本规程。

第一节 调查核实的概念与基本原则

第二条【定义】 本规程所称调查核实,是指人民检察院根据行使法律监督职权的需要,对依法履行职责中发现行政机关、司法机关相关违法事实进行核实或者对公益诉讼案件事实进行调查取证的活动。

第三条【基本原则】 人民检察院开展调查核实应当秉持客观公正的立场,在合法规范的前提下,选择与监督事项的性质等相适应的措施,确保有效查明涉案事实、准确履行法律监督职责。

第二节 调查核实的方法

第四条【调查核实措施】 人民检察院可以根据法律监督需要,选择采取以下调查核实措施:

(一)询问;

(二)咨询、听取意见;

(三)查询、调取、复制材料;

(四)委托鉴定、评估、审计;

(五)勘验、检查;

（六）与监督事项性质相适应的其他调查核实方式。

通过诉讼办案阅卷、审查现有材料等可以满足法律监督需要的，可以不采取上述调查核实措施。

第五条【询问】 询问应当个别进行。检察人员在询问前应当出示工作证件，询问过程中应当制作《询问笔录》。《询问笔录》经被询问人确认无误后，由被询问人签名或者盖章。被询问人拒绝签名或者盖章的，应当记明情况。

人民检察院询问人民法院、公安机关、行政机关相关办案人员的，也可以至上述单位当面了解，必要时可以要求其提供书面说明材料，由被询问人签名或者盖章。

第六条【专业咨询】 人民检察院可以就专门性问题书面或者口头咨询听取有关专业人员、相关部门或者行业协会的意见。口头咨询的，应当制作笔录，由接受咨询的专业人员签名或者盖章。拒绝签名盖章的，应当记明情况。

第七条【向行政、司法机关查询、调取、复制材料】 人民检察院可以向行政、司法机关查询、调取、复制有关卷宗、文件、文书材料，收集同步录音、录像或其他视听资料。

调阅人民法院诉讼卷宗，持《调阅案卷单》调阅。能够通过查阅、拷贝电子卷、复制、摘录等方式满足调查核实需要，可不调阅诉讼卷宗。

除调阅人民法院、人民检察院诉讼卷宗外，调取执法、司法机关其他材料的，根据不同情形制作《调取证据通知书》《调取证据清单》或《协助调查通知书》，并持上述文书调取。

第八条【物证、书证的调取】 需要向有关单位或者个人调取物证、书证的，应当制作《调取证据通知书》《调取证据清单》，持上述文书调取有关证据材料。

调取书证应当调取原件，调取原件确有困难或者因保密需要无法调取原件的，可以调取复制件。书证为复制件的，应当注明调取人、提供人、调取时间、证据出处和"本复制件与原件核对一致"等字样，并签字、盖章。书证页码较多的，加盖骑缝章。

调取物证应当调取原物，调取原物确有困难的，可以调取足以反映原物外形或者内容的照片、录像或者复制品等其他证据材料。

第九条【视听资料、电子数据的调取】 人民检察院应当收集提取视听资料、电子数据的原始存储介质，调取原始存储介质确有困难或者因保密需要无法调取的，可以调取复制件。调取复制件的，应当说明其来源和制作经过。

人民检察院自行收集提取视听资料、电子数据的，应当注明收集时间、地点、收集人员及其他需要说明的情况。

第十条【鉴定、评估、审计】 人民检察院对专门性问题认为确有必要鉴定、评估、审计的，可以委托具备资格的机构进行鉴定、评估、审计。

人民检察院应当为鉴定、评估、审计人员提供有关检材、数据和样本等原始材料,说明与鉴定、评估、审计有关的情况,并明确提出鉴定、评估、审计的目的和具体要求。

承办检察官认为鉴定意见、评估意见、审计报告等技术性证据材料存在疑问,或者认为确有必要的,可以委托检察技术职能部门依照有关规定进行专门审查,并出具审查意见。

第十一条【勘验、检查】　人民检察院认为确有必要的,可以勘验物证或者现场。勘验人应当出示证件。勘验应当在检察官的主持下,由两名以上检察人员进行,可以邀请见证人参加。必要时,可以指派或者聘请有专门知识的人进行。勘验情况和结果应当制作笔录,由参加勘验的人员、见证人签名或者盖章。

第十二条【远程视频】　人民检察院认为确有必要的,可以参考《上海市检察机关远程视频办案工作规定(试行)》,通过远程视频方式开展询问、咨询、听取意见等调查核实活动。

第十三条【大数据分析】　人民检察院认为确有必要的,可以采用大数据分析等技术手段发现各类监督线索,开展调查核实。

第十四条【限制性要求】　人民检察院在调查核实过程中不得采取限制人身自由或者查封、扣押、冻结财产等强制性措施。

第十五条【保密要求】　检察人员在调查核实中,应当保守国家秘密,对履行职责中知悉的商业秘密和个人隐私予以保密。

第十六条【调查核实的证据使用】　人民检察院调查核实形成的证据,包括书证、物证、视听资料、电子数据、证人证言、当事人的陈述、鉴定意见和勘验、检查等笔录。

调查核实材料作为诉讼证据使用的,应当遵守《中华人民共和国刑事诉讼法》《中华人民共和国民事诉讼法》《中华人民共和国行政诉讼法》等法律及相关规定要求。在人民法院开庭审理时,人民检察院应当对调查核实的证据予以出示和说明,接受法庭质证。

第三节　调查核实的工作程序

第十七条【调查核实的启动】　人民检察院因履行法律监督职责的需要,认为有必要对相关案件事实、监督线索进行核查的,可以依职权主动进行调查核实。

当事人或者案外人认为存在违法或者损害公益行为的,可以申请人民检察院开展法律监督。人民检察院应当对申请予以审查,审查后认为理由成立的,应当及时进行调查核实。申请理由不成立的,应当依法予以说明。

第十八条【办案组织】　人民检察院调查核实,根据案件情况可以由一名检察官独任办理,也可以由两名以上检察官组成办案组办理。必要时,可以跨部门、跨层级组成检察官办案组,开展调查核实。上一级院统一调用辖区内检察人员的,依照有关规定执行。

第十九条【权限配置】 调查核实由承办检察官在职权范围内决定,或者报检察长决定。

有下列情形之一,应当报检察长决定:

(一)需要提出检察建议、书面纠正意见或者抗诉的;

(二)被调查对象具有重大影响的或者涉嫌重大违法行为的;

(三)被调取材料涉及国家秘密、重大个人隐私、重大商业秘密的。

第二十条【人员要求】 开展调查核实,应当由两名以上的检察人员进行。

第二十一条【调查期限】 人民检察院调查核实,有法定期限的,在法定期限届满前完成;没有规定法定期限的,一般为二个月。

第二十二条【结果处理】 调查核实完毕后,根据查明的事实和证据,依法分别做出处理:

(一)认为存在违法、损害公益行为的,应当依法提出监督意见;

(二)认为不存在违法、损害公益行为的,根据线索来源需要作出反馈的,应当及时向被监督对象说明情况,对造成不良影响的,采取适当方式在一定范围内予以澄清;

(三)认为行为人对违法、损害公益行为负有责任的,应当依照法律规定移送有管辖权的机关依法处理;

(四)认为违法、损害公益行为可能影响刑事案件逮捕、起诉或者其他诉讼进行的,应当及时向有关部门通报,并附调查材料。

在查明违法事实、问题、成因,梳理案件涉及的倾向性、普遍性问题后,应当及时开展类案监督。

第二十三条【线索移送】 调查核实中发现职务犯罪线索或者违纪线索的,经检察长批准,应当依照规定移送本院相关检察业务部门或者其他有管辖权的主管机关。

第四节 调查核实的保障措施

第二十四条【人员保障】 人民检察院进行调查核实,可以指派检察技术人员、司法警察或者聘请其他具有专门知识的人参与。根据案件实际情况,也可以邀请公安机关等单位协助。

第二十五条【财政保障】 人民检察院应当加强对调查核实工作的财政保障,将相关调查核实经费纳入财政预算。

第二十六条【指令调查】　上级人民检察院可以指令下级人民检察院调查核实。

上级人民检察院指令调查,应当发送《指令调查通知书》,载明调查核实事项、证据线索及要求。受指令人民检察院收到《指令调查通知书》后,应当在十五日内完成调查核实工作并书面回复。因客观原因不能完成调查的,应当在上述期限内书面回复指令的人民检察院。

第二十七条【委托调查】　人民检察院需要在异地进行调查核实的,可以委托当地人民检察院调查核实。

人民检察院委托调查的,应当发送《委托调查函》,载明调查核实对象、事项、证据线索及要求。受委托人民检察院收到《委托调查函》后,应当在十五日内完成调查核实工作并书面回复。因客观原因不能完成调查的,应当在上述期限内书面回复委托的人民检察院。如有特殊情况,受委托人民检察院可以延长调查核实时间,并将情况书面告知委托人民检察院。

第二十八条【协助义务】　人民检察院依法调取被监督单位的卷宗材料或者其他文件,询问当事人、案外人或者其他有关人员,收集证据材料的,应当向有关单位或个人阐明应当协助配合的义务要求。

第二十九条【对阻碍调查的处理一】　经人民检察院要求履行协助义务后,有关单位和个人仍拒绝或者妨碍人民检察院调查核实的,人民检察院可以向有关单位或者其上级主管机关提出检察建议,责令纠正。必要时可以向同级纪检监察部门通报,或者向同级人大常委会报告,或者通过上级人民检察院向其上级主管机关通报。

第三十条【对阻碍调查的处理二】　有关单位和个人有下列阻碍调查核实行为,情节严重构成犯罪的,人民检察院可以将相关线索移送公安机关依法追究刑事责任:

(一)伪造、毁灭重要证据的;

(二)以暴力、威胁、贿买方法阻止证人作证或者指使、贿买、胁迫他人作伪证的;

(三)对检察人员、诉讼参加人、证人、翻译人员、鉴定人、勘验人等,进行侮辱、诽谤、诬陷、殴打或者打击报复的;

(四)以暴力、威胁或者其他方法阻碍调查核实的。

公职人员干扰、阻碍检察机关依法调查核实,情节严重的,人民检察院可以将相关线索移送监察机关依法处理。

第五节　调查核实的监督制约

第三十一条【自行回避与申请回避】　检察人员开展调查核实工作中有下列情形之一的,应当自行回避,被调查核实案件相关人员也有权要求回避:

（一）是被调查核实案件的直接利害关系人；

（二）其近亲属和被调查核实案件有直接利害关系；

（三）与被调查核实案件有其他直接利害关系，可能影响公正处理案件的。

检察人员接受被调查对象及其委托的人的请客送礼及其他利益，或者违反规定会见被调查对象及其委托的人，被调查案件相关人员有权要求他们回避。

回避以口头或书面方式提出，并说明理由。口头提出的，应当记录在卷。

第三十二条【回避决定】 开展调查核实工作的检察人员的回避，应当由检察长决定；检察长的回避，由检察委员会讨论决定。

人民检察院对当事人提出的回避申请，应当在三日内作出决定，并通知申请人。对明显不属于回避事由的申请，可以当场驳回，并记录在案。

在回避决定作出前，一般不停止对案件的调查核实。但民事、行政诉讼监督中除应当采取紧急措施外，应当暂停参与本案工作。

对驳回申请回避的决定，被调查核实相关人员可以在接到决定时向决定机关申请复议一次。人民检察院应当在三日内作出复议决定，并通知被调查核实相关人员。复议期间，被申请回避的人员不停止参与本案工作。

第三十三条【流程监控】 负责案件管理的部门对正在开展的调查核实措施，应当依照法律规定和相关司法解释、规范性文件等，对办理程序是否合法、规范、及时、完备，进行实时、动态的监督、提示、防控。存在违规违法情形的，应当及时督促纠正。

第三十四条【事项填报】 调查核实过程中，检察人员应当严格执行司法办案"三个规定"和最高人民检察院《关于建立过问或干预、插手检察办案等重大事项记录报告制度的实施办法》等有关规定，对于过问或干预、插手检察办案等重大事项，实行月度填报，重大紧急情况应当及时填报。违反前述有关规定的，应当依法追究相应责任。

第三十五条【控申答复】 对于控告、申诉、举报人明确要求检察机关调查核实的，调查核实结果应当及时回复控告、申诉、举报人。对于不涉及保密内容的当面回复，可以采取公开听证的方式。

对控告人、申诉人、举报人捏造事实诬告陷害，意图使办案人员受到刑事追究，情节严重的，依法移送有管辖权的机关追究刑事责任；对情节尚未构成犯罪的，可视情建议予以治安管理处罚。

第二章 分 则

第一节 刑事检察中的调查核实

第三十六条【总的要求】 人民检察院通过审查案件或者接到当事人的控告、申诉、举报,发现侦查线索,或者认为刑事立案、侦查、审判、执行等诉讼活动可能存在违法情形,根据现有材料不能排除违法嫌疑的,应当及时进行调查核实,以规范刑事诉讼活动,促进公正司法。

人民检察院应当围绕可能存在的违法行为,全面、客观、公正地进行调查核实,对证实有无违法行为以及违法行为情节轻重的各种证据材料都应当收集。

第三十七条【侦查线索的调查核实】　人民检察院对于直接受理侦查案件的线索,按照下述要求进行调查核实:

(一)人民检察院直接受理侦查案件的线索,由负责侦查的部门统一受理、登记和管理。负责控告申诉检察的部门接受的控告、举报,或者本院其他办案部门发现的案件线索,属于人民检察院直接受理侦查案件线索的,应当在七日以内移送负责侦查的部门。

负责侦查的部门对案件线索进行审查后,认为属于本院管辖,需要进一步调查核实的,应当报检察长决定。

调查核实一般不得接触被调查对象。必须接触被调查对象的,应当经检察长批准。

(二)对于人民检察院直接受理侦查案件的线索,上级人民检察院在必要时,可以直接调查核实或者组织、指挥、参与下级人民检察院的调查核实,可以将下级人民检察院管辖的案件线索指定辖区内其他人民检察院调查核实,也可以将本院管辖的案件线索交由下级人民检察院调查核实;下级人民检察院认为案件线索重大、复杂,需要由上级人民检察院调查核实的,可以提请移送上级人民检察院调查核实。

(三)负责侦查的部门调查核实后,应当制作审查报告。调查核实终结后,相关材料应当立卷归档。

第三十八条【立案、侦查活动、审判活动监督的调查核实】　刑事立案、侦查、审判活动中,可能存在《人民检察院刑事诉讼规则》第五百五十七条、第五百五十九条、第五百六十七条、第五百七十条所列情形之一的,人民检察院应当进行调查核实。

第三十九条【非法证据调查核实的一般规定】　当事人及其辩护人或者值班律师、诉讼代理人报案、控告、举报侦查人员采用刑讯逼供等非法方法收集证据,并提供涉嫌非法取证的人员、时间、地点、方式和内容等材料或者线索的,人民检察院应当受理并进行审查。根据现有材料无法证明证据收集合法性的,应当及时进行调查核实。

上一级人民检察院接到对侦查人员采用刑讯逼供等非法方法收集证据的报案、控告、举报,可以直接进行调查核实,也可以交由下级人民检察院调查核实。交由下级人民检察院调查核实的,下级人民检察院应当及时将调查结果报告上一级人民检察院。

人民检察院决定调查核实的,应当及时通知公安机关。

第四十条【审查逮捕阶段非法证据的调查核实】 审查逮捕期间经调查核实,在期限届满前无法确定存在非法取证的行为,但也不能排除非法取证可能的,该证据不作为批准逮捕的依据。检察官应当根据在案的其他证据认定案件事实和决定是否逮捕,并在作出批准或者不批准逮捕的决定后,继续对可能存在的非法取证行为进行调查核实。

第四十一条【审查起诉阶段非法证据的调查核实】 审查起诉期间,犯罪嫌疑人及其辩护人又提出新的线索或者证据,或者人民检察院发现新的证据,经调查核实认为侦查人员存在以刑讯逼供等非法方法收集证据情形的,应当依法排除非法证据,不得作为提起公诉的依据。

排除非法证据后,犯罪嫌疑人不再符合逮捕条件但案件需要继续审查起诉的,应当及时变更强制措施。案件不符合起诉条件的,应当作出不起诉决定。

第四十二条【审判阶段非法证据的调查核实】 在法庭审理过程中,公诉人或出庭检察员不能当庭证明证据收集的合法性,需要调查核实的,可以建议法庭休庭或者延期审理。

在法庭审理期间,人民检察院可以要求监察机关或者公安机关对证据收集的合法性进行说明或者提供相关证明材料。必要时,可以自行调查核实。

第四十三条【自首、立功等的调查核实】 被告人、上诉人、辩护人提出被告人、上诉人自首、立功等可能影响定罪量刑的材料和线索的,可以自行调查核实。

第四十四条【刑事申诉的调查核实】 负责控告申诉检察的部门对受理的刑事申诉案件应当根据事实、法律进行审查,必要时可以进行调查核实。认为原案处理可能错误的,应当移送相关办案部门办理;认为原案处理没有错误的,应当书面答复申诉人。

对于收到的群众来信,负责控告申诉检察的部门应当在七日以内进行程序性答复,办案部门应当在三个月以内将办理进展或者办理结果答复来信人。

第四十五条【阻碍辩护人、诉讼代理人行使权利的调查核实】 辩护人、诉讼代理人认为公安机关、人民检察院、人民法院及其工作人员具有《人民检察院刑事诉讼规则》第五十七条所列情形之一,阻碍其依法行使诉讼权利,向人民检察院申诉或者控告的,人民检察院应当及时受理并调查核实,在十日以内办结并书面答复。

第四十六条【刑事执行活动监督的调查核实】 人民检察院发现在刑罚交付执行、减刑、假释、暂予监外执行、社区矫正、刑事裁判涉财产部分执行、死刑执行、强制医疗执行以及在看守所、监狱、强制医疗机构等场所监管执法中可能存在违法情形或重大事故的,应当进行调查核实。

第四十七条【刑事执行涉财产部分监督的调查核实】　人民法院在执行刑事裁判涉财产部分可能存在《人民检察院刑事诉讼规则》第六百四十五条所列违法情形之一的,人民检察院应当进行调查核实。

人民检察院可以对公安机关查封、扣押、冻结涉案财物的情况,人民法院审判部门、立案部门、执行部门移送、立案、执行情况,被执行人的履行能力等情况向有关单位和个人进行调查核实。

第四十八条【刑事执行监督对事故结论的调查核实】　看守所、监狱、强制医疗机构等场所可能存在《人民检察院刑事诉讼规则》第六百六十二条、第六百六十三条所列情形之一的,人民检察院应当进行调查核实。

人民检察院应当将调查核实的结论书面通知监管场所或者主管机关和被监管人、被强制医疗人的近亲属。认为监管场所或者主管机关处理意见不当,或者监管执法存在问题的,应当提出纠正意见或者检察建议;认为可能存在违法犯罪情形的,应当移送有关部门处理。

第四十九条【讯问】　人民检察院对于涉嫌刑事诉讼活动违法的事实,可以按照《人民检察院刑事诉讼规则》第一百八十二条规定,采取讯问犯罪嫌疑人的方式进行调查核实。

第五十条【刑事执行监督调查核实的特殊方式】　人民检察院对监狱、看守所等场所进行监督,除可以采取《人民检察院刑事诉讼规则》第五百五十一条规定的调查核实措施外,还可以采取实地查看禁闭室、会见室、监区、监舍等有关场所,列席监狱、看守所有关会议,与有关监管民警进行谈话,召开座谈会,开展问卷调查等方式。

第二节　民事检察中的调查核实

第五十一条【总的要求】　人民检察院对民事诉讼监督案件进行调查核实,应当遵循民事诉讼规律和法律规定,维护司法公正和司法权威,尊重和保障当事人的诉讼权利,监督和支持人民法院依法行使审判权和执行权。

第五十二条【调查核实情形】　人民检察院因履行法律监督职责需要,对可能存在《人民检察院民事诉讼监督规则》第六十二条所列情形之一的,可以向当事人或者案外人进行调查核实。

第五十三条【依申请监督案件的调查核实】　对依申请监督的民事诉讼监督案件,应当围绕申请人的申请监督请求以及发现的其他情形进行调查核实。

当事人申请监督的,人民检察院应当要求其提供线索和理由等。有下列情形之一

的,不予调查核实:

（一）当事人可以自行收集证据而未收集的;

（二）当事人在原审中可以申请人民法院调查收集证据、委托鉴定、评估等,无正当理由未申请的;

（三）当事人反映审判人员、执行人员存在违法行为,但未提供有效线索的;

（四）当事人申请调查核实的事项与申请监督请求无关的;

（五）其他依法不应由人民检察院进行调查核实的情形。

人民检察院不予调查核实的,应当说明理由;口头说明的,应制作工作情况记录。

第五十四条【依职权监督案件的调查核实】　对可能存在《人民检察院民事诉讼监督规则》第三十七条所列情形之一的依职权监督案件,人民检察院应当进行调查核实。

第五十五条【向银行业金融机构搜集证据材料】　有下列情形之一的,人民检察院可以向银行业金融机构查询、调取、复制相关证据材料:

（一）可能损害国家利益、社会公共利益的;

（二）涉及公益诉讼的;

（三）当事人有伪造证据、恶意串通损害他人合法权益可能的;

（四）其他需要查询、调取、复制相关证据材料的情形。

第五十六条【鉴定、评估、审计特别要求】　在民事诉讼过程中已经进行过鉴定、评估、审计的,一般不再委托鉴定、评估、审计。

第五十七条【勘验特别要求】　人民检察院在民事诉讼监督案件调查核实中进行勘验物证或者现场,勘验人应当出示人民检察院的证件,并邀请当地基层组织或者当事人所在单位派人参加。当事人或者当事人的成年家属应当到场,拒不到场的,不影响勘验的进行。

第五十八条【证据效力】　人民检察院调查取得的证据,与案件基本事实有关并且能够证明原判决、裁定确有错误的,应当认定为《中华人民共和国民事诉讼法》第二百条第一项规定的新的证据。

第三节　行政检察的调查核实

第五十九条【总的要求】　人民检察院对行政诉讼监督案件进行调查核实,应当遵循行政诉讼规律和法律规定,监督和支持人民法院、行政机关依法行使职权。

人民检察院可以探索依托依法治市（区）委员会下设的行政检察协调机构开展调查核实。

第六十条【调查核实情形】　人民检察院因履行行政检察监督职责的需要,对可能存在《人民检察院行政诉讼监督规则》第五十八条所列情形之一的,可以向当事人或者案外人进行调查核实。

第六十一条【限制性原则】　人民检察院不得为证明行政行为的合法性调取行政机关作出行政行为时未收集的证据。

第六十二条【听取法院意见】　人民检察院通过阅卷以及调查核实难以认定有关事实的,可以听取人民法院相关审判、执行人员的意见,全面了解案件审判、执行的相关事实和理由。

第六十三条【向银行业金融机构搜集证据材料】　有下列情形之一的,人民检察院可以向银行业金融机构查询、调取、复制相关证据材料:

(一) 可能损害国家利益、社会公共利益的;

(二) 当事人有伪造证据、恶意串通损害他人合法权益可能的;

(三) 其他需要查询、调取、复制相关证据材料。

第六十四条【鉴定、评估、审计特别要求】　在行政诉讼过程中已经进行过鉴定、评估、审计的,人民检察院一般不再委托鉴定、评估、审计。

第六十五条【勘验特别要求】　人民检察院在行政诉讼监督案件调查核实中进行勘验物证或者现场,勘验人应当出示人民检察院的证件,并邀请当地基层组织或者当事人所在单位派人参加。当事人或者当事人的成年家属应当到场,拒不到场的,不影响勘验的进行。

第六十六条【证据效力】　申请人提供的新证据以及人民检察院调查取得的证据,能够证明原判决、裁定确有错误的,应当认定为《中华人民共和国行政诉讼法》第九十一条第二项规定的新的证据,但原审被诉行政机关无正当理由逾期提供证据的除外。

第四节　公益诉讼检察中的调查核实

第六十七条【总的要求】　人民检察院办理公益诉讼案件开展调查核实,应当依法、客观、全面调查收集证据。

第六十八条【线索评估】　人民检察院受理公益诉讼案件线索后,公益诉讼检察部门应当从以下方面对调查核实线索的真实性、可查性、风险性进行评估。

(一) 是否真实存在违法事实;

(二) 是否属于公益诉讼案件范围,国家利益、社会公共利益是否受到损害或者有重大损害危险;

(三) 是否存在办案风险,包括社会舆情、信访风险、引发群体性事件的风险等。

第六十九条【评估后的处理】　经评估,认为"公益损害存在较大可能"的,应当制

作《立案审批表》。经过初步调查核实的,应当附《初步调查报告》,报请检察长审批后分别作出以下处理:

（一）符合立案条件的,应当制作《立案决定书》;

（二）不符合立案条件的,应当制作《不立案决定书》。

第七十条【调查方案】　公益诉讼案件立案后,检察人员可以根据案件调查实际需要主动向有关单位和个人调查核实。

人民检察院在调查前应当制定调查方案,确定调查思路、方法、步骤。

第七十一条【民事公益诉讼调查内容】　民事公益诉讼的调查核实,应围绕民事侵权主体造成国家利益或社会公共利益受损的事实开展。

调查核实内容主要包括违法行为人的基本情况,违法行为人实施的损害社会公共利益的行为,社会公共利益受到损害的类型、具体数额或者修复费用,违法行为人和损害后果之间的因果关系,违法行为人的主观过错情况,违法行为人是否存在免除或者减轻责任的相关事实等。

第七十二条【行政公益诉讼调查内容】　行政公益诉讼的调查核实,应围绕行政机关违法行使职权或者不作为,与国家利益或者社会公共利益受损的事实开展。

调查核实内容主要包括行政机关的监督管理职责,行政机关不依法履行职责的行为,行政机关不依法履行职责的行为与国家利益或者社会公共利益受到侵害的关联性。

第七十三条【调查处理】　民事、行政公益诉讼调查核实结束,检察官应当制作《调查终结报告》,区分情况提出终结案件、发布公告、提出检察建议的处理意见。

第七十四条【鉴定评估衔接】　人民检察院办理涉及刑事犯罪的民事公益诉讼案件,在刑事案件的委托鉴定评估中,可以同步提出公益诉讼案件办理的鉴定评估需求。

第七十五条【证据效力衔接】　刑事侦查中依法收集的证据材料,可以在基于同一违法事实提起的民事公益诉讼案件中作为证据使用。

第七十六条【特别方式之检验、检测、翻译】　人民检察院办理公益诉讼案件,可以采取检验、检测、翻译方式调查和收集证据。委托时应当制作《委托(检验、检测、翻译)函》。

第七十七条【特别方式之电子设备】　人民检察院办理公益诉讼案件,可以依照有关规定使用执法记录仪、自动检测仪等办案设备和无人机航拍、卫星遥感等技术手段调查和收集证据。

第七十八条【特别方式之听证】　人民检察院办理公益诉讼案件,询问行政机关相关人员以及行政相对人时,可以采用听证方式进行,听证形成的书面材料可以作为认定事实的证据材料。

人民检察院组织听证,应当在检察机关司法办案场所进行,由检察官主持,检察官助理或者书记员记录。

听证应当制作听证笔录,由参加听证的人签名。拒绝签名的,应当在笔录中注明。参与听证的检察人员也应当在笔录上签名。

第七十九条【特别方式之磋商】 人民检察院办理行政公益诉讼案件在向行政机关送达《立案决定书》时,可以就其是否存在违法行使职权或者不作为、国家利益或者社会公共利益受到侵害的后果、整改方案等事项进行磋商。

磋商可以采取召开磋商座谈会、向行政机关发送事实确认书等方式进行,并形成会议记录或者纪要等书面材料。

第八十条【特殊保障之约谈】 对拒不履行协助调查义务或者阻扰检察机关调查核实的,检察机关可以约谈相关人员。

第三章 附 则

第八十一条【兜底条款】 上海市检察机关开展调查核实工作,适用本规程,法律另有规定的从其规定;本规程未尽事宜,适用法律法规、司法解释及其他有关规范性文件的规定。

第八十二条【实施时间】 本规程自印发之日起试行。

17. 上海市检察机关办理刑事诉讼监督案件工作规定

第一章 总 则

第一条【目的依据】 为充分履行刑事诉讼法律监督职责,进一步规范监督工作,提高监督质量,根据《中华人民共和国刑事诉讼法》《人民检察院刑事诉讼规则》及相关司法解释和高检院有关监督办案化工作的指导精神,结合本市刑事诉讼监督案件办理实践及监督工作发展情况,制定本规定。

第二条【工作原则】 办理刑事诉讼监督案件应当遵循刑事诉讼监督基本规律,执行线索受理、调查核实、审查决定、提出监督意见、跟踪督促、结案等各环节程序和实体标准,依法规范、及时有效,坚持"谁办案、谁监督"原则,严格落实司法责任制。

第三条【适用范围】 本市各级检察院负责捕诉的部门在刑事立案监督、侦查活动监督和审判活动监督工作中办理刑事诉讼监督案件,适用本规定。

第四条【案件种类】 本规定中的刑事诉讼监督案件包括以下种类:

(一)立案监督案件;

(二)立案监督复议案件;

(三)立案监督复核案件;

(四)商请督促立案监督案件;

(五)侦查活动监督案件;

(六)侦查活动监督复查案件;

(七)侦查活动监督复查结果审查案件;

(八)证据合法性调查案件;

(九)审判活动监督案件;

(十)检察建议(纠正违法类)案件;

(十一)检察建议异议复核案件;

（十二）检察业务应用系统设定的其他刑事诉讼监督案件。

第五条【办案权限】　刑事诉讼监督案件由检察官或检察官办案组负责办理，并按照检察官权力清单规定的权限审批。

刑事诉讼监督案件原则上由发现线索的检察官或检察官办案组办理；由其他检察官或检察官办案组办理更为适合的，由部门负责人指定。其他部门移送、上级检察院交办、转办案件或者下级检察院上报案件，由部门负责人指定或者轮案办理。

公安机关要求复议、复查的，应当另行指派检察官或者检察官办案组审查办理。

第二章　案件办理的一般规定

第六条【线索受理】　检察官或检察官办案组发现刑事诉讼监督线索后应及时审核并决定是否受理。收到其他部门移送的刑事诉讼监督线索后，由部门负责人审核并决定是否受理。经审核认为属于本部门管辖范围的，应予受理，由办理本案的检察官或检察官办案组按照检察业务应用系统、侦查监督平台规则，建案或者填录案卡；审判活动监督案件应当制作《审判活动监督案件受理登记表》（见附件1）。监督线索一经受理，即进入监督案件办理程序。经审查认为不属于本部门管辖的，应退回移送部门或移送有管辖权的部门。

办理案件中发现监督线索的，应在原案办结前审核完毕并作出是否受理的决定，不得拖延。但本规定另有要求的除外。

第七条【案件命名】　刑事诉讼监督案件应当规范命名。本规定第四条第（一）至（七）项所列案件采用"犯罪嫌疑人＋罪名＋案"的命名方式。第四条第（九）项所列案件，采用原诉讼案件名称。第四条第（十）（十一）项所列案件采用"被监督单位名称＋违法情形种类＋案"的命名方式。上述案件系负责控告申诉检察的部门移送的，沿用移送部门设定的案件名称。

第八条【调查核实】　办理刑事诉讼监督案件应当进行调查核实，并可以根据办案需要按照《人民检察院刑事诉讼规则》第五百五十一条规定的方式进行。对本规定第四条第（十）（十一）项所列案件开展调查核实，应当同时按照《人民检察院检察建议工作规定》第十三条、第十四条规定进行。

调查核实应当围绕监督事项，依法、全面、客观进行，收集能够证实公安机关、法院刑事诉讼活动中有无违法情形以及违法情节轻重的各种证据材料。

调查情况应当以调查笔录、情况说明、书证物证、视听资料等形式固定，并将证据材料以适宜制作电子卷宗的形式上传至检察业务应用系统相应监督案件或监督案卡项下。

第九条【审查决定】 办理刑事诉讼监督案件应当全面审查证据材料,准确认定事实,根据有无违法情形以及违法情节轻重,决定是否提出监督意见、提出监督意见的方式和内容。

应当按照检察业务应用系统要求和检察院工作文书规范制作相应的审(调)查报告,写明线索来源、调查核实经过、认定事实及证明材料、行为性质及法律依据、拟处理意见等。

第十条【监督处理】 案件审查完毕后,根据审查决定作出相应处理:

(一)查明存在刑事执法司法违法情形的,依法向公安机关或法院提出监督意见;

(二)查明不存在刑事执法司法违法情形的,对当事人提出控告或被监督单位已知晓检察监督情况的案件,向被监督单位通报监督结果;

(三)将复议决定、复核决定、复查结果、复查结果审查结论等送达、通报、通知提出异议单位或相关单位;

(四)监督事项不属于本部门管辖的,向有管辖权的机关或部门移送。

受理控告线索的,应将监督处理意见答复控告人;受理其他部门移送线索的,应将监督处理意见通报移送线索的部门;办理上级检察院交办、转办案件的,应将监督案件办理情况报告上级检察院。

办案中同时发现依法应由监察机关、公安机关或者其他检察部门管辖事项的,应将线索及相关证据材料移送有管辖权的机关或部门。

第十一条【办案期限】 办理刑事诉讼监督案件,应当自受理监督线索之日起,在法律法规规定的期限内作出监督处理。

法律法规没有规定办案期限的,按照本规定确定的办案期限办理。在本规定确定的办案期限内无法作出监督处理的,应当在期限届满5日前制作《延长刑事诉讼监督案件办案期限申请表》(见附件2)报请检察长批准,获批准后可以延长办案期限。每次延长不得超过一个月。延长办案期限以三次为限。《延长刑事诉讼监督案件办案期限申请表》应当上传至检察业务应用系统。

针对群众信访事项办理刑事诉讼监督案件的期限,应同时符合《人民检察院办理群众来信工作规定》第二十二条、第二十八条、第三十五的规定。

第十二条【跟踪督促】 人民检察院提出监督意见后,应与被监督单位加强沟通,督促落实整改,及时反馈意见,并将被监督单位按期回复采纳、回复不采纳的情况填录检察业务应用系统。被监督单位回复不采纳、超期未回复的,应分别于收到回复意见、回复期限届满后及时填报《刑事诉讼监督意见不被采纳情况表》(见附件3),报告检察长。对无正当理由不采纳监督意见的,应依法启动后续监督措施。被监督单位后续回复采纳监督意见的,应及时填录检察业务应用系统。

第十三条【案件办结】　有下列情形之一的,刑事诉讼监督案件办结:

(一)提出监督意见后,认可被监督单位回复意见的;

(二)提出监督意见后,启动复议、复核、复查等程序的;

(三)审查认定被监督单位不存在刑事执法司法违法情形,符合本规定第十条第一款第(二)项的,需另行向被监督单位通报监督结果;

(四)送达复议决定、复核决定、通知复查结果、通报、通知复查结果审查结论的。

案件办结后,应将全案文书材料上传至检察业务应用系统。

第三章　立案监督案件办理

第十四条【线索来源】　立案监督案件线索主要来源于:

(一)办理诉讼案件中发现;

(二)专职检察官(派驻)联络、参与案件研讨、工作沟通中发现;

(三)专项检察活动中发现;

(四)本院负责控告申诉检察的部门或其他部门移送;

(五)上级检察院交办、转办;

(六)其他途径获取。

第十五条【线索受理】　发现或收到立案监督线索,经审查认为需要向公安机关制发要求说明理由通知书的,方可受理,并填录检察业务应用系统。

办理立案监督案件,应当自发现或收到线索之日起一个月内作出受理决定并向公安机关送达要求说明理由通知书,或者作出不受理决定。

第十六条【办案期限】　受理线索后,应当自收到公安机关书面说明理由之日起一个月内完成审查,认为理由成立的,作出审查决定;认为理由不成立的,决定并制发通知立(撤)案文书;公安机关超过期限不说明理由的,应当自回复说明理由期限届满之日起一个月内决定并制发通知立(撤)案文书。

立案监督用《纠正违法通知书》应于法定情形发生之日起 3 日内送达公安机关。《纠正违法通知书》未被采纳的,应于未被采纳的情形发生之日起 10 日内,作出是否报上一级检察院协商同级公安机关处理的决定。

第十七条【案件办结】　有下列情形之一的,立案监督案件办结:

(一)公安机关收到要求说明理由、通知立(撤)案、纠正违法等法律文书后,采纳监督意见决定立(撤)案的;

(二)公安机关认为检察院撤销案件通知有错误,要求复议的;

（三）公安机关收到《纠正违法通知书》仍不采纳监督意见,检察院报上一级检察院协商同级公安机关处理的;

（四）认可公安机关书面说明的立案、不立案或逾期不作出是否立案决定的理由的。

第四章　侦查活动监督案件办理

第十八条【线索来源】　侦查活动监督案件线索主要来源于:

（一）办理诉讼案件中发现;

（二）专职检察官(派驻)联络、参与案件研讨、工作沟通中发现;

（三）专项检察活动中发现;

（四）本院负责控告申诉检察的部门或其他部门移送;

（五）上级检察院交办、转办;

（六）其他途径获取。

第十九条【一案不可分】　在同一检察办案环节发现同一刑事案件中,同一公安机关存在多个侦查活动违法情形的,应当作为一个监督案件办理。

第二十条【办案期限】　侦查活动监督案件应当自受理线索之日起一个月内作出监督处理。一个月内无法作出监督处理的,按照本规定第十一条第二款、第三款办理。

第五章　审判活动监督案件办理

第二十一条【线索来源】　审判活动监督案件线索主要来源于:

（一）办理诉讼案件中发现;

（二）列席法院审判委员会会议中发现;

（三）本院负责控告申诉检察的部门移送;

（四）其他途径获取。

第二十二条【一案不可分】　同一审判组织在对同一刑事案件审理中存在多个审判活动违法情形的,以作为一个监督案件办理为原则。违法情形直接影响依法、公正审判,需要及时提出纠正意见的,可单独作为监督案件办理。

第二十三条【办案期限】　审判活动监督案件应当自受理线索之日起一个月内作出监督处理。一个月内无法作出监督处理的,按照本规定第十一条第二款、第三款办理。

第六章　检察建议(纠正违法类)案件办理

第二十四条【线索来源】　检察建议(纠正违法类)案件线索主要来源于:

（一）梳理、分析监督个案中的同类违法情形或倾向性违法问题；

（二）检察工作中发现公安机关、法院刑事执法司法重大隐患。

第二十五条【线索受理】 发现监督线索，经审查认为需制发《检察建议书》的，应在检察业务应用系统中建案，检察建议（纠正违法类）案件线索即受理。

第二十六条【调查核实】 办理检察建议（纠正违法类）案件，应对根源性、制度性问题深入调查，剖析成因和症结，提出改进或解决的对策建议。

第二十七条【办案期限】 检察建议（纠正违法类）案件应当自案件调查核实完毕之日起一个月内作出监督处理。一个月内无法作出监督处理的，按照本规定第十一条第二款办理。

第七章　复议、复核、商请督促、复查、复查结果审查案件办理

第二十八条【案件受理】 对公安机关提出的通知撤案复议、复核申请、纠正违法意见复查申请、下级检察院上报的商请督促立（撤）案申请、侦查活动监督复查结果、公安机关、法院提出的关于纠正违法类检察建议的异议，提出机关所报材料符合规定要求的，应予受理。

第二十九条【办案期限】 办理立案监督复议案件，应当自受理案件之日起 7 日内作出是否变更本院监督意见的决定，并通知公安机关。

办理立案监督复核案件，应当自受理案件之日起 15 日内作出是否变更下级检察院监督意见的决定，并通知下级检察院和下级公安机关执行。

办理商请督促立案监督案件，应当自受理案件之日起 15 日内作出审查结论。认为下级检察院监督意见正确的，协商被监督单位的上级机关或主管机关督促落实；认为下级检察院纠正意见错误的，通知下级检察院向被监督单位说明情况。

办理侦查活动监督复查案件，应当自受理案件之日起 7 日内进行复查，并在作出复查决定 3 日内将复查结果通知申请复查的单位。

办理侦查活动监督复查结果审查案件，应当自受理案件之日起 15 日内作出审查结论。认为下级检察院纠正违法意见正确的，通报被监督单位的上级机关或主管机关；认为下级检察院纠正违法意见错误的，通知下级检察院撤销。

办理检察建议异议复核案件，应当自受理案件之日起一个月内作出审查结论。经复核，异议成立的，应当报经检察长或者检察委员会讨论决定后，及时对检察建议书作出修改或者撤回检察建议书；异议不成立的，应当报经检察长同意后，向被建议单位说明理由。

第八章　附　　则

第三十条【从严适用】　高检院对刑事诉讼监督工作的规定严于本规定的,从其规定。

第三十一条【其他侦查职能部门适用】　检察院办理国家安全机关、海警机关、监狱移送的刑事案件以及对国家安全机关、海警机关、监狱立案、侦查活动的监督,适用本规定关于公安机关的规定。

第三十二条【解释权限和施行日期】　本规定由上海市人民检察院检察委员会负责解释。自印发之日起施行。

18. 上海市检察机关办案活动接受人民监督员监督的实施细则(试行)

第一章 总 则

第一条 为加强对检察权运行的外部监督制约,保障人民监督员依法履行职责,促进司法公正,提升司法公信力,根据《中华人民共和国人民检察院组织法》《人民检察院办案活动接受人民监督员监督的规定》等规定,结合上海检察工作实际,制定本实施细则。

第二条 各级院的办案活动,依法依规接受人民监督员的监督。

第三条 人民监督员依法、独立、公正履行监督职责。

人民监督员行使监督权受法律保护。

人民监督员履行监督职责,应当遵守国家法律、法规和保密规定。

第四条 人民监督员对检察办案活动实行监督,应当遵守有关人民监督员回避的规定。

第五条 各级院应当保障人民监督员履行监督职责,自觉接受人民监督员的监督。

第六条 人民监督员工作机构负责组织人民监督员开展监督,相关部门或者检察官办案组、独任检察官负责开展具体检察办案活动。

第二章 工 作 机 构

第七条 各级院负责案件管理的部门承担人民监督员工作机构的职责,应当明确专人负责人民监督员工作。

第八条 人民监督员工作机构的主要职责是:

(一)组织人民监督员监督办案活动;

(二)通报检察工作情况;

（三）受理、审查、办理人民监督员提出的监督要求和相关材料；

（四）协调、督促相关部门办理监督事项；

（五）反馈监督案件处理结果；

（六）有关人民监督员履职的其他工作。

第九条　市院人民监督员工作机构同时承担以下职责：

（一）负责指导全市分院、区院人民监督员工作；

（二）根据市院需要和各分院、区院申请，协调市司法行政机关抽选人民监督员；

（三）配合市司法行政机关做好人民监督员的选任、培训、考核等管理工作。

第三章　监　督　内　容

第十条　各级院下列工作可以安排人民监督员依法进行监督：

（一）案件公开审查、公开听证，听取人民监督员对案件事实、证据的认定和案件处理的意见；

（二）检察官出庭支持公诉，听取人民监督员对检察官出庭行为规范、文书质量、讯问询问、举证答辩等指控证明犯罪情况的意见建议；

（三）对监狱、看守所、社区矫正等进行巡回检察，听取人民监督员对巡回检察工作的意见建议；

（四）检察建议的研究提出、督促落实等相关工作，听取人民监督员对检察建议必要性、可行性、说理性等方面的意见建议，或者对检察建议督促落实方案、效果等方面的意见建议；

（五）法律文书宣告送达，听取人民监督员对法律文书说理工作的意见建议；

（六）案件质量评查，听取人民监督员对评查工作的意见建议，或者对检察办案活动的意见建议；

（七）司法规范化检查，听取人民监督员对检查方式、内容、效果等方面的意见建议，或者对检察办案活动的意见建议；

（八）检察工作情况通报，听取人民监督员意见建议；

（九）其他相关司法办案工作，听取人民监督员意见建议。

第十一条　各级院应当建立健全检察工作通报机制，向人民监督员通报重大工作部署、司法办案总体情况以及开展检察建议、案件质量评查、巡回检察等工作情况，听取人民监督员的意见建议。

下列工作应当安排人民监督员依法进行监督：

（一）对不服检察机关处理决定的刑事申诉案件进行公开审查的；

（二）对拟决定不起诉的案件进行公开审查的；

（三）对羁押必要性审查案件进行公开审查的；

（四）对有重大影响的审查逮捕案件进行公开听证的；

（五）对有重大影响的行政诉讼监督案件进行公开听证的；

（六）其他需要人民监督员参与的公开审查、听证的重大影响案件。

第四章　监　督　程　序

第一节　监督活动的准备

第十二条　符合下列情形之一，可以启动人民监督员监督检察办案活动：

（一）相关部门或者检察官办案组、独任检察官主动提请的；

（二）人民监督员工作机构拟安排的；

（三）办理案件的检察官办案组、独任检察官审查处理人民监督员通过其他方式对检察办案活动提出的意见建议时，认为有必要的。

第十三条　相关部门或者检察官办案组、独任检察官提请启动人民监督员监督检察办案活动的，需提前五日将《提请启动人民监督员监督检察办案活动意见表》和所附材料送交本院人民监督员工作机构。

情况紧急的，至少提前三日将《提请启动人民监督员监督检察办案活动意见表》和所附材料送交本院人民监督员工作机构。

第十四条　人民监督员工作机构收到申请表后，应当及时进行审查。经审查认为材料齐全的，人民监督员工作机构应当提前三日将《提请启动人民监督员监督检察办案活动意见表》送交市院人民监督员工作机构，申请协调抽选人民监督员。

经审查认为所附材料不齐的，可以要求相关部门或者检察官办案组、独任检察官补充。补充材料应当在二日内送交。

第十五条　人民监督员工作机构根据本细则规定拟安排人民监督员开展监督活动的，相关部门或者检察官办案组、独任检察官应当予以配合。

人民监督员工作机构应当按照本实施细则第十四条第一款规定申请协调抽选人民监督员。

第十六条　收到市司法行政机关初步抽选的人民监督员名单后，人民监督员工作机构应当协调本院相关部门或者检察官办案组、独任检察官核查有无需要回避的情形。

发现人民监督员有需要回避情形的，应当及时通过市院通知市司法行政机关决定人民监督员回避,并申请重新抽选人民监督员。

第十七条　各级院可以选择现场参与、借助检察内网、互联网、书面材料寄送等方式接受人民监督员监督。

采用借助互联网或者书面材料寄送等方式接受人民监督员监督的,相关部门或者检察官办案组、独任检察官应事先对内容进行保密审查,必要时送交本院保密部门审核。审查结果材料或者保密部门批准文书应一并送交本院人民监督员工作机构。

第十八条　相关部门或者检察官办案组、独任检察官应当在监督活动开始前一日,将人民监督员需要阅看的材料送交本院人民监督员工作机构。

材料不齐备的,人民监督员工作机构应当通知相关部门或者检察官办案组、独任检察官及时补齐。

第二节　监督活动的开展

第十九条　各级院办案活动接受人民监督员监督,可以按照以下程序开展:

(一)告知人民监督员参加监督活动所享有的权利和承担的义务,明确应当遵守的回避、保密等纪律要求;

(二)向人民监督员提供相关法律文书、证据材料、法律法规、规范性文件、工作报告等材料;

(三)组织人民监督员对办案活动过程开展监督,向人民监督员介绍基本情况,接受人民监督员的询问;

(四)听取人民监督员的意见建议。

第二十条　对案件公开审查、公开听证活动开展监督的,人民监督员工作机构应当组织人民监督员参加公开审查会或者公开听证会。人民监督员可以向案件承办检察官、当事人等相关人员提问,根据审查、听证的事实和证据发表意见建议。

第二十一条　对检察官出庭支持公诉活动开展监督的,人民监督员工作机构应当协调人民法院安排人民监督员旁听。

庭审开始前,人民监督员工作机构应当向人民监督员提供听庭评议评分表,由人民监督员重点对检察官出庭行为规范、文书质量、讯问询问、举证答辩等进行评分。

庭审结束后,人民监督员工作机构应当组织评议会,由案件承办检察官当面听取人民监督员的意见建议,并进行相关说明。

第二十二条　对巡回检察活动开展监督的,可以邀请人民监督员实地查看监管场所、听取监管工作情况介绍、查阅台账资料、对监管对象开展谈话等,听取检察机关巡回检察工作情况总结,活动结束后应进行座谈和评议。

第二十三条 对检察建议的研究提出、督促落实等相关工作开展监督的,可以邀请人民监督员参加检察建议初稿的会商研判,向人民监督员说明制发背景、理由和依据,听取意见和建议;可以邀请人民监督员参加检察建议落实工作分析督导会议、对被建议单位的回访等,活动结束后应进行座谈和评议。

第二十四条 对法律文书宣告送达开展监督的,可以邀请人民监督员参加不起诉决定书、检察建议书等法律文书的公开宣告会,见证公开宣布、告知、送达和释法说理过程,活动结束后应进行座谈和评议。

第二十五条 对案件质量评查活动开展监督的,可以邀请人民监督员参加个案评查、专项评查等,调阅相关案件材料,听取被评查单位、案件承办检察官的意见;可以邀请人民监督员参加优质案件或者优秀法律文书的评选、案件质量讲评等,活动结束后应进行座谈和评议。

第二十六条 对司法规范化检查活动开展监督的,可以邀请人民监督员参加司法规范化检查活动的实地检查、听取汇报、调研走访、整改落实等,活动结束后应进行座谈和评议。

第二十七条 对检察工作情况通报开展监督的,可以邀请人民监督员参加情况通报会、新闻发布会等,会后应进行座谈和评议;也可以向人民监督员进行专题情况通报,听取意见和建议。

第二十八条 对其他相关司法办案工作开展监督的,各级院可以根据相关办案活动的类型和特点,结合自身实际,探索开展接受人民监督员监督工作。

第三节 监督意见的提出与处理反馈

第二十九条 人民监督员监督检察办案活动,可以依法通过书面或者口头形式独立发表意见建议。

通过书面形式发表意见建议的,应当填写《人民监督员监督检察办案活动意见建议》。

通过口头形式发表意见建议的,接受监督的相关部门或者检察官办案组、独任检察官应当如实记录,并经人民监督员签名确认。必要时,可以同步录音录像。

第三十条 相关部门或者检察官办案组、独任检察官应当将《人民监督员监督检察办案活动意见建议》和相关记录列入检察案卷,复印件报送本院人民监督员工作机构备案。

对于不涉及具体案件处理意见的监督活动,上述材料可以由人民监督员工作机构统一留存归档。

第三十一条   相关部门或者检察官办案组、独任检察官对于人民监督员的意见建议应当认真研究,依法作出处理。可以在监督活动中处理的,应当场予以处理;未能在监督活动中处理的,应在监督活动结束后七日内予以处理。

人民监督员工作机构应当督促相关部门或者检察官办案组、独任检察官及时处理人民监督员的意见建议,并将采纳情况书面告知人民监督员工作机构。人民监督员工作机构应当在三日内将采纳情况告知人民监督员。

第三十二条   未采纳人民监督员的意见建议的,相关部门或者检察官办案组、独任检察官应当向人民监督员作出解释说明,人民监督员工作机构协调并配合相关部门或者检察官办案组、独任检察官答复。

人民监督员对于答复有异议的,相关部门或者检察官办案组、独任检察官应当报请检察长决定,并将检察长决定书面告知人民监督员工作机构。人民监督员工作机构应当在三日内将决定告知人民监督员。

第四节   人民监督员申请监督

第三十三条   人民监督员通过以下方式对检察办案活动提出意见建议的,各级院人民监督员工作机构应当受理审查:

(一)向有管辖权的检察院人民监督员工作机构提出的;

(二)通过来信来访提出的;

(三)通过 12309 中国检察网提出的;

(四)通过其他方式提出的。

第三十四条   负责控告申诉业务的检察部门收到人民监督员提出的意见建议,应当进行分流审查。属于本院管辖的,移送本院人民监督员工作机构处理;不属于本院管辖的,移送有管辖权的人民检察院处理。

负责控告申诉业务的检察部门应当答复人民监督员。

第三十五条   人民监督员工作机构收到人民监督员提出的意见建议后,应当在七日内受理并审查以下内容:

(一)人民监督员资格身份;

(二)是否针对明确的检察办案活动;

(三)意见建议是否具体明确。

第三十六条   人民监督员工作机构受理人民监督员对检察办案活动提出意见建议的,应当对人民监督员资格身份进行确认。当面接收人民监督员意见建议的,可以要求人民监督员出示人民监督员证及身份证;接收控告申诉检察部门转来的人民监督员意见建议的,接收当日应审查是否提供了人民监督员证及身份证复印件;没有提供的,联系人民监督员补充材料。

第三十七条　对于从负责控告申诉业务的检察部门移送人民监督员工作机构的信访件,经审查认为不属于本院管辖或不是对检察办案活动提出意见建议的,应当将人民监督员递交的材料退回负责控告申诉业务的检察部门,按照信访流程处理。负责控告申诉业务的检察部门应重新分流,移送相关单位、部门处理。

第三十八条　经审查认为人民监督员提出的意见建议内容不明确的,人民监督员工作机构可以通过电话联络、现场协调的方式开展沟通,进一步听取人民监督员对检察办案活动的具体意见建议。

电话联络的,应做好电话记录。

第三十九条　现场协调会议由人民监督员工作机构组织开展,案件承办检察官共同参与。议程包括:

（一）人民监督员签署无回避情形的承诺书;

（二）案件承办检察官介绍相关案件基本情况;

（三）人民监督员发表意见建议;

（四）开展沟通交流。

人民监督员工作机构应当制作会议记录,交人民监督员签名确认。

第四十条　经审查认为符合受理条件的,人民监督员工作机构应于收到意见建议后七日内将材料转交办案部门审查处理,并以书面或者口头形式通知人民监督员。

第五章　人民监督员工作管理

第四十一条　人民监督员工作机构应当对人民监督员参加本院监督活动的情况做好台账登记,逐次梳理本院对人民监督员提出的意见建议的采纳情况、反馈情况和人民监督员的履职情况,按月报市院人民监督员工作机构备案。

市院人民监督员工作机构应当定期汇总全市人民监督员监督办案活动情况,并通报市司法行政机关。

第四十二条　各级院人民监督员工作开展情况应作为流程监控和案件质量评查的重要内容,纳入办案质效考核,在部门绩效考核和检察官业绩考评中予以体现。

第四十三条　人民监督员工作机构发现案件承办检察官具有下列情形之一,情节严重的,移送本院检务督查部门处理。

（一）对应当接受监督的办案活动,没有邀请人民监督员依法监督的;

（二）对人民监督员提出的意见建议,违反规定程序不作研究、采纳、报告、反馈的；

（三）超期反馈案件处理结果，被人民监督员质疑，或者被市院通报批评的。

第六章　人民监督员履职的保障机制

第四十四条　各级院应当严格依照本规定接受人民监督员的监督，不得限制、规避人民监督员对办案活动的监督，不得干扰人民监督员依法独立发表意见建议，不得违反规定泄露人民监督员监督办案活动情况。

第四十五条　各级院应当为人民监督员提供履行监督职责所必需的工作场所以及其他必要条件。

第四十六条　各级院应当加强人民监督员监督工作信息化建设，为人民监督员实时了解相关司法办案信息提供技术支持。

第四十七条　人民监督员监督检察办案活动的经费，除依照相关规定由司法行政机关予以补助外，列入各级院检察业务经费保障范围。

第七章　附　　则

第四十八条　本实施细则中"日"指工作日。

第四十九条　本实施细则由上海市人民检察院负责解释。

第五十条　本实施细则自公布之日起施行，2016 年印发的《上海市检察机关人民监督员监督工作实施办法（试行）》同时废止。

19. 关于进一步规范法官、检察官与律师接触交往行为的实施办法

第一条 为深入贯彻习近平法治思想,认真贯彻落实防止干预司法"三个规定",进一步规范法官、检察官与律师接触交往行为,维护司法廉洁和司法公正,根据《中华人民共和国法官法》《中华人民共和国检察官法》《中华人民共和国律师法》和《关于进一步规范司法人员与当事人、律师、特殊关系人、中介组织接触交往行为的若干规定》《关于建立健全禁止法官、检察官与律师不正当接触交往制度机制的意见》《关于进一步规范法院、检察院离任人员从事律师职业的意见》等有关规定,结合本市工作实际,制定本实施办法。

第二条 本实施办法适用于人民法院、人民检察院依法履行审判、执行、检察职责的人员和行政人员。

本实施办法所称律师,是指在律师事务所执业的专兼职律师(包括从事非诉讼法律事务的律师)和公职律师、公司律师。

第三条 法官、检察官与律师接触交往中,不得利用权力影响和职务之便从事下列行为:

(一)收受律师或律师事务所礼金、礼品、消费卡、奖品、奖金和有价证券、股权、其他金融产品等财物,以及由律师或律师事务所支付应由单位或者个人负担的费用。

(二)以本人、配偶、子女及其配偶或者其他特定关系人名义向律师或律师事务所筹资、借款、借物。

(三)以提供法律咨询、法律服务等名义接受律师或律师事务所输送的相关利益。

(四)接受律师或律师事务所邀请,违反规定接受吃请、出入私人会所或者接受旅游、健身、娱乐等活动安排。

(五)参加律师或律师事务所提供的可能影响公正执行公务的各类活动。

(六)默许、纵容、包庇配偶、子女及其配偶或者其他特定关系人从律师或律师事务所谋取利益,以及违反规定与律师或律师事务所发生可能影响其公正司法的经济往

来活动。

（七）违反规定安排或默许配偶、子女及其配偶或其他特定关系人到律师事务所任职或者违规取酬。

（八）干预和插手司法案件，为律师或律师事务所谋取不正当诉讼利益或者损害其合法权益。

（九）非因工作需要且未经所在单位批准，擅自参加律师或律师事务所举办的讲座、座谈、研讨、培训、论坛、学术交流、开业庆典等活动。

（十）故意向律师泄露办案工作、案件秘密或者其他依法依规不得泄露的案件信息。

（十一）未经单位和组织同意，私下会见涉案当事人及其委托的律师。

（十二）为当事人推荐、介绍律师作为其代理人、辩护人，或者为律师介绍代理、辩护等法律服务业务，违反规定向明知是涉案当事人及其委托的律师提供咨询意见或者法律意见。

（十三）与律师以合作、合资、代持等方式，经商办企业或从事其他营利性活动。

（十四）违反规定安排或默许配偶、子女及其配偶或者其他特定关系人与律师"合作"开办企业或者"合作"投资。

（十五）向律师或律师事务所放贷收取高额利息。

（十六）其他可能影响司法公正和司法权威的不正当接触交往行为。

第四条　律师和律师事务所应当遵守宪法和法律，不得以下列方式妨碍司法公正：

（一）请求法官、检察官打探司法机关办案工作秘密或者其他依法依规不得泄露的案件信息。

（二）请求领导干部违规干预司法活动、插手具体案件的处理，请求司法机关内部人员违规过问案件，妨碍司法公正，包括请求在线索核查、立案、侦查、审查起诉、审判、执行等环节请托说情，请求邀请办案人员私下会见，请求违反规定转递涉案材料，请求违反规定打探案情、通风报信。

（三）请求法官、检察官向当事人推荐、介绍成为案件诉讼代理人、辩护人，请求法官、检察官介绍案件，请求法官、检察官要求、建议、暗示当事人更换符合代理条件的律师。

（四）向法官、检察官请客送礼或者输送其他利益，包括指使、诱导当事人或利害关系人等向法官、检察官行贿，或者为争揽案件事前或事后给予法官、检察官物质的或非物质的利益，或者以法官、检察官提供法律咨询、法律服务等名义向其输送相关利益。

（五）违反规定邀请法官、检察官吃请、出入私人会所或者安排旅游、健身、娱乐以及其他可能影响公正司法的各类活动，或者接受法官、检察官提出的借款、租借房屋、借用交通工具、通讯工具或者其他物品等请求。

（六）非因工作需要请求法官、检察官在非工作场所、非工作时间接待。

（七）向当事人明示或暗示与法官、检察官具有特殊关系，以及在公共场合或通过传媒明示或暗示与司法机关、法官、检察官具有特殊关系。

（八）邀请法官、检察官参加律师事务所的开业或庆典等活动。

（九）违规接受离任法官、检察官实习、申请执业。

（十）安排法官、检察官配偶、子女及其配偶或者其他特定关系人在律师事务所违规取酬。

（十一）其他可能影响司法公正和司法权威的不正当接触交往行为。

第五条　法官、检察官在离任后从事律师职业的，不得从事以下活动：

（一）从人民法院、人民检察院离任后两年内，以律师身份担任诉讼代理人或者辩护人；

（二）担任原任职人民法院、人民检察院办理案件的诉讼代理人或者辩护人，但是作为当事人的监护人或者近亲属代理诉讼或者进行辩护的除外；

（三）承办与曾经参与办理过的案件有关联的法律事务；

（四）为法官、检察官与律师不正当接触交往牵线搭桥，充当司法掮客；

（五）采用隐名等方式，规避从业限制，违规提供法律服务。

第六条　人民法院、人民检察院应当建立公正、高效、廉洁的办案机制，教育引导法官、检察官自觉规范与律师之间的接触交往行为，加强对法官、检察官社会交往行为的日常监督、工作时间之外的监督管理和离任法官、检察官的教育管理，防止法官、检察官违规从事律师职业、接受利益输送或者谋取、索取不正当利益。

第七条　司法行政机关、律师行业党组织、律师协会应当加强律师行业党的建设，强化政治引领，严格指导监督，教育引导律师自觉规范与法官、检察官之间的接触交往行为，依法维护当事人合法权益，维护法律正确实施，维护社会公平正义。

第八条　人民法院、人民检察院、司法行政机关、律师协会应当加强中国特色社会主义法律职业共同体建设，建立法官、检察官与律师相互尊重、相互理解、相互支持、相互监督、平等交流的良好关系，为促进社会主义法治建设贡献力量，推动法律职业共同体成员之间公开、透明、规范接触交往，建立健全法官、检察官与律师正当交往、良性互动机制。

（一）定期会商机制。市高院、市检察院、市司法局和市律师协会每年至少召开一次联席会议，研究解决协作互动中的问题，不断提升协作互动的质效。如遇重要专门事项，可召集专题会议进行会商研究解决。

（二）同堂培训机制。共同开展政治学习、加强思想政治引领，增强学习贯彻习近平法治思想的政治自觉、思想自觉和行动自觉；共同组织业务培训、研讨会、辩论赛等活动，强化法律适用研究，交流案件办理经验，共同提高专业能力。

（三）互督互评机制。共同组织开展优秀法律文书评选，表彰人员互评征求意见，推荐人员加入各惩戒委员会，支持律师担任人民法院、人民检察院特邀监督员，共看庭审录像互评职业素养等活动，促进相互监督、良性互动，推动法律职业共同体协调发展。

（四）交流合作机制。积极探索律师参与人民法院执行，民事、行政和公益诉讼，涉案企业合规第三方监督评估，重大涉法涉诉信访化解等工作，充分发挥律师作用，不断提升工作质效。

（五）权利保障机制。持续推动审判流程公开和检务公开，依法保障律师正当执业权益，充分尊重律师对诉讼活动的知情权，落实听取律师辩护代理意见制度，保障律师进行辩论和辩护的权利，完善便利律师参与诉讼机制，认真办理律师依照法律和规定程序提请的其他事项。

（六）联合查处机制。定期排查各职权范围内办理案件涉及法官、检察官、律师违纪违法行为线索，及时互相通报，移送问题线索材料，依法调查作出处理；必要时可组成联合调查组织进行线索排查，共同对不正当接触交往问题展开调查。

（七）信息对接机制。人民法院、人民检察院建立离任法官、检察官信息库，并与本市律师管理系统对接。司法行政机关应当依托离任法官、检察官信息库加强对离任法官、检察官申请律师执业的审核把关。探索建立法官、检察官与律师办理案件动态检测机制，依托人民法院、人民检察院案件管理系统和律师管理系统，对法官、检察官承办的案件在一定期限内由同一律师事务所或律师代理达到较多次数的，启动预警机制。

第九条　法官、检察官在履行职务中，存在法律规定的回避情形的，应当自行回避。

律师在办理案件中发现承办案件的法官、检察官存在应当回避情形但没有自行回避的，应当依法提出对该法官、检察官的回避申请。

第十条　律师通过领导干部违规干预司法活动、插手具体案件的处理或者司法机关内部人员违规过问案件的，办案人员应当全面、如实记录，做到全程留痕，有据可查。

相关单位和部门应当及时调查处理,并将结果于三日内通报办案单位派驻纪检监察机构和律师注册地司法行政机关。

第十一条　法官、检察官在案件办理过程中,不得在非工作场所、非工作时间会见案件承办律师。因办案需要,确需与案件承办律师在非工作场所、非工作时间接触的,应依照相关规定办理审批手续并获批准,同时记录相关情况留存。

律师因工作需要,确需在非办公场所、非工作时间接触案件承办法官、检察官的,应当向律师事务所书面报告。

第十二条　法官、检察官在案件办理过程中因不明情况或者其他原因在非工作场所或非工作时间接触案件承办律师的,应当在接触后三日内向本单位派驻纪检监察机构或者本单位内部监督部门报告有关情况。

律师在案件办理过程中因不明情况或者其他原因在非工作场所或非工作时间接触案件承办法官、检察官的,应当在接触后三日内书面向律师事务所说明情况。

第十三条　法官、检察官离任后申请律师执业实习登记的,市律师协会应严格审核,就申请人是否存在不宜从事律师职业的情形征求原任职单位意见,对不符合相关条件的人员不予实习登记。

法官、检察官离任后申请律师执业的,司法行政机关应当严格审核把关,对不符合相关条件的人员不予核准执业。

第十四条　人民法院、人民检察院应当在法官、检察官离任前与本人谈话,提醒其严格遵守从业限制规定,告知违规从业应当承担的法律责任,对不符合从业限制规定的,劝其调整从业意向。

司法行政机关在作出核准离任法官、检察官从事律师职业决定时,应当与本人谈话,提醒其严格遵守从业限制规定,告知违规从业应承担的法律责任。

第十五条　对查实的法官、检察官与律师不正当接触交往问题,要坚持从严的原则,综合考虑行为性质、情节、后果、社会影响以及是否存在主动交代等因素,依法依规依纪作出处理。

对于涉及律师、律师事务所行贿法官、检察官的,应当坚持行贿、受贿一起查,重点查处下列行为:

(一)向法官、检察官多次行贿、巨额行贿以及向多人行贿的;

(二)行贿人系党员的;

(三)在办理重大敏感案件中行贿的;

(四)其他应当重点查处的行为。

第十六条　法官、检察官违反本实施办法的,依照《中国共产党纪律处分条例》《中华人民共和国公职人员政务处分法》《人民法院工作人员处分条例》和检察纪律规定等给予处分;构成犯罪的,依法追究刑事责任。

第十七条   律师、律师事务所违反本实施办法的,依照《中国共产党纪律处分条例》《中华人民共和国律师法》和中华全国律师协会《律师协会会员违规行为处分规则(试行)》等规定给予纪律处分、行政处罚、行业处分;构成犯罪的,依法追究刑事责任。

第十八条   本实施办法未尽事宜,按照有关法律、法规、规章和文件的规定执行。

第十九条   本实施办法自 2021 年 11 月 30 日起施行。

20. 上海市公安局关于深入推进上海公安执法监督管理机制改革的实施意见

为深入贯彻落实中央全面深化公安改革意见方案和全面深化公安执法规范化建设意见,以及全国公安机关深化执法监督管理机制改革推进会和深化执法规范化建设推进会精神,进一步健全完善上海公安执法监督管理机制,改进和加强新形势下上海公安执法工作,特制定本实施意见。

一、指导思想

以习近平新时代中国特色社会主义思想为指导,全面贯彻党的十九大和十九届二中、三中、四中、五中全会精神,深入贯彻习近平总书记关于政法领域全面深化改革的重要指示、关于加强新时代公安工作的重要论述和在中国人民警察警旗授旗仪式上发表的重要训词精神,全面落实全国公安工作会议精神,始终坚持党对公安工作的绝对领导,牢牢把握对党忠诚、服务人民、执法公正、纪律严明总要求,增强"四个意识"、坚定"四个自信"、做到"两个维护",紧紧围绕建设法治公安目标,健全源头预防、过程管控、问题查纠、考核问责有机结合的工作机制,丰富完善科学高效的监督管理手段方法,提升执法监督管理的信息化智能化水平,强化执法监督的组织管理,着力构建系统严密、运行高效的执法监督管理体系,有效治理执法不公、执法不严和不作为、乱作为等执法突出问题,不断提高上海公安工作的法治化水平和执法公信力,进一步提升人民群众的安全感和满意度。

二、组织领导

市局执法监督管理委员会负责深入推进上海公安执法监督管理机制改革各项工作;市局执法监督管理委员会办公室(设在市局法制总队)承担改革规划、协调推进、调研督导等日常工作。各分局参照市局模式,依托本级执法监督管理委员会,组织开展执法监督管理机制改革工作。

三、重点任务

(一)严守执法权责边界

1. 健全依法科学决策机制。在党的路线方针政策和宪法法律框架内,全面贯彻党对公安工作的绝对领导,完善公安机关党委对执法工作的领导监督机制。进一步完善重大执法决策的合法性审查和风险评估机制,把听取意见作为必经程序,发挥法律顾问和公职律师在依法决策中的作用。建立重大执法决策事项执行评价制度,及时跟踪执行效果。

2. 明确执法职权和责任制。以"职权法定、权责一致"为原则,坚持法定职责必须为、法无授权不可为,准确界定公安机关在刑事、行政案件和行政管理等执法活动中的法定职责权限,以清单化的方式明确执法权力边界。建立健全执法部门和岗位的执法责任制。

3. 规范案件管辖分工。调整优化刑事案件管辖分工,结合上海公安执法工作实际,合理划分警种分工和派出所办案责任,进一步明确层级管辖范围。完善重大复杂跨区域犯罪案件提级管辖和报备制度。改革指定管辖制度,推行各级公安机关法制部门归口管理,明确适用情形,高效解决管辖争议。

4. 严禁插手经济纠纷。完善经济犯罪案件立案标准,严格落实立案审查机制,探索重大复杂经济犯罪案件立案提级审查制度。完善刑事民事交叉案件办理机制,规范与民事审判的工作衔接。建立经济犯罪案件常态化监督检查机制,对逐利执法、动用刑事手段插手干预经济纠纷坚决纠正问责。

5. 完善防范化解执法廉政风险机制。严格落实防止干预司法"三个规定",严格执行《上海公安机关内部人员干预、插手案件办理的记录、通报和责任追究实施细则》,做到插手过问案件全程留痕、可回溯。及时发现、全面掌握违规请托、说情、打探案情、通风报信等干预、插手案件办理的情况,并加强分析研判,实行定期通报制度,对违规干预过问案件与不如实登记报告严肃问责。完善执法廉政风险等级制度,准确评估执法岗位廉政风险。深挖充当黑恶势力和黄赌毒等违法犯罪"保护伞",彻查办理人情案、关系案、金钱案等执法腐败行为。

(二)强化执法全流程管控

6. 规范现场执法行为。规范接处警范围和流程,落实有警必接、接警必处要求,完善警情分级分类处置流程。依托城市运行"一网统管",优化非警务信息分流机制。规范现场执法执勤语言动作,建立标准化的现场执法指引,杜绝粗暴执法。

7. 深化受立案制度改革。全面实行群众上门报案当场进行接报案登记、当场接受证据材料、当场出具接报案回执并告知查询案件进展情况的方式和途径,建立健全如实受立案常态检查通报和惩戒制度。明确受立案管理机构,归口管理受立案工作。完善刑事立案追诉标准,建立动态调整机制。加强刑事立案复议复核工作,推行执法指引和案例指导。完善撤案标准,建立"久挂未结"案件清理督办、挂账销号制度,探索实行未结案件卷宗集中保管。

8. 完善调查取证机制。健全常见多发案件的取证指引和证据保管工作机制。严格实行非法证据排除规则,落实讯问同步录音录像要求。建立刑事侦查责任制,规范补充侦查工作。规范侦查人员、鉴定人员出庭作证工作。

9. 强化法制审核职能。深化刑事案件法制部门统一审核、统一出口工作机制改革,明确审核事项、程序和标准。落实重大疑难案件集体讨论制度,规范对不捕不诉提请复议复核工作。推行对重大行政处罚、重大行政许可和较大数额财产强制措施法制审核制度。修订完善行政裁量权基准,探索推动行政裁量权基准长三角一体化。

10. 规范异地办案协作。全面落实办案协作工作要求,严格执行"六个严禁",完善异地办案协作操作指引,建立跨区域办案报备和归口管理制度,强化对跨区域办案活动的监督检查,对违规跨区域办案、不履行协作程序和协作职责的坚决纠正问责。

11. 完善办案衔接机制。完善行政执法与刑事司法衔接制度,明确案件移送标准和程序,提升移送证据的转化质效,规范食药环、知识产权、渔业捕捞、劳动监察等重点领域的执法司法衔接。完善与纪检监察机关刑事司法衔接机制,建立向纪检监察机关移送问题线索工作机制。完善上海公安机关对铁路、长航等行业公安机关的业务指导与警务协作机制。

(三) 加强执法要素管理

12. 完善强制措施管理制度。建立羁押必要性评估制度,探索侦查权和羁押权"内分"模式,依法审慎采取羁押性强制措施。规范边控措施适用审查和执行告知。完善财产强制措施适用规范,加强对涉案财物采取强制措施的合理性审查,对涉案企业依法慎用财产强制措施,在不妨碍侦查活动的情况下,减少对企业生产经营活动的影响,严禁超权限、超范围、超时限查封扣押冻结财物。

13. 深化涉案财物管理改革。完善涉案财物精细化智能化管理,试点推动建设政法机关涉案财物集中保管场所和信息管理平台,逐步实现"实物静止、手续流转"的跨部门移送。完善涉案财物处置程序,建立跨部门会商协调机制,依法高效处置涉案财物。

14. 严守执法安全管理底线。科学推进执法办案智能化改造,进一步加强监管场所标准化建设,全面消除安全隐患。嫌疑人被带至公安机关后一律直接带入办案区、一律先进行人身检查和信息采集、一律有人负责看管、一律有视频监控并记录。强化办案和监管场所的日常监管职责,坚决防止刑讯逼供、自伤自残、脱逃、非正常死亡等执法安全问题发生。

15. 优化政务服务管理措施。 深化行政审批改革,坚持"能减尽减",定期清理行政审批事项,防止变相实施行政审批。依托电子证照应用等新手段,持续推进证明事项清理工作。加强对户籍、交通、移民管理、网络等重点行政管理领域执法执勤行为的监督,建立执法异常预警和执法风险隐患排除机制。加强对窗口单位的监督管理,完善"5+X"窗口联合检查督导机制。坚决取消各种不合理的收费项目。

(四)创新执法监督手段

16. 因地制宜建设执法办案管理中心。 围绕警情、案件、嫌疑人、涉案财物、案卷、办案场所等要素,建立健全管理运行机制,实行常态化监督管理。完善办案辅助机制,提供合成作战及相关辅助支撑,实现执法办案、监督管理和服务保障"一体化"运行。按要求同步建设应用执法办案管理中心信息系统。

17. 实行执法全流程可回溯管理。 健全执法全流程记录工作机制,执法视音频从接处警、现场执法、抓捕带回、讯问询问到送交场所、羁押监管、外出体检、交付执行全流程记录、不间断对接,逐步实现远程"直播式"实时督察,相关环节与案件电子卷宗关联,探索对案件全流程信息化、智能化、可回溯监督管理。

18. 全面推行网上智慧办案。 除案情涉及国家秘密外,所有案件一律网上办理。大力推进智慧办案,实现证据收集智能审查、行政裁量智能辅助,完善电子签名和电子指纹捺印、电子卷宗、远程示证等功能。根据统一部署,加快推进全国范围执法办案数据的联通共享。推动建设政法一体化办案协作平台。

19. 提升执法监督智能化水平。 结合智慧公安综合应用系统建设,全面梳理执法办案流程的关键环节,嵌入各类提示预警模型,完善执法问题自动预警、异常执法数据动态监测、执法质量智能考评等功能,推进建设集事前提醒、事中预警、事后纠偏于一体的监督管理系统模块。充分运用执法大数据为监督管理赋能。

20. 完善执法监督和考评机制。 进一步强化执法绩效考评,完善执法办案评价指标体系和考评机制,深化考评结果运用。探索推行执法办案积分制,鼓励民警多办案、办好案。推动常态化网上执法巡查和网上督察,动态调整执法检查重点。完善民警执法权益保护机制和举报不实澄清制度,落实依法履职免责制度和容错纠错机制。

(五)拓展执法监督渠道

21. 协调理顺内部监督。 加强执法监督管理委员会建设,统筹协调执法监督管理工作,完善日常工作制度,定期向同级党委报告执法工作。进一步健全督察制度,完善督察审计、信访、政工、法制等监督力量的工作衔接机制,形成内部监督合力。主动接受纪检监察机构的监督。深化法制员制度,探索向市局主要执法部门和地区分局实施法制部门派驻制。

22. 积极配合政法机关监督。依法接受检察机关法律监督。推行办理重大疑难刑事案件与检察机关联动机制。建立落实公安机关负责人出庭应诉、业务警种与法制部门共同应诉机制,支持人民法院依法审理行政案件。推行不捕不诉、无罪判决、行政败诉案例通报制度。推动建立与检察、审判、司法行政机关联合检查会商机制,研究解决执法司法共性问题。

23. 依法保障执法相对人监督。依法办理行政复议、刑事复议复核和国家赔偿案件,维护当事人合法权益。深化办案效果,解决执法问题。依法保障犯罪嫌疑人在侦查期间的辩护权,鼓励律师参与法律援助,完善律师投诉受理会商机制和律师会见制度,推行远程视频会见。推进 12389 举报投诉平台和网上信访平台资源共享,健全群众信访举报投诉的受理处置、核查督办和结果反馈机制。

24. 主动接受社会监督。落实执法公开制度,整合公开平台,丰富公开途径,最大限度地公开执法依据、执法程序、执法进度、执法结果,让执法更加公开透明。健全执法信息动态发布机制,建立实行敏感案事件应急处置机制,及时回应涉警社会关切。完善人大代表、政协委员和特邀监督员监督机制。

四、工作要求

(一)提高思想认识。深入推进执法监督管理机制改革是贯彻落实全国公安工作会议精神的有效载体,是新时期全面深化公安改革的重要内容,是深化公安执法规范化建设的重点任务。各级公安机关要站在公安工作全局的战略高度,充分认识执法监督管理机制改革的重大意义,始终坚持严格规范公正文明执法,不断提高执法司法公信力,努力让人民群众在每一起案件办理、每一件事情处理中都能感受到公平正义。

(二)强化责任落实。各级公安机关要把公安执法监督管理机制改革作为"一把手"工程来抓,主要领导负总责,分管领导具体负责,职能部门各负其责、协调配合,切实做到一级抓一级、层层抓落实。各警种部门是本条线的深化执法监督管理机制改革"第一责任单位",要按照任务分工,认真查摆本条线的执法突出问题,研究推出实用管用的改革举措。督察、审计、信访、政工、法制等监督职能部门要在市局执法监督管理委员会的统一领导下,发挥各自优势,加强协调联动,共同研究解决推进改革的分歧难点和工作衔接问题。市局执法监督管理委员会办公室要加强督导检查,对工作推进不力、改革进展缓慢的予以挂牌督办,对已出台的改革措施及时评估执行效果,在全局范围建立常态化、即时性的通报机制。各分局要结合地区实际,有针对性地制定贯彻落实方案。

(三)注重统筹结合。各级公安机关要把深入推进执法监督管理机制改革作与上海公安"坚持政治建警全面从严治警"教育整顿、智慧公安建设等紧密结合起来,从人民群众反映集中的执法问题改起,从教育整顿中暴露出的执法突出问题改起,以扎实有效的改革举措,不断推进公安队伍革命化、正规化、专业化、职业化建设。

21. 上海市公安局执法办案场所智能 办案区使用管理规定(试行)

第一章 总 则

第一条【制定目的和依据】 为进一步完善上海公安机关执法办案场所监督管理机制,规范智能办案区使用管理,提升执法办案的效能和水平,根据《关于深化公安执法规范化建设的意见》(中办发〔2016〕56 号)和《公安部关于加强公安机关执法办案管理中心建设的指导意见》(公法制〔2019〕166 号),结合本市公安机关执法实际,制定本规定。

第二条【智能办案区定义】 本规定所称执法办案场所智能办案区,是指本市各级公安机关(包括派出所和内设机构)依据《关于开展上海公安机关执法办案场所办案区智能化改造的通知》(沪公指通字〔2018〕1 号),经过规范化设置和智能化改造的,用于执法办案和执法管理的专门区域。

第三条【系统功能模块】 市局基于"智慧公安综合应用系统"开发统一的执法办案场所智能办案区功能模块,具备基础业务操作(包括出入人员登记注销、人身安全检查、物品保管、人员轨迹、视频刻录)、预警纠偏、监督管理等功能,实现对市局业务部门各执法办案场所智能办案区使用管理的业务支撑。各地区分局可以应用市局功能模块,也可以自主开发,但应当确保相关数据与市局功能模块实时对接,并具备市局监督管理工作所需要的功能和基础数据。

第四条【硬件功能扩展】 有条件的单位在符合保密安全和集约高效的前提下,可以在市局规定的设备配置标准以外,在智能办案区内增设智能案卷保管柜、人像识别定位等执法信息化设施设备,并向市局法制总队备案。

第五条【新建改建备案】 新建或改建智能办案区的,应当在建设前和建成后,分别向市局法制总队备案。

第二章　使 用 规 程

第六条【入区登记】　民警将入区人员带入智能办案区前,应当在登记一体机上录入承办民警和入区人员的身份信息,拍摄入区人员面部照片,为入区人员佩戴智能手环,并将身份信息分别与民警卡和智能手环关联绑定。严禁将民警卡借与他人使用,或者在入区登记时录入非承办民警的身份信息。

如存在短时间内入区人员较多或者身份信息不明等情况的,可采取简易登记程序,拍摄入区人员面部照片,将其作为"未知名"人员登记,待入区后查明身份信息,再补充录入。

第七条【手环佩戴】　入区人员进入智能办案区后,应当全程佩戴智能手环,严禁入区后擅自拆卸手环。

第八条【安全检查】　办案民警将违法犯罪嫌疑人带入智能办案区后,应当立即带至安检区对其进行人身安全检查,在智能办案区功能模块内如实填写《人身检查记录表》。违法犯罪嫌疑人体表有明显外伤的,应当使用高拍仪拍照固定,在智能办案区功能模块的人体图中进行标注,并制作《人身安全检查笔录》,交其本人签名确认,随案卷归档留存。如未形成案卷材料的,应当由该执法办案场所集中妥善保管。

第九条【信息采集】　对入区违法犯罪嫌疑人进行安全检查后,承办民警应当对其进行身份、生物信息采集,比对核查其是否属于特因人员、关注人员,或者是否具有中共党员、人大代表、政协委员等特殊身份。同时根据民警现场判断入区人员的风险程度,按照三类一般人员、二类关注人员、一类高危人员进行区分并添加标签予以标记。

第十条【财物保管】　对入区违法犯罪嫌疑人随身携带的财物,承办民警应当使用高拍仪逐一拍照固定,在智能办案区功能模块中登记录入,制作《随身物品保管清单》,并将相关财物放入智能物品柜中妥善保管。待违法犯罪嫌疑人离开智能办案区时,制作《随身物品处理情况表》,交其本人签名确认,随案卷归档留存。如未形成案卷材料的,应当由该执法办案场所集中妥善保管。

经审查,属于入区违法犯罪嫌疑人随身财物的,在其离开前予以发还;属于涉案财物的,按照公安部、市局有关涉案财物的规定处理。具有《公安机关代为保管涉案人员随身财物若干规定》(公通字〔2012〕40 号)第五条规定情形的,由公安机关代为保管。

第十一条【临时出区】　对押解违法犯罪嫌疑人外出起赃、辨认、体检、就医等情形临时出区的,应当在智能办案区功能模块中制作《押解涉案嫌疑人审批表》,报请办案部门负责人审批同意。

第十二条【注销登记】　入区人员离开智能办案区(含临时押解出区)的,应当在登记一体机上完成智能手环和民警卡的注销登记,并准确登记人员去向和离开原因。注销登记完成后,应当及时将智能手环和民警卡放回登记一体机集中保管。

第十三条【人案关联】 承办民警应当在入区人员进入智能办案区的 24 小时内,在智能办案区功能模块中将该人员身份信息与有关警情或案件关联。

第三章 监 督 和 管 理

第十四条【预警报警响应机制】 各单位应当根据智能办案区功能模块提示的预警、报警信息建立相应的响应机制,落实相关责任人及时补充完善操作流程、自查自纠执法问题、排除安全风险隐患。

第十五条【巡查运维制度】 各单位应当建立智能办案区日常巡查运维制度。指定专门管理人员负责智能办案区的日常巡检、台账检查、隐患排查、培训指导等工作。使用过程中发现智能办案区设施设备故障的,应当立即向管理人员报告,由管理人员检查后向有关部门报修。

第十六条【声像资料管理】 智能办案区的电子监控设备应当 24 小时开启。安全检查、信息采集、讯问、询问、辨认、约束醒酒等执法活动的声像监控资料应当保存一年以上。候问、休息、通道行进等其他非执法活动的声像监控资料应当保存六个月以上。

入区人员的相关轨迹视频可以通过光盘刻录机刻制成视频光盘,用于刑事诉讼、行政诉讼、公安内部执法检查、警务督察等活动。如其他单位需要调取的,应当报智能办案区所在单位法制部门同意。无正当理由不得越权浏览、调阅、复制智能办案区声像监控资料。

第十七条【借用办案区】 因重大、复杂案件或者其他特殊情形,需要借用其他单位智能办案区的,应当在智能办案区功能模块中填写《执法办案场所办案区域借用登记表》,报请借用单位和出借单位负责人审批同意。

第四章 附 则

第十八条 本规定自下发之日起施行。涉及智能办案区其他使用管理方面的规定,依照《上海公安机关执法办案场所办案区使用管理规定》(沪公发〔2014〕105 号)执行。

第十九条 本规定由市局法制总队负责解释。各地区分局和市局有关部门可以根据本规定,结合执法实际,制定实施细则并报市局法制总队备案。

22. 上海公安机关数字化执法办案
管理中心建设方案

为深入推进执法办案管理中心建设,强化对执法办案活动的监督管理和服务保障,根据《公安部关于加强公安机关执法办案管理中心建设的指导意见》(公法制〔2019〕166号)和《关于推进新时代上海法治公安建设高质量发展的实施意见》(沪公通字〔2021〕91号)等文件要求,制定本方案。

一、建设目标

围绕"规范执法"和"减负增效"的目标,按照"功能完备、管理集约、资源共享、全网联通"的标准,对全市各执法办案场所智能办案区及相关信息系统迭代升级,建设数字化执法办案管理中心模块(以下简称"数字化中心"),健全以案管室为核心的管理运行机制,实现执法办案、监督管理、服务保障等功能的数字化转型和场景化应用,打造执法办案管理中心"上海模式"。

二、职责分工

采取"市局统筹+分局定制"的建设模式(即"N+X"模式),法制总队牵头全局数字化中心的系统建设和案管机制的总体设计,具有执法办案、案管职能的市局部门做好系统使用及本条线案管工作;各分局遵循统一的标准规范,在市局数字化中心的框架下,结合实际开发个性化系统功能和应用场景,并对管理运行机制进行本地化适配。

三、主要功能

数字化中心在线上设置"办案区""案管区""涉案财物管理区""辅助保障区"等功能模块,联通各单位已建成的智能化办案区、案管室、物证室等执法办案场所,实现线下流程和实体功能的数字映射,办案管理服务"一体化"运行。

（一）"办案区"功能模块。为一线执法民警和办案部门提供从案件受理、嫌疑人进入办案区开始，到案件办结、嫌疑人离开办案区为止的各项案件办理、嫌疑人管理等常用功能。包括各类法律文书、内部报告的开具和审批，证据管理和智能组卷，办案区人员入区登记、安全检查、信息采集、轨迹跟踪、智能笔录制作等。系统自动识别民警权限，无需切换系统即可"一站式"完成案件办理。

（二）"案管区"功能模块。为案管室民警和执法监督管理部门提供覆盖执法活动全生命周期的监督管理数字化工具，实现执法问题从发现到认定的闭环管理，以及执法质量数据的量化统计分析。包括涵盖主要执法环节的办案期限提醒，数据模型和监测点位预警异常执法行为，案件审核和执法巡查中人工主动批注执法问题，110接处警、办案区内执法活动等视频全流程可回溯管理，执法问题全环节系统留痕，执法状况宏观分析和大屏展示等。案管室受立案管理、办案区管理、执法巡查、案件审核等岗位的民警可依托上述功能"全天候"开展线上案管工作。

（三）"涉案财物管理区"功能模块。为一线执法民警、涉案财物专管民警和警保部门提供涉案财物出入库登记和移交、调用、发还、处置等环节的电子台账功能，实现分案分类和动态、实时、可视化管理，确保涉案财物保管安全。探索实现公检法跨部门涉案财物信息共享功能。

（四）"辅助保障"功能模块。为一线执法民警和办案部门提供办案区资源共享、办案查询、合成作战等服务，以及电子签名、电子指纹捺印、智能证据指引、语音识别转换等辅助办案的技术手段。各分局结合执法需求和地区实际，在全面整合公安内部资源，充分挖掘医疗、司法、银行等外部资源的基础上，因地制宜开发并接入特色功能模块，进一步延伸执法链条、拓展保障功能。

四、重点项目

数字化中心建设采取系统功能和管理运行机制同步推进的模式。

（一）系统功能重点项目

1. 完善智能办案区功能。聚焦"便捷安全"，针对办案区登记借用、嫌疑人安全管理等执法场景，推行办案区使用情况网上实时预览、实有看管力量网上跟踪、讯（询）问室等资源网上统筹共享（市局开发）；依托轨迹定位、图像识别等技术，对单人讯问、无人看管、违规离区等安全隐患进行智能化监督（市局开发）；在"政务微信"上同步建设"办案区轻应用"，提升民警操作体验和工作效率（市局开发）。

2. 升级智慧案管功能。聚焦"规范精准"，针对"人、案、物、卷、场所、警情"等执法场景，设置与执法办案同步的监督模型和监测点位（市局开发）；建设执法问题发现、批注、下发、反馈、复核、认定、评价的闭环管理功能(市局开发);将执法记录仪视频管理平台与数字化中心联通,实现110接处警等现场执法活动的全过程留痕和可回溯管理(分局开发,市局配合接入)。

3. 增强数字化辅助办案功能。聚焦"减负增效",针对执法数据复用、远程办案和指导、案卷材料网上流转等执法场景,开发法律法规和案件基本信息查询功能(市局开发);将远程审讯、远程指挥等功能接入数字化中心,方便专业警种及时介入指导案件办理(分局开发,市局配合接入);探索建立保证金网上缴纳、司法鉴定网上预约送检、鉴定文书网上接收送达、入所体检网上预约等与外部单位的协作平台(分局开发,市局配合接入)。

(二)管理运行机制重点项目

1. 建立"市局—分局—所队"三级案管体系。在分局和基层所队设置实体化运作的案管中心(室)和专职执法管理岗位,明确受立案管理、办案区管理、执法巡查、案件审核等具体岗位职责;建立办案区资源预约申请和统筹调配制度;推行执法问题"闭环管理"和"动态隐患清零",从警情接报环节即对系统预警和检查发现的执法问题进行全量核查,并及时督促整改;实行未办结案卷集中保管。

2. 建立办案服务保障机制。各分局试点建立网上预约鉴定送检、网上接收送达鉴定文书、网上预约入所体检等与外部单位的协作机制;因地制宜设置保证金网上缴纳等保障当事人合法权益的项目;探索以购买社会化服务的方式,提供更为便捷高效的医疗体检、物证鉴定、人员集中看管送押等辅助办案服务。

五、工作要求

(一)提高政治站位,全力组织推进。建设数字化中心,是推动法治公安建设高质量发展的重大举措,是强化执法监督、提升执法效能的重要载体,对提升上海公安软实力具有重要意义。各单位要把数字化中心建设作为法治公安和智慧公安的重要内容,加强统一规划,明确工作目标,合理制定时间表、路线图,确保各项工作扎实有序推进。法制总队要加强总体指导推进,将数字化中心建设及使用情况纳入执法质量考评,推动建设任务全面完成。

(二)强化协同配合,形成工作合力。相关警种部门要坚持"一盘棋"思想,既各负其责、又密切配合,切实形成全警参与、齐抓共管的良好工作格局。法制部门要加强组织协调,做好数字化中心和案管机制的制度设计、日常管理、监督指导等工作;政工部门要统筹力量资源,调整充实案管室的警力配置及必要的警务辅助力量;警保、科技、数据等部门要做好场所建设、信息化应用等方面的保障与运维等工作;督察部门要对办案区使用、执法安全情况进行监督;执法办案部门要规范使用线上数字化中心和线下执法办案场所。

（三）倡导"规范+减负",注重实战实效。各单位要聚焦一线执法办案需求,以规范便捷的场景化应用重塑科学高效的办案流程,做到既减轻民警实际工作负担,又保障执法办案质量和效率。坚持将顶层设计与基层首创相融合,鼓励基层创新探索实践,重点围绕健全完善案管机制、提升智能化管理水平深化拓展,努力形成可复制、可推广的经验做法,推动实现数字化中心的功能优化、作用延伸。

23. 关于新形势下进一步加强法治
督察工作的若干意见

为深入贯彻落实习近平法治思想,进一步发挥法治督察对全面依法治市工作的督促推动作用,根据《中央全面依法治国委员会办公室督察工作办法》《中共上海市委全面依法治市委员会工作规则》《中共上海市委全面依法治市委员会办公室督察工作办法》等有关规定精神,提出如下意见。

一、充分认识新形势下加强法治督察工作的重要性紧迫性

法治督察工作是党的督促检查工作的重要组成部分,是推动党关于法治建设决策部署有效落实的重要手段,是促进党关于法治建设决策完善的重要途径,是党委法治建设议事协调机构履行督促落实职责的重要抓手。党的十八大以来,以习近平同志为核心的党中央高度重视全面依法治国基本方略的贯彻落实,中央全面依法治国委员会(以下简称中央依法治国委)成立后每年部署开展法治督察工作,督促推动党中央全面依法治国决策部署落到实处。上海市委认真贯彻落实党中央要求,市委全面依法治市委员会(以下简称市委依法治市委)把加强督促检查、抓好工作落实摆在突出位置,重视发挥法治督察重要作用,优化完善法治督察方式方法,推动全面依法治市工作取得重要进展。同时也要看到,我市法治建设还不够平衡,有的地区和部门在推进法治建设中还存在工作力度不够,重决策轻落实、重部署轻督察,执行决策部署不作为、慢作为等问题,有必要进一步加大法治督察工作力度,切实强化各区、各部门狠抓落实的使命担当和善抓落实的工作本领。

法治建设是上海在新征程上创造新奇迹、展现新气象的重要保障。当前,国家"十四五"规划对"推进全面依法治国"作出重大部署,我市"十四五"规划提出"使法治成为上海核心竞争力的重要标志、使上海成为具有世界影响力的法治城市"的奋斗目标。未来五年,全面依法治市工作要深入贯彻落实习近平法治思想,立足新发展阶段、贯彻新发展理念、构建新发展格局,全面完成法治中国建设规划、法治上海建设规划等明确的各项目标任务,服务推动高质量发展、创造高品质生活、实现高效能治理,善抓落实、抓好落实的任务更重、要求更高。各区、各部门要增强"一分部署、九分落实"的意识,从落实"四个全面"战略布局的高度,充分认识新形势下加强法治领域督促检查工作的重要性和紧迫性,更加自觉地把督察工作贯穿到全面依法治市各领域各环节,通过强有力的法治督察转作风、抓落实、破瓶颈、促发展,确保党中央全面依法治国、市委全面依法治市战略决策和工作部署落地落实,切实增强人民群众的法治获得感,持续推动法治上海建设取得新成效。

二、准确把握新形势下加强法治督察工作的指导思想、主要任务和基本原则

(一)指导思想。新形势下加强法治督察工作,必须以习近平新时代中国特色社会主义思想为指导,深入贯彻落实习近平法治思想,全面贯彻落实党的十九大和十九届二中、三中、四中、五中全会精神以及中央全面依法治国工作会议精神,增强"四个意识"、坚定"四个自信"、做到"两个维护",坚持依法治国、依法执政、依法行政共同推进,法治国家、法治政府、法治社会一体建设,以踏石留印、抓铁有痕的劲头,深入一线、真督实察、跟踪问效、强化问责,及时发现并推动解决法治领域突出问题,确保中央和市委关于法治建设的各项决策部署得到有效贯彻落实,为上海全面深化"五个中心"建设、加快建设具有世界影响力的社会主义现代化国际大都市提供有力的法治保障。

(二)主要任务。本市法治督察工作的主要任务是,推动全面依法治国基本方略贯彻执行和党中央、市委有关法治建设决策部署有效贯彻落实。重点是:

1. 督促推动习近平法治思想的学习贯彻落实,党中央全面依法治国决策部署的贯彻落实,中央依法治国委决定事项、工作部署和要求的贯彻执行。

2. 督促推动市委全面依法治市决策部署的贯彻落实,市委领导关于法治建设指示要求的贯彻执行,市委依法治市委年度工作要点和重点工作任务的推进落实。

3. 督促推动上级党委(党组)、党委法治建设议事协调机构部署的其他法治工作任务的推进落实。

(三)基本原则

1. 坚持党的领导。在党中央和市委的领导下,全市各级党组织及其法治建设议事协调机构负责抓好本地区、本部门法治工作的任务落实和督促检查,确保党对法治建设的集中统一领导落到实处。

2. 坚持围绕中心。紧紧围绕党和国家工作大局以及我市中心任务和重点工作部署开展法治督察工作,推动全面依法治市各项工作始终在大局下推进、处处为大局服务。

3. 坚持问题导向。注重需求导向、问题导向、目标导向,把人民群众的法治获得感作为工作成效的衡量标准,把发现问题并推动问题解决和工作落实作为法治督察工作的生命线。

4. 坚持闭环管理。将督促检查和工作推进融为一体,咬住目标不放松、盯住问题不松手,形成法治工作推进、落实、反馈、再推进、再落实的全过程闭环管理,确保各项任务有回音、见实效。

三、建立健全法治督察工作制度

(一)跟踪督办制度。坚持以钉钉子精神抓好法治领域决策部署的进度跟踪和督办落实,对中央和市委作出的法治建设决策部署、市委依法治市委年度工作要点和重点工作任务,由市委依法治市办做好任务分解,明确牵头单位、参与单位和工作要求,督促各责任单位细化工作目标、梳理任务清单,汇总形成工作任务书,作为工作推进和绩效考核的对标依据。牵头单位要明确相关工作职责,会同参与单位逐项抓好落实,定期报送工作情况。市委依法治市办持续加强跟踪问效和督促推进,定期形成督办报告或工作专报,报市委依法治市委。各区委依法治区办要加大本地区法治工作督办力度。

(二)调研督察制度。调研督察兼具调查研究和督促检查双重任务,要紧紧围绕中央和市委关注的法治领域重点问题、重大法治改革任务推进中的难点问题、人民群众反映强烈的突出问题,深入基层、深入群众,深挖真实情况、查找问题症结,为落实和完善党委决策提供有价值的对策建议。调研督察发现的问题应及时向有关业务主管部门和责任单位反馈。

(三)第三方评估制度。要充分发挥第三方评估的专业性、独立性优势,推动法治督察工作客观、专业、高效开展。对法治建设规划的总体实施效果、被督察对象法治建设成效的群众满意度等事项,可以委托科研院校、专业机构、人民团体、社会组织等进行第三方评估,评估结果作为形成实地督察工作方案、起草督察反馈意见建议、制定问题整改措施和开展年度绩效考核的重要参考。

(四)问题线索调查核实移交制度。加强问题线索的发现掌握和调查核实,是提高法治督察工作精准度的有效方式。对法治督察工作中发现掌握的问题线索,要组织力量依法依规进行调查核实或移交有关部门依法处理。对于查证属实的问题线索,要提出处理建议并纳入实地督察反馈意见或者制发法治督察意见书,督促相关单位切实整改并限期报告整改落实情况。对于问题背后暴露的制度性问题,可以向有关主管部门制发法治督察建议书。

（五）督察成果运用制度。要运用好督察中发现的问题和提出的意见建议，切实做好督察工作"下半篇"文章，推动法治督察工作取得实效。对于不落实或执行偏差的问题，督促有关地区、部门认真对照整改、汲取教训；对问题突出的地区、部门，约谈相关负责人；对制度性问题，要督促责任单位深入调查研究，尽快提出完善制度、改进工作的举措。对整改不力的，视情挂牌督办。加强法治督察与纪检监察、组织人事、宣传等部门的贯通协同、奖惩联动。

四、加强对法治督察工作的组织保障

（一）加强组织领导。要高度重视和加强法治领域的督促检查工作，党政主要负责人要切实履行推进法治建设第一责任人职责，将作决策、抓督察、促落实一体部署、一体推进。党委法治建设议事协调机构要落实主体责任，将法治督察工作纳入重要议事日程，研究审定年度督察项目和相关督察报告，定期听取工作情况汇报，协调解决法治督察工作的人、财、物保障等问题。各级法治督察工作部门要加强请示汇报，认真抓好督察项目的组织实施。

（二）健全工作格局。在市委和市委依法治市委领导下，构建市委依法治市办牵头抓总全市法治督察工作、市委依法治市委各协调小组分领域督促督办、各有关职能部门分工负责本系统法治建设督促检查的工作格局，健全上下贯通、层级推进的市、区、街道乡镇三级法治督察工作体系。加强与党委督查、政府督查、纪检监察、行政执法监督、备案审查监督等其他监督工作的协调衔接，形成工作合力。

（三）优化方式方法。要科学运用督察方式，大力推行"带着线索去、跟着问题走、盯着问题改"的线索核查法、"不发通知、不打招呼、不听汇报、不用陪同和接待，直奔基层、直插现场"的"四不两直"暗访工作法等方法，推动督察增效和基层减负并举。要多见具体事、多听群众说，建好用好基层法治观测点，加强互联网、大数据等现代信息技术手段的运用，切实掌握第一手资料，提高法治督察工作的精准度、穿透力和实效性。要结合实际组织开展涉及法治建设各领域的全面督察、专门领域或特定工作的专项督察、决策部署日常督办以及有关问题线索调查核实等，多措并举抓督察促落实。切实贯彻中央和市委关于统筹规范督查检查考核工作的有关要求，坚决避免形式主义，严防多头督察、重复检查。

（四）加强队伍建设。各区、各相关部门要重视加强力量建设，确保法治督察工作有机构承担、有人员负责。开展实地督察，相关部门要配合选派政治过硬、业务精湛、作风扎实的优秀干部参加督察组工作，尤其要选优配强督察组组长，并实行组长负责制。加强法治督察专业能力建设，定期开展业务培训和经验交流。根据工作需要，在党代会代表、人大代表、政协委员、新闻记者、专家学者、基层干部群众中选聘特约法治督察员、基层法治观察员,延伸法治督察工作触角。健全法治督察工作激励机制,对成绩突出的部门和人员予以通报表扬、表彰奖励。

　　各区、各有关部门要根据本意见,结合实际提出贯彻落实的具体举措,切实加强法治督察工作。

24. 上海监狱计分考评罪犯工作实施办法

第一章 总 则

第一条（目的依据） 为正确执行刑罚，规范监狱计分考评罪犯工作，根据《中华人民共和国监狱法》和《监狱计分考核罪犯工作规定》（司规〔2021〕3号）等有关规定，结合工作实际，制定本办法。

第二条（适用范围） 本办法适用于上海监狱在押罪犯。

第三条（定义） 计分考评罪犯是监狱按照管理和改造要求，以日常计分为基础、等级评定为结果，评价罪犯日常表现的重要工作，是监狱衡量罪犯改造质量的基本尺度，是调动罪犯改造积极性的基本手段。

第四条（工作原则） 监狱计分考评罪犯工作应当坚持党对监狱工作的绝对领导，坚持惩罚与改造相结合、以改造人为宗旨的监狱工作方针，坚持依法严格规范，坚持公平公正公开，坚持监狱人民警察直接考核和集体评议相结合，坚持定量考核与专项评估相结合。

第五条（考评结果适用） 监狱应当根据计分考评结果给予罪犯表扬、物质奖励或者不予奖励，并将计分考评结果作为对罪犯实施分级处遇、依法提请减刑假释的重要依据。

第六条（工作责任制） 监狱计分考评罪犯工作实行考核工作责任制，"谁考核谁负责、谁签字谁负责、谁主管谁负责"，监狱人民警察及相关工作人员在职责范围内对计分考评罪犯工作质量终身负责。

第七条（职责分工） 市局对计分考评罪犯工作承担指导责任，监狱管理局承担监督管理责任。

监狱管理局狱政管理部门是计分考评工作的主管部门，刑罚执行部门是计分考评工作的监督部门。

第八条(工作监督)　监狱计分考评罪犯工作应当依法接受纪检监察机关、人民检察院、社会团体和人民群众的监督。

第二章　计分标准和方法

第一节　计分内容和标准

第九条(日常计分)　日常计分是对罪犯日常改造表现的定量评价,由基础分、日常加扣分和专项加分三个部分组成。依据计分的内容和标准,对达到标准的给予基础分;达不到标准或者违反规定的,在基础分基础上给予扣分;表现突出的,给予加分;符合专项加分情形的,给予专项加分。计分总和为罪犯当月考评得分。

计分考评按月进行,自罪犯入监之日起实施,入监教育期间不给予基础分,但加分、扣分应当纳入日常计分。

监狱应当根据看守所提供的鉴定,将罪犯在看守所羁押期间的表现纳入入监教育期间的加分、扣分。

第十条(计分内容)　计分考评内容分为监管改造、教育和文化改造、劳动改造三个部分,每月基础分为100分,其中,监管改造基础分35分,教育和文化改造基础分35分,劳动改造基础分30分。

第十一条(监管改造标准)　罪犯监管改造表现达到以下标准的,当月给予监管改造基础分:

(一)遵守法律法规、监规纪律和行为规范;

(二)服从监狱人民警察管理,如实汇报改造情况;

(三)树立正确的服刑意识和身份意识,改造态度端正;

(四)爱护公共财物和公共卫生,讲究个人卫生和文明礼貌;

(五)厉行节约,反对浪费,养成节约用水、节约粮食等良好习惯;

(六)其他遵守监规纪律的情形。

第十二条(教育和文化改造标准)　罪犯教育和文化改造表现达到以下标准的,当月给予教育和文化改造基础分:

(一)服从法院判决,认罪悔罪;

(二)接受思想政治教育和法治教育,认识犯罪危害;

(三)接受社会主义核心价值观和中华优秀传统文化教育;

(四)参加文化、职业技术学习,考核成绩合格;

(五)接受心理健康教育,配合心理测试;

（六）参加监狱组织的亲情帮教、警示教育等社会化活动；

（七）参加文体活动,树立积极改造心态；

（八）其他积极接受教育和文化改造的情形。

第十三条（劳动改造标准） 罪犯劳动改造表现达到以下标准的,当月给予劳动改造基础分：

（一）接受劳动教育,掌握劳动技能,自觉树立正确劳动观念；

（二）服从劳动岗位分配,按时参加劳动；

（三）认真履行劳动岗位职责,按时完成劳动任务,达到劳动质量要求；

（四）遵守劳动纪律、操作规程和安全生产规定；

（五）爱护劳动工具和产品,节约原材料；

（六）其他积极接受劳动改造的情形。

第二节　计分方法

第十四条（考评等级分的设定） 监狱每季度依据监管改造、教育和文化改造、劳动改造的综合表现对罪犯进行等级评估。罪犯计分考评等级设定为 A、B、C、D、E 五个等级,A 级罪犯每月加基础分 40 分,B 级罪犯每月加基础分 30 分,C 级罪犯每月加基础分 10 分,D 级罪犯每月扣减基础分 10 分,E 级罪犯每月扣减基础分 30 分。

罪犯每旬首次违纪扣分的,同时扣减考评分 10 分；每月扣减考评分最高 30 分。

各监狱 A、B 级罪犯的比例每年根据押犯结构和监管改造工作考核结果确定,其中,A 级不超过 5%,B 级不超过 10%。

第十五条（日常加扣分） 罪犯日常考核应当根据《计分考评罪犯奖罚细则》的规定进行日常加扣分,每月结算。

罪犯日常加扣分,应当提供事实证据。

第十六条（专项加分） 罪犯有下列情形之一,经查证属实且尚不足认定为立功、重大立功的,应当给予专项加分：

（一）检举、揭发他人违法犯罪行为或者提供有价值破案线索的；

（二）及时报告或者当场制止罪犯实施违法犯罪行为的；

（三）检举、揭发、制止罪犯自伤自残、自杀或者预谋脱逃、行凶等行为的；

（四）检举、揭发罪犯私藏或者使用违禁品的；

（五）及时发现和报告重大安全隐患,避免安全事故的；

（六）在抗御自然灾害或者处置安全事故中表现积极的；

（七）进行技术革新或者传授劳动生产技术成绩突出的；

（八）监狱管理局认定具有其他突出改造行为的。

罪犯每年度专项加分总量原则上不得超过 300 分,单次加分不得超过 100 分,有上述第一至五项情形的不受年度加分总量限制。

罪犯获得专项加分的,不影响其日常考核得分。

第十七条(月考评分要求)　除专项加分外,罪犯每月日常加分不得超过基础分的 50%,月考评得分不得超过 150 分。

罪犯经考核扣分后,月考评分为负分的,保留负分。

第十八条(暂停劳动罪犯的考核)　对因不可抗力等被暂停劳动的罪犯,监狱主要考核其监管改造、教育和文化改造表现,根据考评等级确定基础分。

第十九条(特殊罪犯的考核)　经监狱管理局鉴定为无劳动能力的罪犯,只考核其监管改造、教育和文化改造的表现;经监狱管理局鉴定为老年犯、病犯、残疾犯的,主要考核其监管改造、教育和文化改造的表现,根据考评等级确定基础分。

第二十条(从严对象)　对下列罪犯应当从严计分,严格限制加分项目,严格控制加分总量:

(一)职务犯罪罪犯;

(二)破坏金融管理秩序和金融诈骗犯罪罪犯;

(三)组织、领导、参加、包庇、纵容黑社会性质组织犯罪罪犯,涉恶罪犯;

(四)危害国家安全犯罪罪犯;

(五)恐怖活动犯罪罪犯;

(六)毒品犯罪集团的首要分子及毒品再犯;

(七)累犯、多次判刑的罪犯;

(八)因故意杀人、强奸、抢劫、绑架、放火、爆炸、投放危险物质或者有组织的暴力犯罪被判处十年以上有期徒刑、无期徒刑以及死刑缓期执行的罪犯;

(九)因数罪并罚被判处无期徒刑(含原判死缓、后减为无期徒刑)、其中另罪被判处十年以上刑罚的罪犯;

(十)缓刑、假释、暂予监外执行期间又违法犯罪被收监执行的罪犯;

(十一)在刑罚执行期间又犯罪或又发现漏罪的罪犯(坦白漏罪的除外);

(十二)拒不交待真实身份的罪犯;

(十三)法律法规规定应当从严的其他罪犯。

第二十一条(从宽对象)　未成年犯以及经监狱管理局鉴定为老年犯、病犯、残疾犯的,考评可以适当放宽;在计分等级评定和分级处遇调整时,同等条件下予以优先;同时具有本办法第二十条规定的从严情形的,应当先从严,再从宽。

第二十二条(加刑计分)　发现余罪或服刑期间又犯罪被追究刑事责任的罪犯,取消已有的考评累计分和奖励,自判决生效或者收押之日起重新计分,当月不给予基础分;考评累计分为负分的,保留负分,自判决生效或者收押之日起继续计分,当月不给予基础分,计分考评等级定为 E 级。主动交代余罪被追究刑事责任的,可以视情保留考评累计分和奖励。

第二十三条(解回计分)　罪犯因办案机关办理案件需要被解回侦查、起诉或者审判,解回期间暂停计分考评。经人民法院审理认定构成犯罪的,取消已有的考评累计分和奖励,自收监之日起重新计分,当月不给予基础分,计分考评等级定为 E 级;考评累计分为负分的,保留负分。但人民检察院因人民法院量刑不当提出抗诉或者因入监前未结案被解回的,保留已有的考评累计分和奖励,自收监之日起按原计分考评等级继续计分。

办案机关或者人民法院认定不构成犯罪、经再审改判为较轻刑罚或者因作证等原因被办案机关解回的,保留已有的考评累计分和奖励,并按照解回前 3 个月的平均基础分计算其解回期间的考评得分;解回前考核不满 3 个月的,按照解回前 1 个月的基础分计算,保留原来的计分考评等级。

第二十四条(立案侦查计分)　罪犯因涉嫌违法犯罪被立案侦查的,侦查期间暂停计分考评。经查证有违法犯罪行为的,侦查期间不给予基础分;经查证无违法犯罪行为的,按照罪犯立案前 3 个月的平均基础分并结合侦查期间的表现计算其侦查期间的考评得分;立案前考核不满 3 个月的,按照立案前 1 个月的基础分计算。

罪犯因涉嫌违规违纪被隔离调查的,参照前款规定执行。

第二十五条(处罚计分)　根据《中华人民共和国监狱法》第五十八条规定,罪犯因破坏监管秩序行为被直接给予警告、记过或者禁闭处罚的,当月不给予基础分,并按照下列规定给予扣分和降级:

(一) 警告一次,扣 100 分,计分考评等级降二级;

(二) 记过一次,扣 200 分,计分考评等级降二至三级;

(三) 禁闭一次,扣 400 分,计分考评等级降至 E 级。

第二十六条(假释收监计分)　罪犯在假释期间因违反监督管理规定被收监的,自收监之日起重新计分,当月不给予基础分,计分考评等级定为 E 级。

第二十七条(减刑(假释)计分)　罪犯提请减刑(假释)期间应当连续计分。人民法院裁定减刑(假释)的,考评累计分至裁定减刑(假释)之日止归零;人民法院裁定不予减刑(假释)的,保留已有的考评累计分和奖励,自裁定不予减刑(假释)之日起继续计分;罪犯减刑裁定被撤销的,取消原有考评累计分和奖励,自裁定撤销之日起重新计分,当月不给予基础分,计分考评等级定为 E 级;罪犯假释被撤销的,参照本办法第二十六条规定执行。

罪犯提请减刑(假释)自监区立案至人民法院裁定期间考评累计分满600分的,给予物质奖励。

第二十八条(暂予监外执行计分)　罪犯暂予监外执行期间暂停计分考评,因暂予监外执行情形消失被收监执行的,原有的考评累计分和奖励有效,保留原来的计分考评等级,自收监之日起继续计分考评。因违反暂予监外执行监督管理规定被收监执行的,取消已有的考评累计分和奖励,自收监之日起重新计分,当月不给予基础分;考评累计分为负分的,保留负分,自收监之日起继续计分,当月不给予基础分,计分考评等级定为E级。

第二十九条(移押计分)　罪犯在本市跨监狱调动的,调出监狱应当将罪犯计分考评情况移交接收监狱,由接收监狱继续考评。

罪犯跨省调入本市监狱服刑的,原考评结果保留并由监狱管理局狱政管理部门认定,自调入当月起开始计分。

罪犯由本市监狱调外省(自治区、直辖市)服刑的,调出监狱应当将考评结果及时移交。

第三十条(羁押计分)　罪犯在监狱总医院住院治疗的,由监狱总医院负责考评并提供改造表现证明材料,罪犯所属单位负责考核审批;在社会医院住院治疗或羁押其他场所的,由监狱考评。罪犯住院治疗期间的等级评定不得升级;羁押其他场所罪犯考评等级变动的,应由羁押场所提供改造表现证明材料。

对有劳动能力因病住院治疗或者康复等无法参加劳动的罪犯,因病住院治疗或康复期间每日扣减基础分1分,每月最高扣减30分,但罪犯因舍己救人或者保护国家和公共财产等情况受伤无法参加劳动的,根据考评等级确定基础分。

罪犯因自伤自残等严重违规违纪或者故意违反操作规程受伤而住院的,住院或者康复期间不给予基础分。

第三十一条(罪犯权利保护)　罪犯正当的申诉和控告,不影响其考评得分。

第三十二条(不当得分处理)　罪犯通过利用个人影响力和社会关系、提供虚假证明材料、贿赂等不正当手段获得考评分的,取消该项得分,并根据情节轻重给予扣分或者处罚。

第三章　等级评定

第一节　评定要求和评估内容

第三十三条(评定要求)　罪犯计分考评等级每季度评定一次。

　　罪犯计分考评等级一般应逐级升降,但罪犯有违背宪法关于中国共产党领导、中国特色社会主义制度言行的,以及受到警告、记过或禁闭处罚等情形的除外。

　　罪犯计分考评等级升级应当进行评估,其中 C 级升 B 级或 B 级升 A 级的罪犯应逐个进行评估;其他等级升级的罪犯,可以进行集体评估。

　　罪犯有违背宪法关于中国共产党领导、中国特色社会主义制度言行或因受到警告、记过或禁闭处罚等规定情形降级的,不需要进行评估;规定情形以外降级的罪犯,应逐个进行评估。

　　第三十四条(评估内容与结果)　　等级评估应当对照各等级标准进行。评估内容包括监管改造、教育和文化改造、劳动改造等方面的改造表现以及案由、刑期等基本情况。

　　评估结果分为积极、合格和不合格。计分考评等级为 A 级或 B 级的,可以评定为积极;计分考评等级为 C 级或 D 级的,可以评定为合格;计分考评等级为 E 级的,评定为不合格。

　　第三十五条(初次定级)　　新收入监罪犯的计分考评等级定为 E 级,但跨省调入之前已在监狱服刑 6 个月以上的,一般定为 D 级以上。

第二节　计分考评等级标准

　　第三十六条(E 级考评标准)　　E 级对象包括新收入监的罪犯、违反监督管理规定被收监执行的罪犯和从其他等级降至 E 级的罪犯。

　　罪犯有下列情形之一的,应当评定为 E 级:

　　(一)有违背宪法关于中国共产党领导、中国特色社会主义制度言行的;

　　(二)有危害民族团结或者国家统一言行的;

　　(三)有歪曲、抹黑中华优秀传统文化、革命文化和社会主义先进文化言行的;

　　(四)有鼓吹暴力恐怖活动或者宗教极端思想言行的;

　　(五)宣传、习练法轮功等邪教的;

　　(六)以辱骂、威胁、自伤自残等方式对抗监狱人民警察管理,经警告无效的;

　　(七)年内受到两次以上警告或者记过处罚的;

　　(八)受到禁闭处罚的;

　　(九)违反安全操作规程,造成安全事故或重大影响的;

　　(十)监狱管理局明确应当评定为不合格的其他情形。

　　E 级罪犯季度内有重大违纪行为,或认罪悔罪评估结果为五级,仍定为 E 级。

　　第三十七条(D 级考评标准)　　罪犯符合下列情形的,可以评定为 D 级:

（一）认罪悔罪评估四级以上；

（二）季度内无二次以上严重违纪；

（三）接受社会主义核心价值观和中华优秀传统文化教育；参加思想、文化、职业技术等教育，考核成绩合格；接受监狱人民警察教育和心理健康教育；参加监狱组织的教育活动和文体活动；

（四）服从劳动岗位分配，按时参加劳动；遵守操作规程和安全生产规定；掌握基本劳动技能，基本能履行劳动岗位职责，基本能完成劳动任务。

第三十八条（C级考评标准）　罪犯符合下列情形的，可以评定为C级：

（一）服从人民法院判决，主动书写认罪悔罪书，认识犯罪危害，认罪悔罪评估三级以上；确有履行能力能履行生效裁判中财产性判项；

（二）遵守法律法规、监规纪律和行为规范；服从监狱人民警察管理，改造态度端正；季度内无二次以上较重违纪；

（三）接受社会主义核心价值观和中华优秀传统文化教育；参加思想、文化、职业技术等教育，考核成绩达标；接受监狱人民警察教育和心理健康教育；参加监狱组织的教育活动和文体活动；

（四）服从劳动岗位分配，按时参加劳动；遵守操作规程和安全生产规定；掌握劳动技能，履行劳动岗位职责，按时完成劳动任务，达到劳动质量要求。

第三十九条（B级考评标准）　罪犯符合下列情形的，可以评定为B级：

（一）服从人民法院判决，认真书写认罪悔罪书，剖析犯罪原因，认识犯罪危害，认罪悔罪评估二级或一级；积极履行生效裁判中财产性判项的；

（二）自觉遵守法律法规、监规纪律和行为规范；主动配合监狱人民警察管理，改造态度积极；季度内无二次以上一般违纪；

（三）自觉接受社会主义核心价值观和中华优秀传统文化教育；主动参加思想、文化、职业技术等教育，考核成绩良好；自觉接受监狱人民警察教育和心理健康教育；积极参加监狱组织的教育活动和文体活动；

（四）自觉服从劳动岗位分配，自觉参加劳动；自觉遵守操作规程和安全生产规定；劳动技能熟练，认真履行劳动岗位职责，超额完成劳动任务，达到劳动质量要求。

第四十条（A级考评标准）　罪犯符合下列情形的，可以评定为A级：

（一）服从人民法院判决，深刻书写认罪悔罪书，深刻剖析犯罪原因，认识犯罪对社会的危害，认罪悔罪评估二级或一级；全部履行生效裁判中财产性判项；

（二）积极维护改造秩序，主动遵守法律法规、监规纪律和行为规范；积极配合监狱人民警察管理，改造态度积极；考评周期内无违纪；

（三）自觉接受社会主义核心价值观和中华优秀传统文化教育；积极参加思想、文化、职业技术等教育，考核成绩优秀；自觉接受监狱人民警察教育和心理健康教育；积极参加监狱组织的教育活动和文体活动，表现突出；

（四）积极服从劳动岗位分配，积极参加劳动；积极遵守操作规程和安全生产规定；劳动技能熟练，积极履行劳动岗位职责，超额完成劳动任务，达到劳动质量要求。

第三节　计分考评等级升降

第四十一条（升级条件） 罪犯的计分考评等级按照下列规定进行升级：

（一）E 级罪犯符合 D 级标准，等级评估结果为合格的，可以评定为 D 级；

（二）D 级罪犯符合 C 级标准，等级评估结果为合格的，可以评定为 C 级；

（三）C 级罪犯符合 B 级标准，连续两个季度保持 C 级，等级评估结果为积极的，可以评定为 B 级；

（四）B 级罪犯符合 A 级标准，连续两个季度保持 B 级，等级评估结果为积极的，可以评定为 A 级。

第四十二条（降级条件） 罪犯季度内具有下列情形的，等级评定时应当降一级：

（一）A 级罪犯：认罪悔罪评估达不到二级以上、有违纪或无违纪但改造表现不符合 A 级标准的；

（二）B 级罪犯：认罪悔罪评估达不到二级以上、有二次以上一般违纪或改造表现不符合 B 级标准的；

（三）C 级罪犯：认罪悔罪评估达不到三级以上、有二次以上较重违纪或改造表现不符合 C 级标准的；

（四）D 级罪犯：改造表现不符合 D 级标准或等级评估不合格的。

第四十三条（即时降级与特殊情形） 有下列情形之一的，罪犯计分考评等级应当即时降级，自降级审批生效之日起执行：

（一）C 级以上罪犯有严重以上违纪，或 D 级罪犯有重大违纪的，降一级；

（二）罪犯因破坏监管秩序行为被直接给予警告、记过、禁闭处罚的，按本办法第二十五条执行；

（三）罪犯认罪悔罪评估降级的，考评等级降至与之相匹配的等级；

（四）罪犯有本办法第三十六条第二款规定情形的，直接降至 E 级。

罪犯受到即时降级处理不满 3 个月的，等级评定不得升级。

违纪矫治类严管的罪犯，在严管期间计分考评等级最高评定为 C 级；E 级罪犯受到处罚的，延长 E 级考评等级一个季度。

第四十四条（宽严相济） 本办法第二十条规定的从严对象在等级评定时应当从严掌握，在第一次减刑裁定生效后，方可评定为 A 级或 B 级；其中，原判死刑缓期二年执行（含限制减刑）、无期徒刑变更为有期徒刑后，方可评定为 A 级或 B 级；原判死刑缓期执行终身监禁变更为无期徒刑继续服刑六年以上，确有悔改或立功表现的，可以评定为 A 级或 B 级。

本办法第二十一条规定的从宽对象为 B 级、C 级的，单个季度等级升级评定符合条件的，可以升级。

第四章　计分考评结果运用

第四十五条（考评结果种类） 考评结果分为表扬、物质奖励或者不予奖励。

第四十六条（奖惩方法） 依据《中华人民共和国监狱法》第五十六条和第五十七条规定，罪犯考评累计分达到 600 分，监区计分考评工作小组根据等级评估结果，按照以下原则报监狱计分考评工作组审批：

（一）评估结果为积极的，给予表扬，可以同时给予物质奖励；

（二）评估结果为合格且每月考评分均不低于基础分的，给予表扬或者物质奖励；

（三）评估结果为合格，但有任何一个月考评分低于基础分的，给予物质奖励；

（四）评估结果为不合格的，不予奖励并应当给予批评教育。

给予表扬、物质奖励或者不予奖励的，从罪犯累计分中扣除 600 分，剩余累计分转入下一个考评周期。

罪犯有突出改造表现的，可以直接给予表扬或物质奖励。

专项考核奖励参照本条第一款执行。

第四十七条（物质奖励） 物质奖励分为积分物质奖励和行为物质奖励。

积分物质奖励是指罪犯在考评周期内考评累计分满 600 分，经考评而给予的物质奖励。

行为物质奖励是指罪犯在改造期间有突出表现行为经考评而给予的物质奖励。

第四十八条（改造积极分子评选） 罪犯在监管改造、教育和文化改造、劳动改造等方面综合表现突出的，可以参加改造积极分子评选。

第四十九条（分级处遇） 监狱根据计分考评结果除给予罪犯奖励或者不予奖励外，可以依照有关规定在活动范围、会见通信、生活待遇、文体活动等方面给予罪犯不同的处遇。

第五十条（奖励结果适用） 经考核评估，罪犯在服刑期间确有悔改或立功表现的，可以提请减刑、假释；表扬是依法提请罪犯减刑、假释的重要依据。除法律、法规有规定的特殊情形外,考评等级为 E 级的罪犯一般不得提请减刑、假释。

监狱对罪犯的计分考评结果和相应的表扬决定及有关证据材料,在依法提请减刑、假释时提交人民法院和人民检察院。

<h2 style="text-align:center">第五章　考评规则和程序</h2>

第五十一条(组织架构)　监狱管理局成立计分考评委员会,由分管狱政管理的副局长任主任,有关处室负责人为成员,负责制度修订、计分考评工作指导与监督等。

监狱成立计分考评工作组,由监狱长任组长,分管狱政管理的副监狱长任副组长,有关部门负责人为成员,负责计分考评罪犯工作的组织领导和重大事项的研究、审批等。

监区成立计分考评工作小组,由监区长任组长,监区全体监狱人民警察为成员,负责计分考评罪犯工作的具体实施。

监狱的狱政管理部门承担计分考评工作组的日常工作;监区指定的专职民警负责计分考评工作小组的日常工作;监区民警负责罪犯日常计分和提出等级评定建议等工作。

第五十二条(决议要求)　监狱计分考评工作组、监区计分考评工作小组研究计分考评事项时,作出的决定应当经三分之二以上组成人员同意后通过。

对不同意见,应当如实记录在案,并由本人签字确认。

第五十三条(考评方式)　计分考评实行"日记载、周评议、月汇总"。监区民警每日记载罪犯改造行为加分、扣分情况,计分考评工作小组每周评议罪犯改造表现和考核情况,每月汇总考评分。

第五十四条(加扣分程序)　对罪犯加分、扣分,监区民警应当以事实为依据,依法依规提出建议,报监区计分考评工作小组研究决定。

对罪犯违规违纪行为事实清楚、证据确凿,且适用一般违纪的扣分,由监区民警依据事实证据直接扣罚,并报监区计分考评工作小组备案。

适用较重违纪的扣分,由监区民警提出事实和依据,报监区计分考评工作小组审批。

加分和适用严重违纪以上的扣分,由监区民警提出事实和依据,监区计分考评工作小组审核,并报监狱计分考评工作组审批。

罪犯日常考核应当及时进行,同一情形符合多项加分、扣分情形的,应当按照最高分值给予加分、扣分,不得重复加分、扣分;同一违纪行为同时受到处罚、扣分或降级的,可以实行一次性审批。

第五十五条（等级评定程序）　罪犯考评等级升级由本人申报,经主管民警初审,报监区计分考评工作小组审核、审批;罪犯降级由监区民警提出,报监区计分考评工作小组审核、审批。

A、B级罪犯的等级升降以及规定情形以外的降级,由监狱计分考评工作组审批。

第五十六条（奖惩权限）　罪犯的表扬、物质奖励、不予奖励与警告、记过、禁闭由监区民警提出,监区计分考评工作小组审核,并报监狱计分考评工作组审批。

罪犯在违纪处理期间不得给予奖励,已经上报的奖励应当暂停审批,已经公示的奖励应当暂停公示;违纪处理结束后,仍符合条件的,可以继续奖励。

第五十七条（公示与录入）　除检举违法违纪行为、提供有价值破案线索等不宜公示的情形外,罪犯加分、扣分、每月考评分、等级评定结果、表扬、物质奖励、不予奖励或者取消考评累计分和奖励的,由监区统一公示;公示时间不少于3个工作日,公示后5个工作日内将考评结果统一录入信息系统,其中,等级评定结果的录入在每季度第一个月的20日之前完成。

第五十八条（复查复核）　罪犯对加分、扣分、每月得分和等级评定结果有异议的,可以自决定作出或者公示之日起3个工作日内,向监区计分考评工作小组提出书面复查申请;本人书写确有困难的,可由他人代为书写,本人签名、按捺手印予以确认。监区计分考评工作小组应当进行复查,于5个工作日内作出书面复查意见,并抄报监狱计分考评工作组。

罪犯对监区计分考评工作小组的复查意见有异议的,可以自收到复查意见之日起3个工作日内向监狱计分考评工作组提出书面复核申请;监狱计分考评工作组应当进行复核,于5个工作日内作出书面复核意见,并于5个工作日内抄送人民检察院。监狱计分考评工作组的复核意见为最终决定。

第五十九条（考评或奖惩的撤销）　监区计分考评工作小组、监狱计分考评工作组、监狱管理局计分考评委员会发现日常加扣分、表扬、物质奖励、不予奖励、警告、记过或者禁闭有下列情形之一的,应当立即撤销:

（一）不符合规定条件的;

（二）不按规定程序审批的;

（三）弄虚作假的;

（四）有其他情形需要撤销的。

第六章　考评纪律和监督

第六十条（责任追究）　监狱人民警察及相关工作人员在计分考评罪犯工作中有

下列情形之一的,依纪依法给予处理;构成犯罪的,依法追究刑事责任:

（一）捏造事实、伪造材料、收受财物或者接受吃请的;

（二）打招呼说情或者施加压力,干预计分考评的;

（三）超越职责范围或者未经集体研究决定,为罪犯计分考评的;

（四）隐匿或者销毁罪犯检举揭发、异议材料的;

（五）因故意或者重大过失导致计分考评台账或者资料遗失、损毁的;

（六）故意延迟登记、错误记录或者篡改计分考评台账或者资料的;

（七）违反计分考核议事规则,个人或者少数人决定计分考评事项的;

（八）拒不执行或者擅自改变集体决定事项的;

（九）借集体研究之名违规办理罪犯计分考评的;

（十）其他违反法律法规的情形。

第六十一条（监区工作要求）　监区在计分考评罪犯工作中应当严格执行各项制度规定,每月至少召开一次计分考评罪犯工作会议,总结计分考评工作,评价管教民警工作,规范和改进工作行为。会议情况应当及时报告监狱。

第六十二条（监狱工作要求）　监狱应当定期或者不定期开展计分考评罪犯工作检查,每季度至少召开一次计分考评罪犯工作会议,听取计分考评工作组工作汇报,总结和改进计分考评工作。会议情况应当及时报告监狱管理局。遇有重大或者共性问题,应当分析研判、提出意见建议,向监狱管理局请示或者报告。

第六十三条（监狱管理局工作要求）　监狱管理局应当加强对监狱计分考评罪犯工作的监督管理,及时研究解决计分考评罪犯工作中的重大政策和群众反映强烈的问题,每半年至少开展一次抽查检查,督促整改问题隐患。重大工作情况应当及时向市局请示报告。

第六十四条（市局工作要求）　市局应当加强对监狱计分考评罪犯工作的指导,每年至少听取一次监狱管理局专题汇报。

第六十五条（党的领导和纪检监督）　计分考评罪犯工作纳入市局党委、监狱管理局党委、各监狱党委、监区党支部重要议事日程,加强领导和监督。各级纪检部门履行监督责任,用好监督执纪"四种形态",依纪依法追究责任。

第六十六条（检察监督）　监狱应当定期向人民检察院通报计分考评罪犯制度规定及工作开展情况,邀请人民检察院派员参加计分考评罪犯工作会议,提出意见建议。

监狱决定给予罪犯表扬、物质奖励、不予奖励、警告、记过、禁闭或者取消考评累计分和奖励的,应当于5个工作日内将审批决定抄送人民检察院。

第六十七条（检察纠正意见处置）　监狱对人民检察院在检察工作中发现计分考

评罪犯工作有违法违规情形提出口头或书面纠正意见的,应当立即调查核实。

对纠正意见无异议的,应当在5个工作日内予以纠正并将纠正结果书面通知人民检察院;对纠正意见有异议的,应当采取书面形式向人民检察院说明情况或者理由。

第六十八条(纪检部门职责)　监狱纪检部门在监狱会见室和监区设置举报信箱,及时受理罪犯及其亲属或者监护人反映的计分考评问题。

第六十九条(狱务公开)　监狱应当根据狱务公开有关规定,向社会公众公开计分考评内容和工作程序,向罪犯亲属或者监护人公开罪犯考评情况及对结果有异议的处理方式。

监狱应当通过聘请社会监督员、召开罪犯亲属或者监护人代表会等形式,通报计分考评工作,听取意见建议,自觉接受社会监督。

监狱应当注重发挥罪犯互相教育、互相监督作用,通过个别谈话等方式,了解掌握情况,听取意见反映。

第七十条(证据保全)　监狱应当按照档案管理有关规定,固定保全计分考评罪犯的各类台账资料,确保计分考评罪犯工作全程留痕,防止篡改、丢失或者损毁,做到专人专管、专档备查。

第七十一条(民警权利保障)　市局、监狱管理局和监狱应当依法保障监狱人民警察在计分考评罪犯工作中的正当履职行为,对受到恶意举报、污蔑、诽谤的监狱人民警察,应当及时调查澄清,并依法追究相关人员责任;对工作实绩突出的监狱人民警察,应当及时给予表彰奖励。

第七十二条(责任追究的其他情形)　市局、监狱管理局和监狱及其工作人员在计分考评罪犯工作中有违反本办法行为的,应当视情节轻重,对相关责任人员依纪依法进行处理;构成犯罪的,依法追究刑事责任。

第七章　附　　则

第七十三条(配套制度)　《计分考评罪犯奖罚细则》《计分考评罪犯工作程序规定》《罪犯分级处遇实施细则》等配套制度由监狱管理局制定,与本办法同时实施。

第七十四条(说明)　本办法中的"以上"包含本数,"以下"不包含本数,"不满"不包括本数。

第七十五条(施行日期)　本办法自2021年12月1日起施行。

25. 上海市司法局关于贯彻落实《中华人民共和国社区矫正法实施办法》的实施细则

第一章 总 则

第一条【制定依据】 根据《中华人民共和国社区矫正法》和最高人民法院、最高人民检察院、公安部、司法部联合印发的《中华人民共和国社区矫正法实施办法》，结合本市工作实际，制定本细则。

第二条【职责分工】 人民法院、人民检察院、公安机关、司法行政机关、监狱管理机关、社区矫正机构应当严格依法履行各自职责，确保刑事判决、刑事裁定和暂予监外执行决定的正确执行。

第三条【管理体制】 司法行政机关主管本行政区域内的社区矫正工作。

社区矫正机构负责社区矫正工作的具体实施。

司法所根据区社区矫正机构委托，承担下列社区矫正工作：

（一）配合区社区矫正机构开展调查评估；

（二）参加入矫宣告，组织解矫宣告；

（三）组建矫正小组，指导矫正小组运作和作用发挥；

（四）制订、调整、执行矫正方案；

（五）组织实施社区矫正对象日常管理和教育帮扶工作；

（六）负责社区矫正对象外出、迁居、会客、特定区域或场所准入申请的审核；

（七）了解掌握社区矫正对象的活动情况和行为表现，并组织实施日常考核管理，提出奖惩建议；

（八）建立社区矫正对象工作档案；

（九）区社区矫正机构依法委托的其他事项。

区社区矫正机构依法委托司法所开展其他社区矫正工作的，应当报经区司法行政机关同意,并报市社区矫正机构备案,同时通报区人民法院、人民检察院、公安机关。

第四条【工作机制】 人民法院、人民检察院、公安机关、司法行政机关、监狱管理机关、社区矫正机构应当建立日常联络机制,加强执法衔接,就社区矫正刑事执行重点难点问题进行定期会商。

第五条【信息化建设】 人民法院、人民检察院、公安机关、司法行政机关应依法建立完善社区矫正信息交换和共享共用平台,实现调查评估信息,社区矫正对象基本信息、犯罪信息,监督管理、改造矫正和教育帮扶信息,因违法犯罪被惩处信息以及其他社区矫正工作相关信息的实时传输,强化社区矫正对象遵守社区矫正规定情况核查、违法违规行为制止、失联查找、重点关注人员动态管控等工作的信息化协同力度,提高社区矫正信息化水平。

第二章 调 查 评 估

第六条【委托机关】 人民检察院对认罪认罚的犯罪嫌疑人,拟建议人民法院判处缓刑或管制的,可以委托社区矫正机构开展调查评估。

人民法院拟对被告人判处管制、宣告缓刑或决定暂予监外执行的,应当委托社区矫正机构开展调查评估。但区社区矫正机构根据人民检察院委托已经反馈调查评估意见的除外。

拟提请人民法院裁定罪犯假释的,监狱应当委托社区矫正机构开展调查评估。拟报请主管部门决定罪犯暂予监外执行(病危等特殊情况除外)的,监狱、看守所可以委托社区矫正机构开展调查评估。

第七条【居住地确认】 委托机关在委托调查评估前,应当书面确认拟适用社区矫正的犯罪嫌疑人、被告人或罪犯本人的居住地,并告知其在社区矫正期间未经社区矫正机构批准不得变更居住地。

第八条【委托程序】 委托机关应当向犯罪嫌疑人、被告人或罪犯居住地所在区社区矫正机构发出调查评估委托函。委托函应包括犯罪嫌疑人、被告人或罪犯及其家庭主要成员的姓名、住址、联系方式、案由以及委托机关的联系人、联系方式等内容,同时附带相关法律文书。

委托机关应当指定专人负责办理委托调查评估手续,不得将材料交由案件当事人、代理人或其他利害关系人转递。社区矫正机构不得接收委托机关以外的其他单位或个人转递的委托调查材料。

第九条【评估内容】 调查评估应当重点了解犯罪嫌疑人、被告人或罪犯的以下情况:

（一）居所情况；

（二）家庭和社会关系；

（三）犯罪行为的后果和影响；

（四）居住地居（村）委和被害人意见；

（五）拟禁止的事项；

（六）社会危险性和对所居住社区影响；

（七）对拟适用暂予监外执行的罪犯，审核保证人是否具备保证条件；

（八）其他事项。

第十条【调查评估方式】　区社区矫正机构可以通过走访、座谈、个别约谈、查阅调取相关资料、要求相关机关或企事业组织协查等方式调查核实相关情况。

区社区矫正机构对调查核实的情况进行综合评估后，出具评估意见。区社区矫正机构根据需要，可以组织召开由社区民警、社会工作者、社会志愿者、有关单位、部门和社区居民代表等参加的评议会，对适用社区矫正可能产生的社区影响、再犯罪风险以及是否具备监管教育条件等因素进行综合评估。

第十一条【意见采纳】　区社区矫正机构在调查评估意见中明确提出适用社区矫正合适执行地的，社区矫正决定机关一般应当采纳。

第十二条【不出具意见情形】　区社区矫正机构依法按时反馈调查评估意见前社区矫正决定机关已经作出判决、裁定、决定的，区社区矫正机构可以不再出具调查评估意见，并向委托机关书面说明不再出具意见的原因。

第十三条【保密要求】　除依法在法律文书中予以说明的调查评估相关情况外，社区矫正决定机关应当对调查人、调查对象以及调查评估其他相关具体事项予以保密，不得随意泄露给被调查评估对象。

第三章　衔接与交付执行

第十四条【确定执行地】　社区矫正对象在本市具有固定住所、固定生活来源的，该固定住所所在地可以确定为社区矫正执行地。

在本市有合法住所且已经或能够连续居住六个月以上的，可以认定为固定住所。本人有合法稳定的工作、固定的收入，或家庭成员、近亲属以及其他人员愿意为社区矫正对象生活提供经济支持的，可以认定为具有固定生活来源。

第十五条【管制、缓刑衔接】　对于被判处管制、宣告缓刑的社区矫正对象，人民法院应当做好以下衔接工作：

（一）向社区矫正对象宣读并发放社区矫正告知书，告知社区矫正对象在判决生

效之日起十日内到执行地的区社区矫正机构报到以及未按时报到的后果;

（二）向社区矫正对象宣读并发放社区矫正保证书,责令其在社区矫正保证书上签字;

（三）在判决生效之日起五日内向执行地的区社区矫正机构送达判决书、执行通知书、社区矫正保证书、社区矫正告知书等法律文书,同时抄送区人民检察院和公安机关。

第十六条【假释衔接】　对于被裁定假释的社区矫正对象,监狱、看守所应当做好以下衔接工作:

（一）向社区矫正对象宣读并发放社区矫正告知书,告知社区矫正对象自裁定生效之日起十日内到执行地的区社区矫正机构报到,以及未按时报到的后果;

（二）向社区矫正对象宣读并发放社区矫正保证书,责令其在社区矫正保证书上签字;

（三）在裁定生效之日起五日内,向执行地的区社区矫正机构送达判决书、裁定书、假释证明书副本、社区矫正保证书、社区矫正告知书等法律文书,同时抄送区人民检察院和公安机关。

第十七条【暂外文书送达】　人民法院对罪犯决定暂予监外执行的,应当在作出暂予监外执行决定之日起五日内将刑事判决书、暂予监外执行决定书、执行通知书、检察意见书以及罪犯病情诊断书或罪犯生活不能自理鉴别书及相关病历材料(或材料复印件)、社区矫正告知书、社区矫正保证书等送达看守所或者执行取保候审、监视居住的公安机关,并抄送执行地的区社区矫正机构和人民检察院。

监狱管理机关、公安机关决定罪犯暂予监外执行的,监狱、看守所应当向执行地的区社区矫正机构交付暂予监外执行社区矫正对象的刑事判决书、减刑裁定书、暂予监外执行决定书、检察意见书、社区矫正对象病情诊断书或生活不能自理鉴别书及相关病历资料、社区矫正保证书、暂予监外执行保证书等材料(或材料复印件),并抄送执行地的区人民检察院。

第十八条【暂外对象交接】　公安机关、监狱或看守所应当自暂予监外执行决定之日起十日内依法将暂予监外执行社区矫正对象移送至执行地的区社区矫正机构,办理交付接收手续。

公安机关、监狱或看守所在押送交付暂予监外执行社区矫正对象前应当书面通知区社区矫正机构,确定移交的时间、地点等。区社区矫正机构可以要求押送机关直接将暂予监外执行社区矫正对象押送至其住所办理交接手续。

暂予监外执行社区矫正对象已在社会医疗机构接受住院治疗的,在暂予监外执行决定之日起十日内,可以在暂予监外执行社区矫正对象接受治疗的医院办理有关法律文书和人员交接手续。

第十九条【文书核查】　区社区矫正机构收到社区矫正决定机关的判决书、裁定书、决定书、执行通知书、结案登记表等法律文书后,应当做好收文登记,核查法律文书是否齐全。

法律文书齐全的,社区矫正机构应当在五日内送达回执。法律文书不齐全或者有误的,应当及时通知或函告有关机关补齐或更正。有关机关应当在五日内补齐或更正,并送达区社区矫正机构。

第二十条【报到规定】　被判处管制、宣告缓刑的社区矫正对象应当自判决、裁定生效之日起十日内凭社区矫正告知书、社区矫正保证书、生效判决书、假释裁定书到执行地的区社区矫正机构报到。

第二十一条【未报到查找】　区社区矫正机构收到法律文书后,发现社区矫正对象未按规定时限报到的,应当立即组织查找,并向社区矫正对象的家属、监护人或直系亲属书面告知社区矫正对象未按规定时间报到的情况及后果;24小时内查找无果的,应当书面提请区公安机关予以协助查找。公安机关应当予以协助,并及时反馈查找进展情况。

区社区矫正机构应当及时将有关情况书面通报社区矫正决定机关和区人民检察院;对被裁定假释的罪犯,应当同时抄送原服刑的看守所、监狱。

第四章　日常管理

第二十二条【司法所报到】　区社区矫正机构在办理接收手续后,应当书面告知社区矫正对象在三日内到指定司法所报到,并按期参加入矫宣告。

第二十三条【矫正小组】　入矫宣告前,司法所应当为社区矫正对象确定矫正小组。

根据社区矫正对象的实际情况,矫正小组成员应当包括司法所、居(村)民委员会的人员、社会工作者和志愿者,可以包括社区民警、社区矫正对象的监护人、家庭成员,所在单位或者就读学校的人员等。

社区矫正对象为暂予监外执行对象的,暂予监外执行决定机关应当派员参加矫正小组。社区矫正对象为女性的,矫正小组中应有女性成员。社区矫正对象为未成年人的,矫正小组中应当有熟悉未成年人特点,具有法律、教育或心理等专业的人员。

第二十四条【入矫宣告】　区社区矫正机构接收社区矫正对象后,应当在五个工作日内组织社区矫正入矫宣告。

司法所工作人员、社会工作者、暂予监外执行社区矫正对象的保证人应当参加宣告。社区民警、居(村)民委员会的人员、群众代表、社区矫正对象所在单位、家庭成员以及志愿者可以参加宣告。社区矫正对象为未成年人的,区社区矫正机构应当通知其监护人到场,且宣告不公开进行。

区社区矫正机构应将宣告时间、地点提前告知司法所、区公安机关和人民检察院。

第二十五条【日常管理考核】　区社区矫正机构、司法所依法对社区矫正对象遵守社区矫正规定情况、服从监督管理和接受教育帮扶情况以及其他日常表现情况开展日常管理考核。

区社区矫正机构应当对日常管理考核结果进行公示,并作为实施分类、分级管理和依法给予表扬、训诫、警告以及提请治安管理处罚的依据。社区矫正对象对考核结果有异议的可以申请复核。社区矫正对象为未成年人的,日常考核奖惩不公开进行,需要依法惩处的,应通知监护人到场。

社区矫正对象日常管理考核以及分类、分级管理的方式、标准、要求由市社区矫正机构根据工作实际制定,并抄送同级人民检察院。

第二十六条【分类管理】　区社区矫正机构应当根据社区矫正对象被判处管制、宣告缓刑、裁定假释和决定暂予监外执行的不同裁判内容和犯罪类型、矫正阶段、再犯罪风险以及日常考核管理等情况,进行综合评估,划分不同类别、级别,实施分类、分级矫正。

第二十七条【分级管理】　根据社区矫正对象日常考核和分级不同,区社区矫正机构可以采取以下矫正措施:

一级社区矫正对象:每月到区社区矫正机构接受心理或行为教育矫正活动不少于1次;每月到区社区矫正机构或司法所接受个别教育不少于4次;每月到区级公益活动基地从事公益活动;每周到司法所或区社区矫正机构报告情况不少于1次,每月上交书面情况报告;区社区矫正机构或司法所根据需要,可以要求其每日到司法所或区社区矫正机构报告情况;经批准离开本市时间一般单次不得超过7天;接受信息化核查,按照要求报告自己活动情况等信息,每天不少于3次。

二级社区矫正对象:每月参加司法所组织的集中教育或心理、行为教育矫正活动不少于1次,开展个别教育不少于2次;每月到街镇级公益活动基地从事公益活动;每周到司法所报告不少于1次,每月上交书面情况报告;经批准离开本市的时间单次不超过30天;接受信息化核查,按照要求报告自己活动情况等信息,每天不少于2次。

三级社区矫正对象:允许自行选择教育学习形式和时间,其中每月参加集中教育、个别教育各不少于1次;允许自行选择公益活动基地,鼓励根据自身技能提供志愿服务;每月到司法所报告个人情况不少于 1 次;接受信息化核查,按照要求报告自己活动情况等信息,每天不少于 1 次。

社区矫正对象入矫的前三个月为初期矫正阶段,参照一级社区矫正对象管理。

第二十八条【方案制定与调整】　区社区矫正机构应当在社区矫正对象纳管后的五个工作日内制定初期矫正方案。初期矫正方案执行期满前的五个工作日内,区社区矫正机构应当对初期矫正方案进行评估,并根据评估情况,确定继续沿用或调整矫正方案。

第二十九条【矫正方案内容】　区社区矫正机构应当根据社区矫正对象的性别、年龄、心理特点、健康状况、犯罪原因、悔罪表现等具体情况,结合分类、分级管理要求,依法为社区矫正对象制定矫正方案。社区矫正对象为未成年人的,制定矫正方案还应充分考虑其成长经历、家庭监护条件和未来发展需要等情况。

矫正方案主要包括以下几个部分:

(一) 社区矫正对象基本情况;

(二) 社区矫正对象需求调查和分析情况;

(三) 社区矫正对象的心理状态和其他特殊情况分析;

(四) 社区矫正对象综合评估结果;

(五) 拟采取的监督管理和教育帮扶措施;

(六) 其他需要列明的事项。

第三十条【基本情况内容】　社区矫正对象基本情况应当包括社区矫正对象犯罪案由、犯罪类型、刑期及认罪表现,禁止令内容和期限以及居住情况、个人或家庭主要收入来源、工作状况等,可以包括前科情况、悔罪表现、家庭成员、主要社会关系、日常交往情况及家庭支持情况等。

第三十一条【综合评估】　社区矫正对象综合评估包括社区矫正对象"认罪、悔罪、赎罪"评估、风险评估、社会(区)影响评估、日常考核管理情况评估、矫正效果评估等。

初期矫正方案社区矫正对象综合评估可以不包括矫正效果评估和日常考核管理情况评估。

第三十二条【矫正措施】　矫正方案监督管理措施应当明确有关禁止令、报告、会客、外出、保外就医、实施电子定位、接受信息化核查等事项的要求。

矫正方案教育帮扶措施应当明确教育矫正、心理矫正以及公益活动等的要求,可以根据矫正需要,采取必要的帮扶措施。

社区矫正对象为未成年人的,区社区矫正机构应采取有利于其健康成长、回归社会的矫正措施,同时督促、教育其监护人履行监护职责。监护人拒不履行监护职责的,通知有关部门依法作出处理。

矫正方案监督管理和教育帮扶措施以及违反的后果应告知社区矫正对象、监护人。

第三十三条【报告规定】 社区矫正对象应当根据区社区矫正机构、司法所的要求定期报告遵纪守法、接受监督管理、参加教育学习、公益活动和社会活动等情况。被宣告禁止令的社区矫正对象还应当报告遵守禁止令的情况。

社区矫正对象发生居所变化、工作变动、家庭重大变故以及接触对其矫正可能产生不利影响人员等情况时,应当及时报告。

第三十四条【信息化核查】 社区矫正对象应当按照区社区矫正机构、司法所的信息化核查要求,每天主动报告或经点名后及时报告自己的活动情况。区社区矫正机构可以根据需要调整社区矫正对象报告自己活动情况的频次,但不得给社区矫正对象工作生活造成明显的、不必要的影响。

社区矫正对象拒不接受区社区矫正机构、司法所的核查,不按要求及时报告自己的活动情况或不如实报告自己的活动情况的,由司法所进行日常管理考核;情节严重的,由区社区矫正机构依法予以训诫、警告或依法提请给予治安管理处罚、提请收监执行。

第三十五条【脱管认定】 社区矫正对象具有下列情形之一,经查找下落不明或虽能找到其下落但拒不服从监督管理的,应当认定为脱离监管:

(一)至区社区矫正机构报到后未在规定期限内前往司法所接受社区矫正的;

(二)未按照要求报告个人活动情况的;

(三)未经批准擅自离开本市的;

(四)请假外出未在批准的期限内返回的;

(五)其他下落不明或不服从监督管理的事项。

区社区矫正机构应及时将社区矫正对象脱离监管的法律后果书面告知(送达)社区矫正对象近亲属、监护人或者保证人,并将有关情况通知社区矫正对象居住地居(村)民委员会。

第三十六条【失联查找】 社区矫正机构、司法所发现社区矫正对象失去联系的,应立即组织查找;24小时内查找未果的,区社区矫正机构应当向同级公安机关发函申请协助查找,并将有关情况书面报市社区矫正机构,同时通报社区矫正决定机关或者存放、接收罪犯档案的监狱、看守所和同级人民检察院。公安机关应当派员协助追查,同时定期向区社区矫正机构反馈追查情况。

第三十七条【制止无效通知】 社区矫正对象正在实施违反监督管理规定的行为

或者违反人民法院禁止令等违法行为,经制止无效的,区社区矫正机构、司法所应当立即通过 110 报警服务台通知公安机关到场处置。

第三十八条【共同管控情形】　社区矫正对象具有违法犯罪嫌疑、接受社区矫正期间受到治安管理处罚或具有重大现实威胁等情形的,区社区矫正机构应及时将有关情况通报同级公安机关、人民检察院,经公安机关评估后,列为治安重点关注人员,予以共同管控。

第五章　审批事项管理

第三十九条【会客规定】　社区矫正对象拟接触其犯罪案件中的被害人、控告人、举报人或接触同案犯、有其他违法行为人员等可能诱发其再次犯罪的人的,应当提前三日向司法所提出书面申请并说明理由,司法所审核并签署意见后报区社区矫正机构审批。

第四十条【外出事由】　社区矫正对象因就医、就学、参与诉讼、处理家庭或工作重要事务等事由需要请假外出离开本市的,应当提前三日向司法所提出书面申请,并按照要求提供相关证明材料。

家庭或工作重要事务一般是指:

(一)结婚、离婚、本人或配偶生育的;

(二)涉本人的仲裁、登记、许可、调解、复议等确需本人参加的;

(三)春节、清明期间需离开执行地探亲、祭祖的;

(四)近亲属婚嫁、病重、亡故等,确需本人外出处理的;

(五)因生产经营或工作需要,确需本人外出处理的。

第四十一条【外出审批】　司法所应当在收到外出请假申请当日对请假理由、外出期间、目的地以及相关证明材料进行初步审核,签署审核意见后报区社区矫正机构审批。社区矫正对象单次请假外出目的地一般只能为同一市、县。

社区矫正对象请假外出不超过三十日的,由区社区矫正机构审批。社区矫正对象单次请假外出超过三十日或者两个月内外出时间累计超过三十日,区社区矫正机构审核同意的,报市社区矫正机构审批。市社区矫正机构同意的,区社区矫正机构应当通报同级人民检察院。

市、区社区矫正机构应当在收到报批材料的三日内完成审核审批工作,发放《社区矫正事项审批告知书》。

第四十二条【经常性活动审批】　社区矫正对象确因正常工作和生活需要申请经常性跨市、县活动的,一般应提前一个月向司法所提出书面申请,并提供相关证明材料。区社区矫正机构参照本细则第四十一条有关程序从严审批,审批同意的,应同时通报同级人民检察院。

在批准经常性跨市、县活动的有效期间内,社区矫正对象每次外出前应当至少提前一日向司法所报告,报告方式可以是书面、电话或微信等通讯联络方式。司法所应及时向区社区矫正机构报备。

被批准经常性跨市、县活动的社区矫正对象应当每月书面报告外出情况并提供相关证明材料。社区矫正对象外出期间违反规定或未按照简化的程序申请报批的,经常性审批事项终止,且六个月内不再批准。

第四十三条【外出材料核查】 区社区矫正机构应当对社区矫正对象外出申请材料进行审核,认为需要补充相关证明材料的,可以通知司法所要求社区矫正对象及时予以补充。

区社区矫正机构认为需要调查核实相关事实的,可以委托司法所进行调查核实,也可以自行调查核实。

要求补充相关证明材料或需要对相关事实进行调查核实的,区社区矫正机构审核审批期限自材料补充完毕或调查核实完毕时起算。

第四十四条【销假办理】 社区矫正对象在外出期限届满前返沪的,应当及时到区社区矫正机构或司法所办理销假手续。销假时,社区矫正对象应如实提供其外出期间取得的食宿、交通票据原件以及其他与外出事项、地点相关的文字、照片或视频等证明材料。

社区矫正对象因特殊原因无法按时回到本市,需要延长外出期限的,由区社区矫正机构参照本细则第四十一条规定的程序审批。

第四十五条【迁居管理】 社区矫正对象因工作生活需要申请迁居的,应当向司法所提交书面申请,说明理由并提交相关证明材料。司法所收到迁居申请应及时审核并签署意见后报区社区矫正机构审批。

第四十六条【限制出境管理】 人民法院、监狱、看守所、社区矫正机构应当告知社区矫正对象禁止出境的相关规定。人民法院、公安机关、司法行政机关、监狱管理机关按照各自职责依法落实社区矫正对象限制出境措施:

(一)人民法院负责由其裁定假释的社区矫正对象的限制出境工作;负责由其判处管制、宣告缓刑、决定暂予监外执行的港澳台及外国籍社区矫正对象的限制出境工作。

(二)公安机关、监狱管理机关负责由其决定的暂予监外执行社区矫正对象的限制出境工作。

（三）司法行政机关负责本市人民法院判处管制、宣告缓刑、决定暂予监外执行社区矫正对象（港澳台及外国籍社区矫正对象除外）的限制出境工作；负责外省市社区矫正决定机关决定的在本市纳管的社区矫正对象的限制出境工作。

第四十七条【电子定位管理】　对符合法定情形，经审批应当使用电子定位装置的社区矫正对象，区社区矫正机构应当向其宣读决定书，发放告知书，明确告知监管期限、应遵守的规定以及违规的后果。对社区矫正对象使用电子定位装置的应当同时通报同级人民检察院。

应当使用电子定位装置的社区矫正对象，拒绝使用、未按要求使用或故意损毁定位装置，逃避监管的，由区社区矫正机构依法提请同级公安机关予以治安管理处罚；情节严重的，依法提请收监执行。

第四十八条【暂外对象管理】　暂予监外执行社区矫正对象应当每月向司法所提交本人身体情况报告。怀孕的，应当每月提交妊娠检验报告。保外就医的，应当每三个月提交病情复查情况。生活不能自理的，应当每六个月提交相关医疗诊断报告。

区社区矫正机构认为需要对暂予监外执行社区矫正对象提交的报告进行复查、鉴别的，可以组织复查、鉴别。

第四十九条【病情诊断】　区社区矫正机构应当每年组织保外就医社区矫正对象到市人民政府指定的医院接受病情诊断，并根据需要向暂予监外执行决定机关或者有关监狱、看守所通报。

第五十条【延长报告审批】　社区矫正机构根据社区矫正对象的病情及保证人等情况，可以调整其报告身体情况和提交复查情况的期限。报告身体情况期限延长一个月至三个月的，由区社区矫正机构批准，延长三个月以上的，由市社区矫正机构批准；提交复查情况期限延长一个月以上的，报市社区矫正机构批准。

第五十一条【延长期限终止】　社区矫正对象病情指标发生异动的，或被予以训诫、警告、治安管理处罚等惩处后六个月内的，不得延长报告身体情况和提交复查情况的期限，已经批准延长的应予以终止。

社区矫正对象报告身体情况或提交复查情况的期限调整的，区社区矫正机构应当将有关情况通报社区矫正决定机关或者存放、接收罪犯档案的监狱、看守所和同级人民检察院。

第六章　奖　　惩

第五十二条【奖惩小组】　市、区社区矫正机构应当成立社区矫正奖惩工作小组，成员人数应不少于 3 人，且为单数。市、区社区矫正奖惩工作小组成员应当包括社区矫正机构负责人。

社区矫正对象日常管理考核重大事项,决定给予表扬、训诫、警告,提请治安管理处罚、撤销缓刑、撤销假释、对暂予监外执行收监执行和减刑等应当经社区矫正奖惩工作小组集体评议。人民检察院可以派员列席集体评议。

第五十三条【提请治安处罚】 区社区矫正机构依法向公安机关提出治安管理处罚建议的,公安机关应当在五个工作日内依法做出决定,并通知区社区矫正机构,通报同级人民检察院。

第五十四条【撤缓撤假程序】 提请撤销缓刑、假释收监执行的,按以下程序办理:

(一)区社区矫正机构发现社区矫正对象在缓刑、假释考验期内具有法定撤销情形,拟提请收监执行的,应当书面征求同级人民检察院的意见,人民检察院应当在十日内出具检察意见书。

(二)提请撤销缓刑且原审判机关为基层人民法院的,区社区矫正机构收到人民检察院检察意见后应及时向原审人民法院提交撤销缓刑建议书并附相关证明材料;提请撤销缓刑但原审判机关为中级以上人民法院或提请撤销假释的,由市社区矫正机构向原审人民法院提请。原审人民法院不在本市的,应提请本市执行地同级人民法院裁定。

(三)人民法院应当自收到撤销缓刑、假释建议书之日起三十日内依法作出裁定。

(四)人民检察院认为人民法院应当裁定撤销缓刑、假释而未予裁定的,应当依法提出纠正意见。

第五十五条【暂外收监程序】 提请对暂予监外执行社区矫正对象收监执行的,按以下程序办理:

(一)区社区矫正机构发现暂予监外执行社区矫正对象具有法定收监执行情形,拟提请收监执行的,应当书面征求同级人民检察院的意见,人民检察院应当在十日内出具检察意见书。

(二)区社区矫正机构收到人民检察院检察意见后应及时向原决定暂予监外执行的人民法院、公安机关、监狱管理机关提交收监执行建议书并附相关证明材料。原决定暂予监外执行的人民法院、公安机关、监狱管理机关不在本市的,应提请本市同级人民法院、公安机关、监狱管理机关。

(三)人民法院、公安机关、监狱管理机关应当自收到收监执行建议书后三十日内作出决定。

(四)人民检察院认为人民法院、公安机关、监狱管理机关应当决定收监执行而未予决定的,应当依法提出纠正意见。

第五十六条【收监材料】　社区矫正机构提请收监执行的材料应当包括：

（一）提请撤销缓刑、假释或收监执行建议书；

（二）提请撤销缓刑、假释或收监执行审批表；

（三）检察意见书；

（四）适用社区矫正的判决书、裁定书、决定书、执行通知书等法律文书复印件；

（五）社区矫正奖惩讨论记录；

（六）社区矫正对象违反法律、行政法规以及社区矫正有关监督管理、教育帮扶规定的事实、证据材料；

（七）社区矫正期间历次奖惩情况材料；

（八）暂予监外执行法定情形消失等有关证明材料；

（九）其它相关材料。

第五十七条【收监文书送达】　人民法院裁定撤销缓刑、假释或者决定暂予监外执行收监执行的，应当及时将裁定书、决定书、执行通知书、结案登记表等法律文书送达公安机关，同时，抄送区社区矫正机构、人民检察院。

公安机关在收到法律文书后，应当及时将社区矫正对象送交监狱或者看守所收监执行。

社区矫正对象因违反《禁毒法》被强制隔离戒毒后依法应当予以收监执行刑罚的，按照本市有关规定执行。

第五十八条【在逃处置】　社区矫正对象脱离监管，社区矫正机构提请收监执行的，人民法院、公安机关、监狱管理机关应当依法及时作出裁定、决定。

被裁定撤销缓刑、撤销假释和决定收监执行的社区矫正对象在逃的，公安机关应当依据撤销缓刑、撤销假释裁定书和暂予监外执行社区矫正对象收监执行决定书，依法组织追捕。

公安机关将在逃罪犯抓捕后，应立即通知作出裁定、决定的人民法院及时开具执行通知书，同时凭撤销缓刑、假释裁定书、收监执行决定书在 24 小时内送所在地看守所临时羁押，并于三日内与收监执行的看守所或者监狱办理交接手续。

第七章　解除和终止

第五十九条【解矫宣告】　社区矫正对象矫正期满或者被赦免的，司法所根据区社区矫正机构的委托组织解除社区矫正宣告。宣告由司法所工作人员主持，宣告时间、地点应当提前告知社区矫正对象。社区矫正对象为未成年人的，宣告不公开进行。社区矫正对象被采取强制措施、患有严重疾病行动困难或具有其他特殊情形的，司法所可以不组织解除社区矫正宣告,但应当送达解除社区矫正证明书。

第六十条【暂外期满】 监狱管理机关、公安机关决定暂予监外执行的社区矫正对象刑期届满的,在期满前一个月,区社区矫正机构应书面通知其原服刑或者接收、存放其档案的监狱、看守所,由监狱、看守所依法为其办理刑满释放手续。

人民法院决定暂予监外执行的社区矫正对象刑期期满的,社区矫正机构应当及时解除社区矫正,向其发放解除社区矫正证明书,并通报原判人民法院。

第六十一条【矫正终止】 社区矫正对象死亡、被决定收监执行或者因漏罪、再犯新罪被判处刑罚的,社区矫正终止。

社区矫正对象在社区矫正期间死亡的,区社区矫正机构应当自收到死亡证明书之日起五日内书面通知社区矫正决定机关,同时抄送执行地人民检察院、公安机关。监狱管理机关、公安机关决定暂予监外执行的社区矫正对象死亡的,应将有关死亡证明材料送达其原服刑或者接收、存放其档案的监狱、看守所,同时抄送同级人民检察院。

第八章 附 则

第六十二条【生效日期】 本细则自 2020 年 8 月 20 日起施行。上海市高级人民法院、上海市人民检察院、上海市公安局、上海市司法局 2012 年 6 月 5 日印发的《关于贯彻落实〈社区矫正实施办法〉的实施细则》同时废止。

执法司法责任体系改革和建设篇

加快构建与新型执法司法权力运行机制相适应的执法司法责任体系，是具有基础性和牵引作用的重大改革举措，直接关系政法领域改革的成效与成色。2021年7月，中央政法委召开的政法领域全面深化改革推进会提出了"加快构建权责清晰、权责统一、监管有效、保障有力的执法司法责任体系"的要求，进一步体现了中央层面对于以全面深化改革促进执法司法责任体系全面落实的决心。

　　对标中央要求，上海立足制度层面，科学界定执法司法责任、严格落实执法司法责任、全面加强执法司法责任保障，不断深化完善公安机关、检察机关、审判机关、司法行政机关各司其职，侦查权、检察权、审判权、执行权相互制约的体制机制，着力构建主体明确、范围明晰、层次分明的责任链，为广大政法干警依法履职尽责、担当尽责提供了有力支撑。

　　本篇选取具有代表性的11个制度文件，展示相关制度成果。

26. 上海法院关于规范审判监督程序的实施意见

为进一步深化审判监督工作机制改革,充分发挥审判监督在维护司法公正和提升司法权威中的职能作用,进一步提高审判监督质量和效率,根据《中华人民共和国刑事诉讼法》《中华人民共和国民事诉讼法》《中华人民共和国行政诉讼法》及其司法解释,以及《关于上海市开展司法体制综合配套改革试点的框架意见》及其实施方案,结合上海法院审判监督工作实际,制定本实施意见。

第一条(指导思想) 坚持以习近平新时代中国特色社会主义政法思想为指导,坚持以让人民群众在每一个司法案件中感受到公平正义为宗旨目标,牢牢把握司法为民、公正司法的工作主线,进而实现上海法院审判监督体系和审判监督能力的现代化。

第二条(基本原则) 审判监督工作应坚持以下原则:

(一)依法纠错与维护生效裁判既判力相统一原则;

(二)有限再审与矛盾化解相统一原则;

(三)依法、公正、公开、高效原则。

第三条(申请再审的次数) 当事人对同一民事、行政案件原则上只能申请再审一次,再审申请被驳回后再次提出申请或对再审判决、裁定提出申请的,人民法院一般不予受理。

刑事案件申诉人经终审及上一级人民法院处理后又提出申诉的,如果没有新的充分理由,人民法院一般不再受理。

第四条(申请再审的审查) 各级法院对当事人申请再审的民事、行政案件,以及提出申诉的刑事案件应严格按照民事、行政和刑事诉讼法及其司法解释的规定,从提出申请和申诉的主体是否适格、是否处于法定期限内、受理法院是否具有管辖权、案件是否属于可以再审的范畴、是否存在应当再审的法定情形等方面予以审查。

第五条(指令再审的条件) 因当事人申请裁定再审的案件一般应当由裁定再审的人民法院审理。有下列情形之一的,高级人民法院可以指令原审人民法院再审:

（一）依据民事诉讼法第二百条第（四）项、第（五）项或者第（九）项裁定再审的；

（二）发生法律效力的判决、裁定、调解书是由第一审法院作出的；

（三）当事人一方人数众多或者当事人双方为公民的；

（四）再审申请人同意由原审人民法院再审的；

（五）指令原审人民法院再审有利于开展矛盾化解工作、防止矛盾激化的；

（六）经审判委员会讨论决定的其他情形。

人民检察院提出抗诉的案件，由接受抗诉的人民法院审理，具有民事诉讼法第二百条第（一）至第（五）项规定情形之一的，可以指令原审人民法院再审。

人民法院依据民事诉讼法第一百九十八条第二款裁定再审的，应当提审。

第六条（指令再审的限制）　虽然符合本意见第五条可以指令再审的条件，但有下列情形之一的，应当提审：

（一）原判决、裁定系经原审人民法院再审审理后作出的；

（二）原判决、裁定系经原审人民法院审判委员会讨论作出的；

（三）原审审判人员在审理该案件时有贪污受贿，徇私舞弊，枉法裁判行为的；

（四）原审人民法院对该案无再审管辖权的；

（五）需要统一法律适用或裁量权行使标准的；

（六）其他不宜指令原审人民法院再审的情形。

第七条（发回重审的条件）　人民法院按照第二审程序审理再审案件，发现原判决认定基本事实不清的，一般应当通过庭审认定事实后依法作出判决。但原审人民法院未对基本事实进行过审理的，可以裁定撤销原判决，发回重审。原判决认定事实错误的，上级人民法院不得以基本事实不清为由裁定发回重审。

人民法院按照第二审程序审理再审案件，发现第一审人民法院有下列严重违反法定程序情形之一的，可以依照民事诉讼法第一百七十条第一款第（四）项的规定，裁定撤销原判决，发回第一审人民法院重审：

（一）原判决遗漏必须参加诉讼的当事人的；

（二）无诉讼行为能力人未经法定代理人代为诉讼，或者应当参加诉讼的当事人，因不能归责于本人或者其诉讼代理人的事由，未参加诉讼的；

（三）未经合法传唤缺席判决，或者违反法律规定剥夺当事人辩论权利的；

（四）审判组织的组成不合法或者依法应当回避的审判人员没有回避的；

（五）原判决、裁定遗漏诉讼请求的。

第八条（再审的审理范围）　再审案件应当围绕申请人的再审请求进行审理和裁判。对方当事人在再审庭审辩论终结前也提出再审请求的，应一并审理和裁判。当事人的再审请求超出原审诉讼请求的不予审理,构成另案诉讼的应告知当事人可以提起新的诉讼。

再审发回重审的案件,应当围绕当事人原诉讼请求进行审理。当事人申请变更、增加诉讼请求和提出反诉的,按照《最高人民法院关于适用〈中华人民共和国民事诉讼法〉的解释》第二百五十二条的规定审查决定是否准许。当事人变更其在原审中的诉讼主张、质证及辩论意见的,应说明理由并提交相应的证据,理由不成立或证据不充分的,人民法院不予支持。

第九条(加大再审案件的调解力度)　对于进入再审的民事、刑事附带民事案件,特别是涉及关联案件众多、人数众多、历时久远的案件,应抓住矛盾症结、当事人利益诉求,加大调解力度,推动再审案件矛盾纠纷的一揽子、实质性化解。

对于符合规定情形的行政再审案件,充分发挥本市法院行政争议多元解决机制、多部门联动化解机制等工作机制的积极作用,推动对行政争议的协调化解。

第十条(发挥专业法官会议制度的积极作用)　再审案件,特别是重大、疑难、复杂、敏感及涉及当事人人数众多的再审案件,以及知识产权、海事海商、金融等专业性较强的再审案件,在裁判作出前一般要经专业法官会议讨论,以充分发挥专业法官会议制度在指导审判实践、统一裁判尺度、过滤审委会研讨案件等方面的职能作用。合议庭多数意见与专业法官会议多数意见不同的,合议庭应根据专业法官会议的讨论情况进行再一次评议。

第十一条(畅通上下级法院对改判、发回重审的信息沟通)　对可能作出改判、发回重审的案件,再审案件的主审法官应于裁判前与原审案件的主审法官沟通联系,听取原审关于认定事实、证据采信、法律适用、实体处理等方面的意见,并在合议庭评议、专业法官会议讨论或审委会讨论中报告原审相关意见,确保对案件信息的全面掌握。

再审法院根据上级法院指令再审的裁定对案件再审过程中,对指令再审的理由有不同意见、拟维持原审裁判结果的,应当及时与指令再审的法院沟通。

第十二条(优化案件改判和发回重审异议反馈制度)　切实发挥各级法院审监庭在案件改判、发回重审异议反馈制度中的积极作用,对经二审法院审委会讨论确认异议成立的案件,二审法院应依法进行处理。对其中有典型或指导意义的案件,二审法院可以适当形式总结指导;对有争议的疑难案件,二审法院审监庭可适时向相关部门提出研讨建议。

第十三条(强化再审裁判文书释法说理)　裁判文书释法说理,要阐明事理,说明裁判所认定的案件事实及其根据和理由,展示案件事实认定的客观性、公正性和准确性;要释明法理,说明裁判所依据的法律规范以及适用法律规范的理由;要讲明情理,体现法理情相协调,符合社会主流价值观;要讲究文理,语言规范,表达准确,逻辑清晰,合理运用说理技巧,增强说理效果。

再审裁判文书应当针对抗诉、申请再审的主张和理由强化释法说理。再审裁判文书认定的事实与原审不同的,或者认为原审认定事实不清、适用法律错误的,应当在查清事实、纠正法律适用错误的基础上进行有针对性的说理;针对原审已经详尽阐述理由且诉讼各方无争议或者无新证据、新理由的事项,可以简化释法说理。发回重审、指令再审裁判文书应当阐明发回重审、指令再审的具体理由。

第十四条(完善法律适用统一机制)   积极发挥审判监督工作在推进法律统一适用中的职能作用,通过再审案件审理、案件质量评查、改发案件异议反馈等渠道,及时发现法律适用中存在的问题;通过强化再审案件的专业化审判、强化条线业务交流与指导,及时统一案件审理思路和裁判标准,不断推进法律适用统一,提升司法权威和公信力。

第十五条(提升审判监督信息化水平)   充分发挥信息技术的优势作用,实现申请再审案件、刑事申诉案件审查以及再审案件审理的全程留痕,案件管理的智能化、可视化,通过审判监督工作的流程化、标准化、信息化,不断提高审判监督工作绩效,提升审判监督工作的透明度和公正性。

第十六条(解释权)   本意见由高院申诉审查庭、审判监督庭和审判管理办公室负责解释。

第十七条(施行日期)   本意见自发布之日起施行。

27. 上海市高级人民法院关于落实防止干预司法案件"三个规定" 加强和改进记录报告工作的实施办法

为深化落实防止干预司法案件"三个规定"以及相关实施办法,筑牢廉洁司法"防火墙",确保审判权依法公正行使,营造良好政治生态、司法生态,现就加强和改进内外部人员过问或干预、插手案件以及与当事人、律师、特殊关系人、中介组织等不当接触交往的记录报告工作,结合上海法院实际,制定本实施办法。

第一条 法院工作人员应当坚定理想信念,牢记为民宗旨,坚守初心使命,严守党纪国法,依法履行职责,对领导干部插手干预司法、司法机关内部人员违规过问案件的情况要如实登记记录,与当事人、律师、特殊关系人、中介组织不当接触交往的情况要如实报告。

第二条 本实施办法所称法院工作人员,是指各级法院中在编在职人员。在法院挂职锻炼人员、辅助文员参照适用。

本实施办法所称司法机关内部人员,是指在法院、检察院、公安机关、国家安全机关、司法行政机关工作的人员。

本实施办法所称领导干部,是指在各级党的机关、人大机关、监察机关、行政机关、政协机关、检察机关、军事机关以及公司、企业、事业单位、社会团体中具有国家工作人员身份的领导干部,包括离退休领导干部。

第三条 过问或干预、插手案件以及与当事人、律师、特殊关系人、中介组织等不当接触交往等事项实行零报告制度。

第四条 法院工作人员依规按程序书面记录报告事项的,应当严格遵守保密规定。

法院工作人员书面记录报告事项,密封后上报。除涉嫌违纪违法、收到举报和情况反映需要专项核查以外,未经批准,任何人不得查阅、复制、摘抄。因专项核查需要查阅的,由所在法院院长审批。

第五条　法院工作人员每季度末填写内外部人员过问或干预、插手案件及相关接触交往行为情况记录表,密封并在封口骑缝处注明填报人、"零报告"或非"零报告"。非"零报告"的,注明被填报人数、类别,于次月1日前交所在部门。

第六条　法院内设部门指定专人汇总本部门上季度填报数,填写部门情况汇总表,于次月5日前将密封的非"零报告"记录表、上季度本部门情况汇总表报本院政治部(监察室)。报送前,须经部门主要负责人审核、分管院领导审签。

各级法院政治部(监察室)汇总本法院上季度填报数,填写本院情况汇总表,于次月10日前将汇总表报市高院监察室,不必报送记录表及记录的具体内容。报送前,须经院长审签。

重大紧急情况应当及时报告。

第七条　法院工作人员认为填报内容重大、敏感,或者涉及所在部门、所在法院主要负责人等情况的,可以径直向高院监察室报告。对径直报告的法院工作人员情况,应当严格保密。

第八条　对下列过问或干预、插手案件的行为,法院工作人员应当全面、如实、及时记录,适时报告。

(一)在立案、审判、执行等环节为案件当事人请托说情的,或授意、纵容身边工作人员、亲属为案件当事人请托说情的;

(二)要求、邀请法院工作人员特别是办案人员私下会见、联系案件当事人或其辩护人、诉讼代理人、近亲属以及其他与案件有利害关系的人;

(三)违反规定为案件当事人或其辩护人、诉讼代理人、亲属转递涉案材料的;

(四)违反规定为案件当事人或其辩护人、诉讼代理人、亲属打探案情、通风报信的;

(五)以听取汇报、开协调会、发文件、打电话等形式,超越职权对案件处理提出倾向性意见或者具体要求的;

(六)其他违法干预司法活动、妨碍司法公正,或影响司法人员依法公正处理案件的行为。

第九条　对下列与当事人、律师、特殊关系人、中介组织接触交往的行为,法院工作人员应当全面、如实、及时记录,适时报告。

(一)为当事人推荐、介绍诉讼代理人、辩护人,或者为律师、中介组织介绍案件,建议当事人更换符合代理条件的律师;

(二)接受当事人、律师、特殊关系人、中介组织吃请、礼金、礼品或者其他利益;

(三)向当事人、律师、特殊关系人、中介组织借款、租借房屋、借用交通工具、通讯工具或者其他物品；

（四）在案件办理过程中，与当事人、律师、特殊关系人、中介组织在非工作场所、非工作时间接触；

（五）与当事人、律师、特殊关系人、中介组织的其他不当接触交往行为。

第十条　对下列因履行法定职责或工作职责需要了解过问案件的情况，不予记录报告。

（一）对司法工作负有领导职责的机关，因履行职责需要，依照工作程序了解案件情况，统筹协调依法处理工作的；

（二）领导干部在主管或分管工作范围内通过正常工作程序收到群众来信、舆情信息后作出批示的；

（三）领导干部在主管或分管工作范围内对反映的情况和问题要求核查和反馈的；

（四）人大代表、政协委员通过正常渠道交办转办非其个人关联案件的；

（五）法院领导干部和上级法院工作人员因履行法定职责，需要对正在办理的案件提出监督、指导意见，依照法定程序或相关工作程序以书面形式提出的；

（六）法院工作人员因履行法定职责需要了解案件或者批转、转递涉案材料，依照法定程序或相关工作程序进行的；

（七）其他符合法定程序和相关工作程序的情况。

第十一条　对是否属于过问干预案件或不当交往的情况难以判断的，应当记录报告。

第十二条　法院工作人员漏报的，可在当季季报告后的一个月内进行补报，并作出说明。一个月后补报的，视为未及时记录报告。

第十三条　法院工作人员如实记录报告过问或干预、插手案件的，受法律和组织保护。

对如实记录报告过问或干预、插手案件的人员进行打击报复的，依照《中国共产党纪律处分条例》《人民法院工作人员处分条例》《中华人民共和国公职人员政务处分法》等法规给予纪律处分；构成犯罪的，依法追究刑事责任。

第十四条　法院工作人员不记录或者不如实记录过问或干预、插手案件以及与当事人、律师、特殊关系人、中介组织等不当接触交往的，予以警告、通报批评；两次以上不记录或者不如实记录的，依照《中国共产党纪律处分条例》《人民法院工作人员处分条例》等规定给予纪律处分。主管领导授意不记录或者不如实记录的，依法依纪追究主管领导责任。

第十五条 各级法院政治部(监察室)指定专人保管非"零报告"记录表,统计汇总相关信息,并长期保存。

第十六条 各级法院政治部(监察室)应当将本院每季度执行"三个规定"记录报告情况向驻院纪检监察组通报。

第十七条 经专项核查存在过问或干预、插手案件以及与当事人、律师、特殊关系人、中介组织等不当接触交往的,书面填报人员或相关职能部门应当在最高法院内外部人员过问案件信息专库中如实登记记录,并注明处理情况。

第十八条 各级法院要把执行"三个规定"记录报告制度情况纳入干部选拔任用和年度绩效考核评价体系。对不如实记录报告的,记入廉政意见函。

第十九条 各级法院要高度重视"三个规定"记录报告工作,将其纳入各级党组织落实全面从严治党主体责任的重要内容。党组书记作为第一责任人,应带头填报,组织实施,落实责任。

党员干部应在民主生活会或组织生活会上报告个人执行"三个规定"制度情况。

第二十条 各级法院党组织及领导干部,对落实"三个规定"报告工作不力,导致法院违纪违法行为高发,造成恶劣影响的,按照相关规定严肃问责。

第二十一条 各级法院政治部(监察室)专门保管人员违反工作纪律和保密纪律,因故意或重大过失造成失泄密的,或者未经审批程序私自调阅记录表的,依据相关规定严肃追究责任。

第二十二条 本实施办法由上海市高级人民法院政治部、监察室负责解释。

第二十三条 本实施办法自印发之日起施行。

28. 上海市纪委监委驻市高级法院纪检监察组关于列席审判委员会会议规则(试行)

为认真落实《上海市高级人民法院关于邀请驻市高院纪检监察组列席审判委员会会议的通知》精神,进一步加强对人民法院司法权运行的监督制约,完善相关监督工作机制,根据《中华人民共和国监察法》《监察机关监督执法工作规定》和《最高人民法院关于健全完善人民法院审判委员会工作机制的意见》等有关法律法规,制定本规则。

第一条　上海市纪委监委驻市高级法院纪检监察组(以下简称"驻市高院纪检监察组")组长列席市高院召开的审判委员会会议。纪检监察组组长因故不能列席时,可以委托副组长或纪检监察室主任代为列席。

第二条　驻市高院纪检监察组组长或副组长列席市第一中级人民法院、第二中级人民法院、第三中级人民法院(知识产权法院、铁路运输中级法院)、海事法院、金融法院、上海铁路运输法院的审判委员会会议。纪检监察组组长、副组长因故不能列席时,可以委托纪检监察室主任或驻点监督联络员代为列席。

第三条　驻市高院纪检监察组列席审判委员会会议,对于审判委员会讨论的案件和其他有关议题发表与纪律监督有关的意见,依法履行派驻监督职责,但不参与表决。

第四条　驻市高院纪检监察组对审判委员会讨论的案件或其他有关议题,经主持人同意,可以在承办人汇报完毕后、审判委员会委员表决前发表意见。

第五条　驻市高院纪检监察组对审判委员会书面审议的审判业务文件等有关议题,可以与审判委员会委员同时提交书面意见。

第六条　驻市高院纪检监察组在列席审判委员会会议之前,应当认真阅看会议材料、研究案情,查阅与有关议题相关的纪律法律规定,并通过信访举报、日常监督、案件查办等途径,了解下列情况:

(一)审判委员会会议讨论的案件是否有相关涉法涉诉信访件;

(二)审判人员在该案审判执行中是否有违法审判、违法执行、接受当事人吃请等违纪违法问题举报,或者相关的问题线索正在被核查;

（三）审判人员等是否有违反规定过问案件等方面的情况反映；

（四）其他与提请审议议题相关的纪律、作风问题。

第七条　驻市高院纪检监察组对于审判委员会会议讨论的案件（议题）发表意见，应区分不同情况：

（一）对无第六条之情形的，驻市高院纪检监察组列席人员应当发表"对提请审议案件（议题）无需要说明的问题"的意见；

（二）对有第六条第（一）项之情形的，驻市高院纪检监察组列席人员应当将相关情况通报审判委员会会议并提请关注；

（三）对有第六条第（二）、（三）、（四）项之情形的，则应当在会前通过驻市高院纪检监察组负责人与相关法院主要领导进行沟通，并视情在发表意见时通报相关情况；

（四）对其他议题发表意见，应当针对相关议题是否符合纪律法律法规规定等作出风险提示。

第八条　驻市高院纪检监察组在列席审判委员会会议时，如确需发表与第七条规定情况不同意见的，必须经纪检监察组集体研究决定。

第九条　列席审判委员会会议，应当严格遵守审判委员会议事规则，严守国家秘密、审判秘密和工作纪律。

第十条　驻市高院纪检监察组对于列席审判委员会会议的相关情况，应当建立工作台账。

第十一条　驻各区人民法院纪检监察组可参照执行。

第十二条　本规则由驻市高院纪检监察组负责解释，自印发之日起实施。

29. 上海市检察机关行政检察廉政风险防控工作规定

第一章 总 则

第一条【目的和依据】 为适应全面落实司法体制改革要求,进一步完善行政检察权运行监督制约机制,加强行政检察人员廉政风险防控,促进公正廉洁司法,根据《人民检察院司法办案廉政风险防控工作指引》《人民检察院行政诉讼监督规则》《上海市检察机关关于司法办案职权配置和运行的规定》及其他司法责任制有关规定,结合上海检察工作实际,制定本规定。

第二条【基本原则】 行政检察廉政风险防控工作应当坚持以下原则:

以检察官权力清单为基本依据,坚持行权与监督相结合;

以构建责任落实体系为基本路径,坚持预防与惩治相结合;

以提高监督质效和公信力为基本考量,坚持事前、事中、事后监督相结合;

以系统防控与智慧监督为基本措施,坚持制度与科技相结合。

第三条【适用对象】 本规定主要适用于上海市检察机关履行行政检察职责的检察人员,包括各级院检察长(含分管副检察长,下同)、检察委员会委员、业务部门负责人(含正副主任,下同)、检察官、检察辅助人员,其他检察人员参照执行。

第二章 办案廉政风险防控

第四条【权力配置】 检察官依据权力清单决定办案事项,在授权范围内依法、独立行使相应职权。

业务部门负责人对本部门的办案活动进行监督管理。需要报请检察长决定的事项和需要向检察长报告的案件,应当先由业务部门负责人审核。业务部门负责人可以主持召开检察官联席会议讨论,供承办检察官参考,也可以直接报请检察长决定或者向检察长报告,但不能直接改变检察官的处理决定或意见。

检察长有权对检察官办理的案件进行审批。检察长不同意检察官处理意见的,可以要求检察官补充调查、复核或者提请检察委员会讨论,也可以直接作出决定。要求复核的意见、决定应当以书面形式作出,归入案件卷宗。检察官执行检察长决定时,认为决定错误的,可以提出异议;检察长不改变该决定,或者要求立即执行的,检察官应当执行,执行的后果由检察长负责,检察官不承担司法责任;但是,检察官执行检察长明显违法的决定的,应当承担相应的司法责任。

检察辅助人员参与行政检察工作的,根据职权和分工承担相应的责任。检察官有审核把关责任的,应当承担相应的责任。检察官授意、指使检察辅助人员实施违反检察职责行为,由检察官承担司法责任,检察辅助人员视情节承担相应的司法责任。

第五条【任职回避及利益禁止】 行政检察人员应当严格执行任职回避制度,出现任职回避情形应当及时主动向本院政治部提出回避申请。

严禁行政检察人员违规从事或参与营利活动,或者违反规定兼任职务、领取报酬。

严禁行政检察人员利用职权或者职务上的影响,为配偶、子女及其配偶等亲属和其他特定关系人的经营活动提供便利条件、谋取利益。

第六条【案件分配】 严格落实随机分案为主、指定分案为辅的案件分配机制。业务部门负责人指定检察官办理案件或者调整分案规则的,应当在检察业务应用系统中说明理由。

在案件办理过程中,当事人及其委托代理人举报、投诉检察官违法办案并提供依据,或有迹象表明检察官可能存在违法办案情形的,检察长或业务部门负责人可以要求检察官报告办案情况,认为确有必要的,可以更换承办人,并将相关情况记录在案。

第七条【权利告知】 依申请受理的案件,行政检察人员应当在受理案件七个工作日内,以电话或书面等形式告知当事人或其委托代理人办理案件的检察官、检察官助理的姓名、法律职务及司法办案"三个规定"有关要求,同时告知其在检察机关对案件作出决定前有申请回避的权利,并将告知情况在检察业务应用系统记录。

案件办理过程中更换承办人的,应当依照前述规定另行告知当事人。

第八条【案件回避】 行政检察人员与所承办案件有利害关系或者其他应当回避的情形,应当以口头或书面方式自行提出回避申请,并记录在案。

当事人或行政检察人员提出回避申请的,应当在三日内作出决定,并通知申请人。检察长的回避由检察委员会讨论决定,其他行政检察人员的回避由检察长决定。在作出决定前,该行政检察人员暂停参与案件办理,但案件需要采取紧急措施的除外。对于当事人明显不属于法定回避事由的申请,可以当场驳回,并记录在案。

对驳回申请回避的决定,当事人可以在收到决定时申请复议一次,人民检察院应当在三日内作出复议决定,并书面告知申请复议的当事人。复议期间,被申请回避的人员不停止参与案件办理工作。

第九条【听取当事人意见】　行政检察人员在办理案件过程中,需要当面听取当事人及其委托代理人意见的,应当在司法办案场所、工作时间进行。因办案需要,确需与当事人及其委托代理人在非司法办案场所、非工作时间接触的,应当经业务部门负责人审批。

第十条【调查核实】　行政检察人员因履行法律监督职责,需要向当事人及案外人调查核实的,应当制作《调查函》。

根据《人民检察院行政诉讼监督规则》第六十条第(四)项、第(五)项和第六十一条第一款规定进行调查核实和其他重大调查核实事项,应当经检察长审批。

行政检察人员不得为证明行政行为的合法性调取行政机关作出行政行为时未收集的证据。

开展调查核实,应当由两名以上检察人员参加,调查核实情况应当在案件审查报告中说明。

第十一条【偶然接触报告】　行政检察人员在案件办理过程中因不明情况或者其他原因在非工作时间或非工作场所接触当事人、委托代理人、特殊关系人、中介组织的,应当在接触后三日内向业务部门负责人及本院检务督察部门书面报告有关情况。

第十二条【公开听证】　对于事实认定、法律适用争议较大的案件,或者有重大社会影响的案件,可以根据案件情况,邀请与案件无利害关系的人民监督员、人大代表、政协委员、特约检察员、人民调解员或者社区工作人员、企事业单位工作人员、专家、学者、律师等组织公开听证审查,主动接受当事人和社会监督。

第十三条【司法救助】　行政检察部门办理行政检察案件,应当注重了解当事人家庭经济状况,对于符合司法救助条件的,积极予以救助,推动案结事了政和。对行政案件当事人的司法救助,应当严格依照有关规定进行,避免选择性救助与超标准救助情形。

第十四条【实质性化解行政争议】　引导当事人自行和解终结审查的,应当严格遵循和解自愿原则,不得损害国家利益、社会公共利益及他人合法权益。检察官应当在案件审查报告中说明和解情况,并将和解协议附卷归档。

行政检察人员不得以化解行政争议为由故意拖延办案期限,不得违反法律规定为当事人谋取不当利益,不得因化解行政争议而怠于履行法律监督职责。

第十五条【中止审查、终结审查和延长审查期限】　中止审查、终结审查应当符合《人民检察院行政诉讼监督规则》规定的条件,经检察长审批,制作《中止审查决定书》《终结审查决定书》,需要通知当事人的,应当及时送达并告知当事人及其委托代理人。

因案件疑难复杂或因调查核实、实质性化解行政争议等需要延长审查期限的,由检察长审批决定。不得将调查核实、实质性化解行政争议作为中止审查的理由。

业务部门负责人应当加强对中止审查、延长审查期限案件的管理监督,定期开展排查清理。

第十六条【提出监督意见】　行政检察部门对拟提出抗诉、提请抗诉、提出再审检察建议或者制发检察建议的案件,应当就监督的事项与被监督单位沟通,并将沟通情况在案件审查报告中说明。

第十七条【改变监督意见】　对下级院提请抗诉案件拟作不支持决定的,应当根据检察官权力清单履行审批程序。提请抗诉单位业务部门负责人、承办检察官可以参加上级院检察官联席会议并就案件情况作出说明,但不参与上级院检察官发表意见。

第十八条【撤回、撤销监督意见】　行政检察部门发现作出的相关决定确有错误或者有其他情形需要撤回、变更的,应当报由检察长或检察委员会决定。

行政检察部门认为下级院的决定错误,需要指令下级院纠正,或者依法撤销、变更,应当报由检察长审批决定。

应当追究办案人员司法责任的,按照相关规定办理。

第十九条【监督异议】　人民法院认为人民检察院监督行为违反法律规定提出书面建议,或者行政机关等被建议单位对检察建议提出书面异议的,行政检察部门应当指定承办检察官以外的其他检察官审查并出具审查意见。审查意见应当录入检察业务应用系统,由部门负责人审核后,报请检察长审批。审查过程中应当听取提出异议单位的意见,并制作工作情况等材料附卷。

第二十条【重点敏感案件办理】　行政检察人员办理疑难、复杂、敏感、涉港澳台或者涉外案件,有重大社会影响的,或者案件当事人涉及重复信访或系十人以上群体性案件的,要注重风险防控,办案遇到的特殊情况要及时向业务部门负责人或检察长报告,必要时成立专案组或者办案专班办理。

第二十一条【依职权监督】　依职权受理的案件应当符合《人民检察院行政诉讼监督规则》规定的依职权监督条件,并根据检察官权力清单权限履行审批程序。

决定依职权对生效行政判决、裁定、调解书案件、审判程序中审判人员违法行为案件进行监督,应当经检察长审批。

第二十二条【跟进监督】　承办检察官审查跟进监督案件,应当在案件审查报告中说明是否跟进监督的理由、依据,录入检察业务应用系统,经检察长批准或者检察委员会决定。

第二十三条【检察官联席会议】　本规定第十六条、第十七条、第十八条、第二十条、第二十一条所列案件及其他重大案件审查意见,在报检察长审批前,应当经检察官联席会议讨论。

对疑难复杂案件和案件涉及专业性问题,可以邀请专业人员列席检察官联席会议。

第二十四条【保守办案秘密】　行政检察人员在办案过程中,应当正确处理检务公开与国家秘密、工作秘密之间的关系,严格依照法律规定和工作纪律,切实保守办案秘密。

办案中发生失密、窃密情况,应当及时向部门负责人报告,采取有效措施补救,并按照相关规定处理。

违反办案纪律导致泄密的,根据相关规定追究责任。

第二十五条【流程监控】　负责案件管理的部门对正在办理的行政检察案件,应当依照法律规定和相关司法解释、规范性文件等,对办理程序是否合法、规范、及时、完备,进行实时、动态的监督、提示、防控。

对于办案期限、信访回复答复与办理反馈等关键节点,负责案件管理的部门应当及时预警提示,存在违规情形的,应当及时督促纠正。

第二十六条【案件评查】　负责案件管理的部门通过常规抽查、重点评查、专项评查等方式,在对办案质量进行评价的同时,加强对廉政风险的审查。有下列情形之一的,应当列为重点评查案件:

(一)依职权对生效行政判决、裁定、调解书案件、审判程序中审判人员违法行为进行监督案件;

(二)延长办案审查期限两次以上或者中止审查的;

(三)提出监督意见未获上级院支持,或被监督对象对检察监督提出异议、未采纳监督意见的;

(四)检察机关改变或撤回监督意见的;

(五)当事人对行政检察人员提出控告的;

(六)社会影响较大的案件。

第二十七条【重大事项填报】　行政检察人员应当严格执行司法办案"三个规定"和最高人民检察院《关于建立过问或干预、插手检察办案等重大事项记录报告制度的实施办法》等有关规定。对于过问或干预、插手检察办案等重大事项,实行月度填报,重大紧急情况应当及时填报。

第二十八条【与律师接触交往】　行政检察人员对办理案件的律师身份应当进行审查,如涉及律师违规执业,应当及时向司法行政部门反映。

行政检察人员与律师交往中,应当严格按照最高人民法院、最高人民检察院、司法部《关于建立健全禁止法官、检察官与律师不正当交往制度机制的意见》及上海市高级人民法院、上海市人民检察院、上海市司法局《关于进一步规范法官、检察官与律师接触交往行为的实施办法》等规定,严禁与律师有可能影响司法公正和司法权威的不正当接触交往行为,防止利益输送和利益勾连,切实维护司法廉洁和司法公正。

第二十九条【检务公开】　办理行政检察案件,应当坚持依法全面、安全规范、及时主动的原则,以加强办案过程中的信息公开为重点,通过 12309 检察服务中心、一网通办等信息化平台和公开听证、公开宣告送达等多种方式,主动接受当事人和社会监督。

第三十条【业绩考核】　市院对基层院行政检察业务进行考核,应当按照考核规则,统一考核标准及项目;定期公布办案数据,公示考核结果。被考核对象可以提出异议,由考核委员会或者检察长决定。严禁以不正当手段影响考核,相关情况应当按照"三个规定"要求填报。

第三章　工 作 责 任

第三十一条【派驻监督责任】　行政检察人员应当自觉接受派驻纪检监察机构的监督检查。检察长、业务部门负责人、主办检察官,以及检务督察、案件管理、控告申诉等承担监督管理职责的部门,在履职过程中发现行政检察人员涉嫌违纪违法的,应当依照有关规定及时移交派驻纪检监察机构处理。

第三十二条【办案组织责任】　对二名以上检察官组成办案组的,主办检察官负责组织、指挥、协调办案组承办案件的办理及对办案成员的管理工作。主办检察官应当对其他检察官独任承办的案件加强监督,发现苗头性问题的,应当向业务部门负责人报告或者建议召开检察官联席会议对案件进行讨论。

第三十三条【院部领导责任】　检察长和业务部门负责人应当认真履行全面从严治党、全面从严治检主体责任和司法办案监督管理责任,对行政检察人员的有关办案活动进行审核、监督。

第三十四条【检察委员会责任】　检察委员会应当严格按照《人民检察院检察委员会议事和工作规则》《上海市人民检察院检察委员会工作条例》等规定,审议、决定有关行政检察案件。

第三十五条【案件管理部门责任】　负责案件管理的部门应当定期向行政检察部门和检务督察部门书面通报案件监督管理、案件质量评查等有关情况,并加大对下列重点案件、重点环节、重点数据、重点指标的监管力度:

(一)依托流程监控智能预警系统,对行政检察案件实行全院、全员、全程的实时动态监控,密切关注重点环节、重要期限的变化,办案流程、期限存在明显异常的,启动廉政风险初步排查;

(二)加强对行政检察业务的数据监管,对于瞒报、漏报、错报的数据严格倒查原因;

(三)密切关注行政检察案件质量主要评价指标,对明显异常的指标波动及时开展分析研判,对异常指标反映出的个案、类案及时组织开展案件质量评查。

第三十六条【检务督察部门责任】　检务督察部门应当充分运用执法督察、政治督察、协助巡察、追责惩戒等职能,对行政检察人员的司法办案活动进行监督,防控廉政风险。重点履行以下监督职责:

(一)对检察人员在行政检察工作中执行法律或者其他规范性文件情况进行执法督察;

(二)在执法督察、政治督察、协助巡察、内部审计中发现以及有关单位、个人举报投诉检察人员涉嫌违反检察职责的,依职权和相关工作程序办理;

(三)对检察人员违反检察职责,违规过问或干预插手检察办案,不当接触当事人及其律师、特殊关系人、中介组织等情况,依职权进行调查,提出处理意见;

(四)加强行政检察廉政风险防控制度建设和工作指导,开展司法办案廉政教育;

(五)其他应当监督的情形。

第三十七条【业绩考评】　负责检察人员业绩考评的职能部门,应当将本规定的执行落实情况纳入业绩考评范围,作为检察人员奖惩、晋升、调整职务职级和工资、离岗培训、免职、降级、退出员额的重要依据。

第三十八条【违反检察职责线索移送】　承担监督管理职责的人员和部门在履职过程中发现行政检察人员违反检察职责线索的,应当及时移送检务督察部门。

第三十九条【追责惩戒】　检察人员违反本规定的,依规依纪依法追究责任。

检察官因故意违反法律规定办理行政案件,或者因重大过失导致案件错误并造成严重后果的,按照有关规定予以惩戒。

承担监督管理职责的人员,在履职中不负责、不担当,该发现的问题没有发现,发现问题不报告不处置不整改,造成严重后果的,按照有关规定予以问责。

第四章　附　则

第四十条【规定解释主体】　本规定由上海市人民检察院负责解释。

第四十一条【规定施行时间及效力】　本规定自下发之日起施行。此前本市检察机关有关规定与本规定不一致的,适用本规定。实施期间,上级机关出台新的规定的,执行新的规定。

本规定针对行政检察防控廉政风险的关键环节和重要事项作出规定,未作规定的事项,应当按照有关法律法规、司法解释、本市规定等规范性文件执行。

30. 上海市检察机关办理不捕、捕后变更、不诉案件廉政风险防控工作指引

第一条 为健全不捕、捕后变更、不诉案件检察权运行监督机制,加强检察官办案廉政风险防控,确保依法规范办理相关案件,根据《中华人民共和国刑事诉讼法》《人民检察院刑事诉讼规则》《人民检察院办理认罪认罚案件监督管理办法》以及《上海市检察机关刑事检察廉政风险防控工作规定》等规定,结合上海刑事检察工作实际,制定本指引。

第二条 本指引适用的案件范围包括绝对不捕、存疑不捕、相对不捕案件,建议侦查机关或者人民法院变更羁押强制措施、审查起诉阶段决定变更羁押强制措施案件,以及绝对不诉、存疑不诉、相对不诉案件。

未成年人刑事案件拟作不捕、捕后变更、不诉或者附条件不起诉处理的,可以参照本指引办理,另有规定的除外。

第三条 检察官拟作不捕、捕后变更或者不诉处理的,应当由部门负责人审核后,报请分管检察长决定。报请分管检察长决定前,可以提请部门负责人召开检察官联席会议研究讨论。

人民检察院直接受理侦查的案件,以及监察机关移送起诉的案件,拟作不起诉决定的,应当报请上一级人民检察院批准。

第四条 办理不捕、捕后变更、不诉案件,需要核实评估犯罪嫌疑人是否具有社会危险性、是否具有社会帮教条件,或者在事实认定、法律适用、案件处理等方面存在较大争议,或者有重大社会影响的,可以依照《人民检察院审查案件听证工作规定》召开听证会。

第五条 不批准逮捕决定作出后,检察官应当立即通过侦查机关、驻看守所检察室等途径将《不捕案件告知书》交犯罪嫌疑人,并在作出不批准逮捕决定之日将该决定通过电话、短信等方式告知犯罪嫌疑人家属、辩护人、被害人或者其近亲属、诉讼代理人,寄送《不捕案件告知书》。

对于侦查机关、人民法院采纳检察机关建议变更羁押强制措施或者审查起诉阶段决定变更羁押强制措施的案件,检察官应当及时将《变更羁押强制措施告知书》交犯罪嫌疑人、被告人,并立即通过电话、短信等方式将处理情况告知犯罪嫌疑人或者被告人家属、辩护人、被害人或者其近亲属、诉讼代理人,寄送《变更羁押强制措施告知书》。

不起诉决定应当公开宣布,并通知被不起诉人及其辩护人、侦查机关、被害人或者其近亲属、诉讼代理人等参加。被不起诉人以外的其他人员未到场的,不影响公开宣布进行。

第六条　分管检察长发现检察官办理不捕、捕后变更、不诉案件不适当的,可以要求检察官复核,也可以直接作出决定或者报请检察长提交检察委员会讨论决定。分管检察长要求复核的意见、决定应当以书面形式作出并附卷。

当事人、律师等举报、投诉检察官违反法律规定办理不捕、捕后变更、不诉案件或者有过失行为,并提供相关线索或者证据的,分管检察长可以要求检察官报告办案情况。分管检察长认为确有必要的,可以更换承办案件的检察官。

第七条　案件管理部门应当加强对不捕、捕后变更、不诉案件办理流程监控。刑事检察部门应当适时会同案件管理部门组织开展不捕、捕后变更、不诉案件质量评查,对评查中发现的重要问题及时向分管检察长报告。

第八条　上级人民检察院应当履行对下级人民检察院办理不捕、捕后变更、不诉案件的指导、监督管理责任。对存在严重瑕疵或者不规范司法行为的,及时提出纠正意见。案件处理决定确有错误的,依法通过指令下级人民检察院批准逮捕、提起公诉等方式予以纠正。

第九条　严格执行"三个规定"和最高人民检察院《关于建立过问或干预、插手检察办案等重大事项记录报告制度的实施办法》等相关规定。对于过问或者干预、插手检察办案等重大事项,检察官应当如实填报。

在不捕、捕后变更、不诉案件办理过程中因不明情况或者其他原因在非工作时间或非工作场所接触当事人、律师、特殊关系人、中介组织的,应当在24小时内向检务督察部门报告有关情况。

在不捕、捕后变更、不诉案件办理过程中发现司法掮客行为的,应当依照前两款的规定记录报告。

第十条　分管检察长、部门负责人以及案件管理、控告申诉检察等承担监督管理职责的人员和部门,在履职过程中发现检察官办理不捕、捕后变更、不诉案件违反检察职责、涉嫌违纪违法的,应当依照有关规定将相关线索及时移送检务督察部门、派驻纪检监察机构处理。

第十一条　对检察官办理不捕、捕后变更、不诉案件的质量效果、办案活动等情况进行绩效考核,考核结果纳入司法业绩档案,作为检察官奖惩、晋升、调整职务职级和工资、离岗培训、免职、降职、辞退的重要依据。

第十二条　检察官因故意违反法律法规或者因重大过失导致不捕、捕后变更、不诉案件办理出现错误并造成严重后果的,应当承担司法责任。

检察官在事实认定、证据采信、法律适用、办案程序、文书制作以及司法作风等方面不符合法律和有关规定,存在司法瑕疵但不影响案件结论的正确性和效力的,依照相关纪律规定处理。

分管检察长、部门负责人等承担监督管理职责的人员怠于履行或者不当履行职责,造成严重后果的,按照有关规定予以问责。

第十三条　本指引由上海市人民检察院检察委员会负责解释,自印发之日起施行。

31. 上海市检察机关关于进一步严格执行"三个规定"等重大事项记录报告制度的实施意见

　　为深入贯彻落实防止干预司法"三个规定",促进检察机关依法独立行使职权,推动全面从严治党、全面从严治检向纵深发展,根据中央政法委、中央纪委机关、国家监委《关于严格执行防止干预司法"三个规定"的工作意见》及最高人民检察院《关于建立过问或干预、插手检察办案等重大事项记录报告制度的实施办法》《关于执行"三个规定"等重大事项记录报告制度若干问题的工作细则》等相关规定,结合上海检察机关实际,制定本意见。

一、加强组织领导,压紧压实责任

　　1. 提高政治站位。 持续加强政治建设,深刻认识"两个确立"的决定性意义,坚决把"从政治上看"落实到检察履职全过程,构建贯彻落实"三个规定"高位推进、各负其责、协调联动的工作格局。持续推动责任落实,把"三个规定"贯彻落实情况纳入"四责协同"履职清单,细化工作措施,层层压实责任,以永远在路上的执着和韧劲,确保"三个规定"执行落地落实,深入检心、民心。

　　2. 压实主体责任。 各级院党组要把执行"三个规定"等重大事项记录报告制度作为落实全面从严治党主体责任的重要抓手。各级院党组书记是第一责任人,各级领导干部要以身作则,率先垂范,带头记录填报,守住严禁干预插手、违规过问司法办案的底线。要督促一级抓一级,一级带一级,层层压实责任,把严格执行"三个规定"等重大事项记录报告制度作为常态化任务持续发力,久久为功。各级院领导班子成员、部门主要负责人要在民主生活会、组织生活会、述职述廉会上报告本人及所分管或负责部门执行"三个规定"的情况。其他党员干部年底应在组织生活会上报告个人执行"三个规定"等重大事项记录报告制度情况。

　　3. 严格请示报告。 各级院党组要将贯彻落实"三个规定"等重大事项记录报告情况纳入重大请示报告事项,定期向同级党委政法委和上级院报备"三个规定"等重大事项的填报情况,以及查处的检察人员违反"三个规定"典型案例。各级院要把执行"三个规定"等重大事项记录报告制度情况纳入党风廉政建设责任制、干部选拔任用和年度绩效考核评价体系。

4. 强化学习教育。各级院要持续将全面贯彻落实"三个规定"及相关要求纳入党组会、理论中心组学习、党支部"三会一课"和双周学习内容,采取政治轮训、业务培训、专题辅导、交流研讨、案例剖析、谈心谈话等方式,组织全体检察人员深化制度规定学习,帮助引导检察人员进一步把握政策界限、澄清模糊认识。强化警示教育力度,及时通报典型案例,用"案中人"教育"身边人",促使人人受触动。

5. 深化宣传引导。各级院要通过"两微一端"、门户网站、宣传屏幕等载体,运用漫画、动漫、微视频、微讲堂等方式广泛宣传"三个规定",定期向社会公开检察机关重大事项记录报告制度执行情况,自觉接受社会监督,进一步提高公众知晓度和社会支持度,营造良好舆论氛围和社会环境。积极争取各级党委、人大、政府、政协机关的支持,加强与企事业单位、社会团体沟通协调,主动告知案件当事人、律师等"三个规定"有关内容,进一步提升检察办案公信力。

二、坚持"逢问必录",规范记录填报

6. 全面记录报告。对属于记录报告范围的"三个规定"等重大事项,检察人员应当每月在最高检重大事项填报系统全面、如实记录,做到全程留痕,有据可查。检察人员认为填报内容重大、敏感,或者涉及所在部门主要负责人等情况的,可以径直向本院检务督察部门直至最高检检务督察局报告。检察人员对于过问了解检察办案等重大事项的行为,一时难以判定是否违反相关纪律规定的,或者对本单位以外人员过问或干预、插手检察办案等重大事项的,均应当记录在案。同时,坚决防止不规范填报、凑数填报,以检察工作"质量建设年"为契机,进一步提高填报质量。

7. 及时补充填报。检察人员因休假、病事假、外出培训、出差、系统外借调、挂职等,当月无法填报的,可按最高检规定委托他人代为填报。检察人员因特殊情况漏报,可在当月月报告之后的三个月内补报,并作出说明。对于三个月后补报的,视为未及时记录报告。

8. 加强数据监管。各级院检务督察部门应当及时核查重大事项填报系统"重点人员分析"模块推送的情况,做好对填报数据的动态实时监管。数据专管员应当按年度将重大事项填报系统中填报"有"情况的《记录表》批量打印整理、制作纸质档案,密封后经检务督察部门主要负责人签字确认,存入专柜长期保存。

9. 落实保密要求。各级院要增强保密意识,坚决防止填报信息泄露。非因工作需

要,未经批准,任何人不得通过重大事项填报系统查阅、复制、摘抄填报信息。因工作需要,确需查阅、调取填报信息的,应当严格按照最高检《关于执行"三个规定"等重大事项记录报告制度若干问题的工作细则》规定填写查阅审批表,办理审批手续,审批表由检务督察部门长期保存。

三、加大监督力度,健全制度规范

10. 严格督察检查。要将"三个规定"执行情况纳入政治督察、配合巡察、检务督察重点内容,推动制度执行到位。市院每年组织一次重大事项填报专项督察,督促各级院严格执行相关制度规定。各级院检务督察部门每年对本院检察人员填报情况按照不低于10%的比例组织随机抽查,主要查看是否全面如实规范记录填报;定期对最高检重大事项填报系统中记录的本院检察人员过问干预情况开展重点核查,主要查看被记录人员是否按要求主动填报,及时发现问题,抓好整改落实。对无正当理由漏填的检察人员,及时通报所在部门负责人,督促落实"一岗双责",推动全体检察人员严格规范记录填报。

11. 建立约谈机制。对"三个规定"执行不力的单位主要负责人进行约谈,部门主要负责人向本院分管院领导说明情况。落实专函制度,重大事项填报工作落后的相关分院、区院和上海铁检院党组向市院党组说明情况,层层传导压力,压紧压实责任。

12. 开展专项整治。巩固深化政法队伍教育整顿成果,认真落实最高法、最高检、司法部《关于建立健全禁止法官、检察官与律师不正当接触交往制度机制的意见》以及本市实施办法,针对检察人员与律师不正当接触交往、充当司法掮客等问题,开展重点整治,加强监督管理,构建检察官与律师"亲""清"关系,共同维护司法廉洁和司法公正。

13. 强化通报曝光。市院每月汇总分析通报全市检察机关重大事项记录填报情况,各级院每月通报本院各部门重大事项记录报告情况。各级院要充分发挥典型案例教育作用,对检察人员执行"三个规定"正反两方面的典型案例进行认真梳理、深入剖析。对于应当记录报告而没有记录报告、违规过问或干预插手检察办案且经查实的,依规依纪严肃处理并通报曝光。对于主动记录报告后严格办案、公正司法的正面典型,予以充分肯定、通报表扬,形成"填报不填报就是不一样"的鲜明导向。

四、严肃查处追责,形成工作闭环

14. 加强线索核查。综合运用违纪违法案件倒查、网上填报信息比对等方法手段,不断完善"上下联动、相互印证"的排查整治工作机制,深挖细查检察人员违反"三个规定"问题。对涉嫌违纪违法问题线索,按照所涉人员的管理权限向派驻纪检监察组、机关纪委移送。涉及系统外人员的,依据最高检《关于人民检察院向纪检监察机关移送问题线索工作的实施意见》规定移送。各级院倒查发现本院检察人员违反"三个规定"问题的,进行严肃处理并报上级院备案审查,对反映各分院、区院和上海铁检院班子成员违纪违法问题的倒查工作,由市院提办。

15. 注重协作配合。各级院党组与派驻纪检监察组加强协作配合,通过沟通会商等形式,定期通报"三个规定"等重大事项记录报告制度执行情况。对日常监督、督察检查、巡视巡察、责任倒查中发现的"三个规定"执行不力等问题,加强分析研判,共同研究落实整改措施,形成工作合力。

16. 完善追责保护。严格执行最高检《关于违反防止干预司法"三个规定"问题处理处分工作指引》,对不如实记录、违规泄露记录信息以及在梳理核查线索过程中存在瞒案不报、压案不查等情形的,对责任单位和责任人严肃追责。健全对如实记录违规干预、插手、过问案件人员的保护机制,对采取调整岗位、免职、调离、辞退或"边缘化"等方式进行打击报复的行为严肃处理。

32. 上海市社区矫正对象考核管理办法

第一章 总 则

第一条【目的依据】

为准确执行刑罚,提高社区矫正质量,规范社区矫正工作流程,客观公正考核评价社区矫正对象的日常表现,进一步调动社区矫正对象自觉接受社区矫正的积极性和主动性,提升社区矫正效果,根据《中华人民共和国社区矫正法》《中华人民共和国社区矫正法实施办法》及《上海市高级人民法院、上海市人民检察院、上海市公安局、上海市司法局关于贯彻落实〈中华人民共和国社区矫正法实施办法〉的实施细则》,结合工作实际,制定本办法。

第二条【适用对象】

本办法适用于在本市接受社区矫正的社区矫正对象的考核管理工作。

未成年社区矫正对象的考核管理工作,按照有关规定执行。

第三条【考核原则】

社区矫正对象的考核管理应当遵循以下原则:

(一)坚持监督管理与教育帮扶相结合;

(二)尊重和保障人权;

(三)及时、公开、公正、准确;

(四)定性考评与定量考核相结合,管理与考核相结合。

第二章 计分标准和方法

第四条【计分考核方式】

社区矫正对象的考核以分值计量,由综合评估分和日常矫正表现分两部分组成,计分总和为社区矫正对象当月的考核得分。

第五条【综合评估分】

综合评估分由区社区矫正机构根据社区矫正对象的基本情况,运用风险评估、心理测评等方式综合评估后确定,基础分为 20 分。

综合评估的基本情况包括社区矫正对象的裁判内容、犯罪和矫正类型、矫正阶段,过往经历,以及社区矫正对象健康状况、年龄、居住、工作、生活等情况。

第六条【日常矫正表现分】

日常矫正表现分由区社区矫正机构、司法所根据社区矫正对象社区矫正期间的表现情况进行考评后确定,基础分为 80 分。

日常矫正表现的考评范围包括社区矫正对象认罪悔罪、遵守法律法规、服从监督管理、接受教育情况等表现,以及其他行为表现。

社区矫正对象的日常表现行为已经受到训诫、警告、治安管理处罚或表扬等处理的,区社区矫正机构或司法所不再对同一行为评定日常矫正表现分。

第七条【评分依据】

社区矫正对象综合评估分和日常矫正表现分的具体分值,依据《社区矫正对象综合评估及日常矫正表现评分细则》的规定评定。

市社区矫正机构根据本市社区矫正工作实际,适时对《社区矫正对象综合评估及日常矫正表现评分细则》中有关情形和分值进行修订。

第八条【计分周期】

计分考核一般按月进行。社区矫正对象入矫宣告日期在当月 15 日(含 15 日)以前的,自入矫宣告当月起接受考核并开始计分;入矫宣告日期在当月 15 日之后的,自入矫宣告当月接受考核,次月开始计分。社区矫正期满当月不计分。

社区矫正对象从外省市变更执行地至本市接受社区矫正的,根据其在本市社区矫正机构报到的日期,参照前款规定执行。

第三章　考评的组织和流程

第一节　考评的组织

第九条【职责分工】

市社区矫正机构负责社区矫正对象考核管理制度的制定、修订、评估等工作。

区社区矫正机构负责组织实施本行政区域的社区矫正对象考核管理工作,负责社区矫正对象综合评估分及日常矫正表现奖扣分的审批、复核以及督导等。

司法所按照职责权限具体实施对社区矫正对象综合评估分及日常矫正表现奖扣

分的审核、呈报,并负责权限范围内的日常矫正表现扣分审批。

计分考核事项应当由承担呈报、审核、审批、复核职责的单位负责人签字确认。

第十条【计分权限】

区社区矫正机构根据社区矫正对象的表现事实及相关证明材料,负责审批日常矫正表现奖分和超过 5 分的日常矫正表现扣分。

司法所根据社区矫正对象的表现事实及相关证明材料,负责审批 5 分以下的日常矫正表现扣分。

第二节 考 评 流 程

第十一条【评定综合评估分】

区社区矫正机构应当在社区矫正对象入矫宣告后的 5 个工作日内,确定社区矫正对象的综合评估分。社区矫正对象基本情况发生变化,区社区矫正机构认为需要重新确定综合评估分的,应当在核实之日起 3 个工作日内对社区矫正对象进行重新评估。综合评估分自评估完成当月起算。

对社区矫正期限在三个月以内的社区矫正对象,不评定综合评估分。

第十二条【评定日常矫正表现分】

区社区矫正机构、司法所根据社区矫正对象的具体表现,发现有符合日常矫正表现奖分或扣分情形的,应当一事一奖、一事一扣。

对由区社区矫正机构审批的日常矫正表现奖扣分,司法所应当进行审核并呈报区社区矫正机构审批。

第十三条【计分公示】

区社区矫正机构、司法所应当在每月前 5 个工作日内,将社区矫正对象本期综合评估分、日常矫正表现分以及对应的管理等级向社区矫正对象公示,公示时间不少于 3 个工作日。

社区矫正对象对计分和管理等级无异议的,应当签字确认。

第十四条【复核】

社区矫正对象对本人计分及管理等级有异议的,应自公示之日起 3 个工作日内向区社区矫正机构提出复核申请,区社区矫正机构应于 5 个工作日内予以答复。

第四章 分 级 管 理

第十五条【一级管理情形】

区社区矫正机构根据下列规定,对有关社区矫正对象实施一级管理:

（一）初期社区矫正阶段,应当实施一级管理;

（二）每三个月累计计分在285分以下的,应当实施一级管理;

（三）二级管理的社区矫正对象,日常矫正表现分每累计扣分达20分的,应当调整为一级管理,且自当月起两个月内不得调整管理等级;

（四）受到训诫、警告的社区矫正对象,应当自作出决定之日起实施一级管理,且自当月起两个月内不得调整管理等级;

（五）被提请治安管理处罚、撤销缓刑、撤销假释的社区矫正对象,或者暂予监外执行对象被提请收监执行的,应当自提请之日起实施一级管理,且自当月起三个月内不得调整管理等级;

（六）被依法予以刑事拘留、行政拘留、强制隔离戒毒处罚的社区矫正对象,应当自强制措施解除之日起实施一级管理,且自当月起三个月内不得调整管理等级;

（七）被取保候审、监视居住的社区矫正对象,在取保候审、监视居住期间应当实施一级管理;解除取保候审、监视居住后,区社区矫正机构应当重新评定社区矫正对象综合评估分和日常矫正表现分,确定管理等级。

第十六条【二级管理情形】

区社区矫正机构根据下列规定,对有关社区矫正对象实施二级管理:

（一）连续三个月累计计分超过285分,不满310分或虽在310分以上但未实施三级管理的,应当实施二级管理;

（二）三级管理的社区矫正对象,日常矫正表现分每累计扣分达20分的,应当调整为二级管理,且自当月起两个月内不得调整为三级管理;

（三）一级管理的社区矫正对象,日常矫正表现分每累计奖分达15分以上,且在近六个月内无违法、违规、违纪、扣分行为,情况稳定的,可以调整为二级管理。

第十七条【三级管理情形】

区社区矫正机构根据下列规定,对有关社区矫正对象实施三级管理:

（一）连续三个月累计计分在310分以上,且在一年内无违法、违规、违纪、扣分行为,情况稳定的,可以实施三级管理;

（二）已经实施三级管理的社区矫正对象,无不稳定因素的,可以继续实施三级管理;

（三）二级管理的社区矫正对象,日常矫正表现分每累计奖分达15分以上,且在近六个月内无违法、违规、违纪、扣分行为,情况稳定的,可以调整为三级管理;

（四）受到表扬奖励,且在近三个月内无违法、违规、违纪、扣分行为的,可以调整为三级管理;

（五）社区矫正期满前一个月且在社区矫正期间没有受到过训诫以上处罚的，可以调整为三级管理。

第十八条【表扬】

社区矫正对象一年内累计奖分达 40 分及以上的，区社区矫正机构可以按照《中华人民共和国社区矫正法》有关规定，对社区矫正对象给予表扬。

第五章　材　料　规　范

第十九条【证据材料规范】

区社区矫正机构、司法所在计分过程中，应当规范收集客观、真实的证明材料，准确认定事实，正确适用依据。

评估、计分、定级等审批文书及证明材料应纳入社区矫正对象的社区矫正档案。

第二十条【呈报材料规范】

司法所呈报区社区矫正机构评定综合评估分、日常矫正表现分，或者呈报区社区矫正机构对社区矫正对象定级、调级的，应当提供以下材料：

（一）社区矫正对象考核管理奖扣分（综合评估分、日常矫正表现分）审批表或社区矫正对象管理级别审批（变更）表，一式两份；

（二）有关证据材料；

（三）根据需要提供的专题讨论记录等其他材料。

第二十一条【计分衔接与材料移交】

社区矫正对象在本市行政区域内变更执行地的，原执行地的计分继续有效。

社区矫正对象因迁居变更到外省市接受社区矫正的，其在本市接受社区矫正期间的计分情况应当作为档案材料，一并移交至新执行地的县级社区矫正机构。

第六章　监　督　保　障

第二十二条【督导与评估】

市社区矫正机构对社区矫正对象考核管理情况进行督导检查，检查结果纳入区社区矫正工作目标管理考核。

区社区矫正机构每半年对社区矫正对象考核管理工作进行一次分析评估。

第二十三条【检察监督】

市、区社区矫正机构应当及时向检察机关通报社区矫正对象考核管理工作中的重要信息和情况，主动接受检察监督，及时回复检察机关的意见和建议。

第七章　附　　则

第二十四条【施行日期】

本办法自 2022 年 1 月 1 日起施行。

附件:社区矫正对象综合评估及日常矫正表现评分细则

社区矫正对象综合评估及日常矫正表现评分细则

第一章　综合评估分

第一条【综合评估扣分】

社区矫正对象具有以下情形的,每项扣减综合评估分 5 分:

(一) 因涉国家安全、涉邪、涉黑、涉恶、涉恐、涉枪、涉爆、涉毒、涉诈骗等犯罪,接受社区矫正的;

(二) 假释或暂予监外执行的社区矫正对象,原判系暴力类犯罪被判处三年以上有期徒刑或其他犯罪被判处十年以上有期徒刑的;

(三) 本次社区矫正前曾被采取强制隔离戒毒等措施或曾经受过刑事处罚的;

(四) 不在执行地居住的;

(五) 经评估社会危险性较高,或具有较大社区影响及其他不稳定因素。

第二条【综合评估加分】

社区矫正对象具有下列情形的,每项增加综合评估分 5 分:

(一) 因过失犯罪被判处一年以下有期徒刑、拘役,被纳入社区矫正的;

(二) 社区矫正期限在六个月以内的;

(三) 因生活不能自理被暂予监外执行的对象,经评估风险较低的。

第二章　日常矫正表现分

第三条【不认罪悔罪表现扣分】

社区矫正对象具有不认罪悔罪表现的,按照下列规定予以扣分:

(一) 不服本案判决、裁定,不按法律规定的途径表达诉求的,每次扣 10 分;

(二) 有履行能力但不主动执行财产刑的,每月扣 5 分;

（三）对生效的判决、裁定不认罪，不提交认罪悔罪书或拒绝接受教育的，每月扣5分。

第四条【不遵守法律法规表现扣分】

社区矫正对象具有不遵守法律法规表现的，按照下列规定予以扣分：

（一）在社区或互联网传播反社会或不实言论，尚未造成重大影响，经查证属实的，扣10分；

（二）发生自然灾害、事故灾难、公共卫生事件和社会安全事件等突发事件时，不服从应急处置措施，尚未达到治安管理处罚标准的，扣10分；

（三）怂恿他人违规违纪的，扣10分；

（四）参与色情、赌博、封建迷信等不良活动，尚未达到治安处罚标准，经查证属实的，扣8分；

（五）参与打架，但情节轻微且未造成严重后果的，扣8分；

（六）制造家庭暴力或邻里矛盾，造成一定影响的，扣5分。

第五条【不服从监督管理表现扣分】

社区矫正对象具有不服从监督管理表现的，按照下列规定予以扣分：

（一）不按要求参加宣告会，或无故迟到的，扣8分；

（二）故意隐瞒或假报身份、户籍、居住地、就业、社会关系等信息，对社区矫正监督管理造成影响的，每项信息扣5分；

（三）矫正期间发生居所变动、工作变动、重大矛盾纠纷等情况，未及时报告的，每次扣5分；

（四）违反电子监管规定，未在规定时间内通过有效方式和途径报告，或不服从社区矫正工作人员管理的，每次扣10分；

（五）不按要求接受信息化核查，未按规定时间节点进行每日 APP 报告的，每次扣3分；经教育后再次发生的，每日扣5分；

（六）离沪外出返回后不按要求及时办理销假的，扣5分；不按要求提供外出期间票据、影像、回执等证明材料的，扣5分；

（七）未经批准擅自变更居住地但经教育后立即改正的，扣8分；

（八）不认真完成或迟交情况汇报的，每次扣5分；汇报的内容不符合要求的，每次扣3分；

（九）暂予监外执行期间不及时提交妊娠检验报告、病情复查情况、医疗诊断报告的，每次扣5分；

（十）到区社区矫正机构或司法所报到，无故迟到的，每次扣5分。

第六条【违反教育矫正活动规定表现扣分】

社区矫正对象具有违反教育矫正活动规定表现的,按照下列规定予以扣分:

(一)不按要求参加集中教育,无故缺席或未经批准擅自早退的,每次扣8分;无故迟到或扰乱教学秩序的,每次扣5分;未按规定完成集中教育学习要求的,每次扣5分;在社区矫正机构组织的有关考试中,违反考场纪律的,每次扣5分;

(二)不按要求参加公益活动,无故缺席或未经批准擅自早退的,每次扣8分;无故迟到或不服从安排的,每次扣5分;

(三)不按要求接受个别教育的,每次扣5分;

(四)不按要求参加心理测试等必需项目的,每次扣5分。

第七条【日常矫正表现奖分】

社区矫正对象具有积极表现的,按照下列规定予以奖分:

(一)检举揭发涉黑涉恶线索,经有关机关认定的,每条线索奖励25分;

(二)揭发他人犯罪线索,经办案机关确认属实的,每条线索奖20分;

(三)制止他人违法犯罪行为,经办案机关认定的,奖20分;

(四)在防止或者消除灾害事故、救死扶伤中表现积极,经有关部门认定的,奖20分;

(五)揭发他人违法行为,经有关部门查证属实的,每次奖15分;

(六)参加学业考试,获得大学专科及以上学历的,奖15分;取得单科结业证书的,奖5分;

(七)社区矫正期间有创造发明、实用新型成果,属于个人创造发明的,奖20分;属于个人实用新型的,奖15分;在合作完成创造发明过程中担任主要负责人或起主要作用的,奖10分;在合作完成实用新型过程中担任主要负责人或起主要作用的,奖8分;属于合作完成创造发明、实用新型的,奖5分;

(八)参加职业技能测试,取得国家认可的职业资格证书,获得高级技师(一级)的,每次奖15分;获得技师(二级)或高级技能(三级)的,每次奖10分;获得中级技能(四级)或初级技能(五级)的,每次奖5分;

(九)参加政府、人民团体、事业单位组织的活动,获得市级个人奖项的,每次奖20分;获得市级团体奖项或获得区级个人奖项的,每次奖10分;获得区级团体奖项的,每次奖5分;

(十)认真遵守监管规定,积极接受教育,当月各项社区矫正活动评价均为良好的,每月奖3分。

第三章　其　　他

第八条【其他奖扣分表现】

社区矫正对象在社区矫正期间有其他不认罪悔罪、不遵守法律法规、不服从监督管理、违反教育矫正活动规定的表现,确有必要扣分的,由区社区矫正机构在 1 至 10 分范围内确定扣分分值。

社区矫正对象在社区矫正期间有其他积极表现,确有必要奖分的,由区社区矫正机构在 1 至 10 分范围内确定奖分分值。

第九条【计分方式】

综合评估分、日常矫正表现分的分值均采用整数数值。扣分总和不超过所属类别基础分分值上限,奖分按情形累计计算。

33. 上海市公安局关于本市交叉管辖刑事案件并案处理的指导意见

为进一步明确本市交叉管辖刑事案件的管辖原则,不断提高刑事诉讼效率,保障当事人合法权益,维护司法公正和权威,特制定本意见。

一、并案规则

本意见所称交叉管辖刑事案件,是指犯罪嫌疑人在本市不同区域犯数罪,被两个以上公安机关分别立案,并已经查明该嫌疑人身份信息的情形。移送案件的公安机关在移送前应当开展必要的侦查工作,在移送时应当掌握能够证明该嫌疑人存在犯罪嫌疑的证据。

对需要并案处理的刑事案件,原则上按照以下规则确定管辖分工:

(一)故意杀人、故意伤害致人重伤或者死亡、强奸、抢劫、贩卖毒品、放火、爆炸、投放危险物质等八类案件立案地公安机关负责并案处理该嫌疑人被本市其他公安机关立案侦查的刑事案件。

(二)最初对嫌疑人作出刑事强制措施决定的公安机关负责并案处理该嫌疑人被本市其他公安机关立案侦查的刑事案件;如嫌疑人被羁押的,由最初作出羁押决定的公安机关负责并案处理。

(三)多个公安机关立案后,均未对嫌疑人作出刑事强制措施决定的,由最先立案的公安机关负责并案处理该嫌疑人被本市其他公安机关立案侦查的刑事案件。

(四)共同犯罪案件的嫌疑人在本市其他区域还实施其他犯罪,并被该地公安机关立案侦查并查明身份信息的,由共同犯罪地的公安机关负责并案处理该嫌疑人被本市其他公安机关立案侦查的刑事案件。

(五)嫌疑人在本市不同区域参与多个互不关联的共同犯罪案件的,由最先对共同犯罪立案的公安机关负责并案处理该嫌疑人被本市其他公安机关立案侦查的刑事案件。

（六）经相关公安机关及检察机关协商一致的，从有利于查明犯罪事实的角度出发，可以在上述规则以外确定一个有管辖权的公安机关负责并案处理该嫌疑人被本市其他公安机关立案侦查的刑事案件。

（七）公安机关、检察机关发现交叉管辖刑事案件需要并案处理，相关案件均已移送检察机关审查起诉的，由检察机关参照上述管辖分工原则并案处理；部分案件已侦查终结移送检察机关审查起诉，部分案件仍处于侦查阶段的，根据需要可以由检察机关依法退回公安机关，公安机关按照本意见明确管辖分工，并案处理后重新移送。

（八）存在特殊情况的，可以报请市公安局法制总队会同市检察院有关部门研商，对交叉管辖刑事案件明确管辖分工；成立侦查监督与协作配合办公室的，通过该办公室沟通协商，明确管辖分工。

二、并案程序

交叉管辖刑事案件并案处理按照以下工作流程执行：

（一）嫌疑人身份录入。公安机关办案部门立案后，如已经查明嫌疑人身份信息的，应当及时、准确录入执法办案系统和相关办案系统。

（二）交叉管辖案件比对。公安机关法制部门在立案、采取刑事强制措施、提请逮捕、移送起诉环节的审核过程中，应当审查办案部门是否将已经查明的嫌疑人信息录入执法办案系统，并在该系统内比对涉案嫌疑人是否被其他办案部门立案侦查。

（三）并案处理。如发现交叉管辖刑事案件的情形，公安机关法制部门应当根据本意见有关规则，经与相应公安机关法制部门沟通协商，必要时与相应检察机关研商后，明确管辖分工，向相关公安机关移送案件或者通知相关公安机关法制部门及时移送案件。共同犯罪案件的嫌疑人需要交由其他公安机关并案处理的，由移送案件的公安机关在执法办案系统内新增案件，上传相关证据材料和法律文书后，网上移送至相关公安机关并案处理。

（四）指定管辖。对根据本意见并案规则仍无法明确交叉管辖刑事案件管辖权等特殊情况的，所有立案的公安机关应当分别向市局法制总队呈请指定管辖。

三、有关要求

尽早明确交叉管辖刑事案件的管辖权，能有效减少重叠诉讼、量刑失当等问题，公安机关、检察机关均应当予以高度重视，切实维护司法公信力。

（一）公安机关办案部门要实事求是开展调查取证工作，严防"立而不侦""立后缓侦"等执法不作为现象。如办案部门未及时录入犯罪嫌疑人身份信息，未及时作出刑事强制措施决定的,不具有并案处理的管辖优先级别。

（二）公安机关法制部门、检察机关案件管理和捕诉业务部门要加强刑事案件审核、检查和监督工作,避免发生交叉管辖案件应当移送而未及时移送,以及立案后故意隐瞒嫌疑人身份信息或调查取证时故意隐瞒嫌疑人在本市其他区域已被立案侦查等情况。

（三）对检察机关发现交叉管辖刑事案件未被并案处理,并通过制发检察监督意见等方式向公安机关反映情况的,公安机关应当及时按照本意见明确管辖分工,并案处理,并将相关情况函复检察机关。

34. 上海市公安局推进基层所队案管室（组）建设的指导意见

　　根据《关于深入推进公安执法监督管理机制改革意见》(公发〔2021〕3号)《关于深入推进公安执法责任体系改革的意见》(公发〔2022〕1号)《〈公安装备建设"十四五"规划〉重点项目建设任务书》(公装财〔2022〕340号)和《关于推进新时代上海法治公安建设高质量发展的实施意见》(沪公通字〔2021〕91号)有关要求,为进一步深化执法监督管理机制和执法责任体系改革,强化执法源头管理,有效提升基层执法办案质量和执法质控成效,现就推进全局基层所队案管室（组）建设提出以下意见:

一、工作目标

　　以全面推进基层所队案管室（组）建设为抓手,对执法工作中"人、案、物、卷、场所、警情"六大核心要素进行系统化、集约化、精细化管理,实现对基层一线执法办案活动的全要素统筹、全方位监督、全流程管控,并与全局数字化执法办案管理中心(以下简称"数字化中心")和分局案管中心建设运行相配套,形成"市局—分局—所队"三级严密、规范、高效的案管机制,强化问题自我发现、主动纠偏能力,规范执法权力运行,从源头上预防和减少执法问题的发生,从根本上提升执法办案质量和执法质控成效。

二、建设原则

　　（一）坚持因地制宜、兼顾长远。以统一、规范、实用为原则,根据警情、案件体量和办公用房条件,因地制宜建设案管室（组）,并立足执法办案和监督管理工作发展需求,适度提高建设规划和硬件配置标准,最大限度避免重复建设。

　　（二）坚持问题导向、突出重点。建立与数字化中心和分局案管中心配套运行的案管室（组）制度机制和工作流程,重点整治现场接处警、来人报案、送押看管、涉案财物和案卷管理、办案期限、文书告知送达等执法环节常见多发的"牛皮癣"问题,严防发生有案不立、压案不查、违规降格等执法突出问题和执法安全事故。

（三）坚持统筹集约、智慧创新。基层所队案管室(组)要有机融合、全面对接已建成的智能办案区、涉案财物保管室、执法记录仪采集站、数字化中心案管区模块等软硬件资源和相关工作,统筹人力物力资源,实行集约管理,并创新运用信息化手段对执法关键要素进行智能管理和预警提示,提高执法监督管理的精度和效率。

（四）坚持管办分离、注重实效。按照执法办案与监督管理相分离的要求,从事案管室(组)工作的民警、警辅人员不承担具体执法办案任务,专职履行执法监督管理职责,确保执法质控成效。

三、建设标准

（一）设置范围。各地区分局和市局边防港航分局、文保分局、轨道公交总队、化工区分局、机场分局、农场分局的派出所应当设立案管室;各地区分局和市局有关部门承担执法办案任务的支(大)队根据实际办案需要,视情设立案管组。案管组参照案管室建设,在软硬件设置、人员配备上面可视情简化。

（二）软硬件设置。各地区分局和市局边防港航分局、文保分局、轨道公交总队、化工区分局、机场分局、农场分局根据执法办案实际,按照标准和示范两种模式建设案管室。

1. 工作地点。标准和示范案管室的工作地点应设立在基层所队办公区,原则上独立设置,使用面积应当能够满足日常办公需要。室外入口处统一挂"案管室""示范案管室"标识牌。办公室相对划分为案管民警及警辅人员办公区域、案卷保管区域(亦可独立设立)。有条件的单位,还可以设立案件会商区域。

2. 办公区域。标准案管室应配备日常办公所需的桌椅、电脑、文件柜、打印机等设备,接通公安网等;示范案管室在上述基础上,还可按需配备大尺寸显示屏、高速扫描仪、二维码打印机及扫描枪、高拍仪、装订机等设备。

3. 案卷保管区域。标准案管室应配备数量与本单位办案任务相适应的智能案管柜,对本单位所有尚未受案的警情、在办案件、已办结待归档案件的材料进行分类集中存放管理;有条件的单位,应满足每名办案民警有独立的案卷保管存放区域。示范案管室在上述基础上,还可以配备智能光盘保管柜等信息化设备。

4. 案件会商区域。标准案管室应在办案区讯(询)问室配备远程通讯设备,实现远程审讯、远程指挥、远程会商功能。示范案管室应配备指挥终端、摄像头、话筒、电脑、显示屏等设备,接通公安网、政务外网,实现远程审讯、远程指挥、远程会商、远程会见功能。同时,设立专门区域,安排案管民警听取律师意见、反馈办理情况、接收相关材料。

5. 信息化建设。 示范案管室应当积极运用信息化、智能化手段探索自助接报窗口来人报案警情、卷宗全流程管理、涉案财物智能保管、人脸识别嫌疑人办案区内轨迹、现场执法视频分类管理、数字化执法档案等执法监督管理工作,辅助保障民警规范高效执法办案(上述功能应当至少完成1项)。相关功能应用、信息数据和设施设备应当接入数字化中心。

6. 安全要求。 标准和示范案管室应当安装覆盖全区域的声像监控系统,声像监控资料保存期限不少于6个月(不得监听律师远程会见嫌疑人),并配备防盗、防潮、防火等设备、装备,确保卷宗材料的安全。

(三)人员配备。案管室由派出所主要领导具体负责,工作人员的配备实行"法制员+警辅人员"的模式,以法制员为核心、警辅人员为补充,对本单位执法工作进行全面管理。法制员和警辅人员的配备数量应当与本单位执法监督管理任务相适应(配备参考标准详见附件1)。各地区分局和市局边防港航分局、文保分局、轨道公交总队、化工区分局、机场分局、农场分局应当根据《上海市公安局关于进一步完善基层执法部门法制员制度的实施意见》(沪公发〔2011〕128号)等有关规定,定期聘任专职法制员,由本单位法制部门对专职法制员进行管理并对其履职情况进行年度考核。

四、基本职能

案管室(组)紧密围绕"人、案、物、卷、场所、警情"六大核心要素,负责开展警情管控、案件管理、涉案财物管理、办案区管理、案卷材料管理等日常执法管理活动;定期开展执法培训、监督考评、执法档案建设等法制常规工作;依托数字化平台辅助民警高效办案,依法保障律师执业权利。

(一)警情和现场执法管理。主要负责对所有渠道来源的警情,特别是违法犯罪类警情是否全量录入警情中心并准确分流处置进行监督管理;检查督促窗口部门严格执行公安部对来人报案"三个当场"的规定;对数字化中心系统预警和主动排查发现的存疑警情进行核查,督促整改落实,并将核查整改情况录入数字化中心;检查指导民警在现场执法中按照规定使用执法记录仪,及时上传视音频数据并补充录入相关信息。

(二)办案质量管控。主要负责全程跟踪本单位在办案件情况,提醒办案民警在法定期限内结案,督促办案民警及时提请批准逮捕、移送审查起诉;对数字化中心系统预警的案件质量问题进行核查,督促整改落实,并将核查整改情况录入数字化中心;协助办案民警做好电子卷宗实时扫描、上传工作,并对网上案件办理进行全程管理和动态监督;对以所队名义作出的行政处罚,以及需呈报法制部门审批前的案件进行审核,并对未破案件进行评查;对案件审核及检查中发现的问题,列出问题清单和下步工作意见,督促办案民警限期整改。

（三）涉案财物管理。主要负责协助办案民警完成涉案财物网上录入、物品贴码、入袋封存等工作,并及时移交涉案财物专管民警集中保管;协助涉案财物专管民警按照规定做好本单位涉案财物管理和相关信息网上流转工作;对数字化中心系统预警的涉案财物问题进行核查,督促整改落实,并将核查整改情况录入数字化中心;督促办案民警及时收取、上缴、发还保证金;需要依法做出先行处置、返还、随案移交、销毁等处理措施的,督促办案民警及时处置涉案财物;协助涉案财物专管民警定期检查核对实物、台账、票据、法律文书、网上物品信息是否一致。

（四）办案场所和嫌疑人管理。主要负责定期对办案区进行巡查,落实防疫措施、排摸安全隐患、报修配套设备、堵塞失泄密漏洞;对本单位落实办案区"四个一律"工作要求和使用管理相关规定情况进行监督;对数字化中心系统预警的办案区执法问题进行核查,督促整改落实,并将核查整改情况录入数字化中心;检查办案区使用登记台账和录入信息数据是否规范齐全。

（五）案卷材料管理。主要负责对暂未受理、暂未移交、暂未归档的案卷材料(包括讯询问、现场执法、监控录像等视音频资料的光盘)进行分类集中存放管理;对案卷出借、归还、移交等流转情况实行台账登记,有效杜绝"抽屉卷"、卷宗丢失遗漏等问题;办案民警因调查需要将案件材料借出的,督促其补证后及时归还;对符合条件的案件,协助办案民警及时整理装订并交档案室归档保存;协助有关业务部门、所队领导对行政刑事积案进行清理,依法及时结案;督促办案民警依法撤销案件或终止侦查。

（六）提供数字化远程办案服务。主要负责依托信息化系统和设备,为办案民警提供远程审讯、远程电子签名捺印(法律文书和讯问笔录)、远程讯询问指挥、远程案件会商等辅助保障服务,提升办案效率。

（七）依法保障律师执业权利。主要负责配合司法部门、公安法制部门和监管部门共同推进律师远程会见嫌疑人工作,在示范案管室选点建设符合规范和信息化要求的远程会见场所,开展律师证照核验、预约登记等日常工作;落实场地、安排专人听取案件代理律师意见、反馈办理情况、接收相关材料。在依法保障律师执业权利的同时,严防办案人员与律师、当事人、特殊关系人、中介组织不正当接触交往。

五、运行机制

案管室(组)实行日清、周报、月结、定期培训的工作机制,相关情况应当记入办案部门和民警的执法档案。

（一）每日清理。每日接收数字化中心系统预警以及其他上级部门反馈的执法问题,按期核查整改完毕;对前一日所队警情接报受理和执法办案工作进行全面自查并建立相关工作台账,详细记录存在的问题,提出相应整改意见,督促整改落实;对当日发现的执法问题和安全隐患,实时提醒、动态纠偏,确保"清零"。

(二)每周通报。每周对本周上级通报和自查发现的各类问题进行汇总、分析,对整改落实情况予以查验,并在每周所队例会上予以通报。

(三)每月总结。每月总结所队月度执法监督管理工作,归纳经验、查找不足。对普遍性、突出性的执法问题,研究解决措施,并对当月民警执法工作质量进行评价。

(四)定期培训。根据所队主要执法问题和办案民警实际需求,依托线上课程、案例讲评、结对帮教等多种方式,定期开展有针对性的执法培训,不断提升民警法律素养和规范执法能力。

六、工作要求

(一)统一思想认识。推进基层所队案管室(组)建设是深入贯彻习近平法治思想,严格落实中共中央办公厅、国务院办公厅《关于深化公安执法规范化建设的意见》,有力推进上海法治公安建设高质量发展、规范执法权力运行机制的重要举措,是深化执法监督管理机制改革和执法责任体系改革的重要抓手,是夯实"市局—分局—所队"三级案管机制的重要基础。各单位要进一步统一思想、凝聚共识,压实责任、强化措施,切实把案管室(组)建设抓紧抓好、抓出成效。

(二)加强组织推进。各单位要迅速成立以执法监督管理委员会为班底的基层所队案管室(组)建设领导小组,由分管法制工作的领导牵头推进,抓紧研究制定实施方案和工作计划,于 2022 年 9 月 1 日前报市局法制总队备案。要在选取基础条件好、执法办案量大的所队进行试点的基础上,全面有序推进,力争在 2022 年内实现地区分局标准案管室建设全覆盖,且每个地区分局建成 1 个示范案管室;2023 年内地区分局示范案管室的建设比例不低于该分局应建案管室总数的 10%;2024 年内地区分局示范案管室的建设比例不低于 20%。有条件的地区分局可以提高示范案管室的建设比例。市局边防港航分局、文保分局、轨道公交总队、化工区分局、机场分局、农场分局可以参照上述进度开展建设。市局将从制度建设、软硬件建设和队伍建设等方面对各单位案管室(组)进行检查通报和考核验收。

(三)完善配套制度。各单位要围绕案管室(组)岗位职责、运行模式、"分局—所队"案管工作分工衔接、执法问题闭环管理流程、法制员队伍管理等重点领域,进一步细化完善配套制度,做实做细执法问题前端查究整改,确保案管室(组)规范高效运转,监督管理到位。

（四）深化信息化应用。各单位要在市局统筹统建数字化中心案管区功能模块的基础上,根据工作实际,积极自筹自建具有地区特色、惠及基层所队日常执法办案和监督管理工作的功能应用。加强自建项目与数字化中心和相关信息系统的互联互通、数据共享、融合应用,避免形成"信息孤岛",条件成熟后择优在全局层面推广。

（五）强化监督保障。各单位要将责任心强、熟悉执法办案业务、能够熟练使用数字化中心的民警和警辅人员选派到案管室(组)工作。各单位法制部门是案管室(组)建设、管理及使用的监督、指导部门,要加强组织协调、指导推进,将案管室(组)建设及运行情况纳入年度执法质量考评范围,全力推动建设任务按时保质完成。

35. 上海市司法行政机关强制隔离戒毒诊断评估实施细则

第一章 总 则

第一条 为进一步明确司法行政机关强制隔离戒毒诊断评估工作的流程和内容，细化职能分工，确保戒毒所按照标准化、项目化的要求，规范有序的组织实施诊断评估工作，有效保障戒毒人员合法权益，科学评价戒毒人员戒治效果，依据《中华人民共和国禁毒法》《戒毒条例》《上海市禁毒条例》《上海市强制隔离戒毒诊断评估办法》等法律、法规及规定，结合工作实际，制定本细则。

第二条 本细则所称诊断评估，是指司法行政机关强制隔离戒毒所（以下简称"戒毒所"）对戒毒人员在强制隔离戒毒期间的生理脱毒、身心康复、行为表现、社会环境和适应能力等情况进行综合考核、客观评价。

第三条 诊断评估工作以合法性、科学性为基础，坚持执法效能与执法规范并重，坚持定性与定量相结合，确保诊断评估程序与结果的公开、公正、透明。

第四条 诊断评估分为一年后综合诊断评估、期满前综合诊断评估。

第五条 诊断评估结果，是戒毒所对戒毒人员按期解除强制隔离戒毒、提出提前解除强制隔离戒毒或延长强制隔离戒毒期限意见以及责令社区康复建议的直接依据。

第二章 组织机构和工作职责

第六条 上海市司法行政戒毒管理部门成立诊断评估工作指导委员会，负责指导、监督所辖戒毒所的诊断评估工作。诊断评估工作指导委员会的工作职责包括：

（一）负责诊断评估实施细则相关配套制度的制定、修改和解释；

（二）负责诊断评估实施细则的落实和推行；

（三）负责指导、协调、检查、监督戒毒所的诊断评估工作；

（四）复核有异议的诊断评估结果；

（五）对诊断评估工作中的其他重要事项作出决定。

第七条　戒毒所成立诊断评估办公室，由管理、教育、康复、医疗等多岗位工作人员组成，负责诊断评估的具体工作。诊断评估办公室的工作职责包括：

（一）制定诊断评估工作计划；

（二）设置诊断评估项目组，负责诊断评估具体工作的组织和实施；

（三）指导、协调各职能部门配合开展诊断评估工作；

（四）处理戒毒人员对诊断评估结果的异议；

（五）管理和维护戒毒人员诊断评估系统；

（六）出具诊断评估结果，提出诊断评估结论性意见；

（七）办理诊断评估工作中的其他日常事务。

第三章　诊断评估的内容和标准

第八条　诊断评估的内容包括生理脱毒评估、身心康复评估、行为表现评估、社会环境与适应能力评估（具体评估标准参见附件）。

第九条　生理脱毒评估的内容和标准包括：

（一）毒品检测结果呈阴性；

（二）停止使用控制或缓解戒断症状的药物；

（三）急性戒断症状完全消除；

（四）未出现明显稽延性戒断症状；

（五）未出现因吸毒导致的明显精神症状或者原有精神障碍得到有效控制。

生理脱毒评估通过使用医疗手段，对上述五项内容进行检测，作出评价。诊断评估时，戒毒人员同时达到上述五项标准，生理脱毒评估为"合格"，否则为"不合格"。

第十条　身心康复评估的内容和标准包括：

（一）身体相关机能有所改善；

（二）体能测试有所提高；

（三）戒毒动机明确，信心增强，掌握防止复吸的方法；

（四）未出现严重心理问题或精神症状；

（五）有改善与家庭、社会关系的愿望和行动。

身心康复评估采用学分制，通过身体机能测试、体能训练和测试、心理康复训练、心理测试以及身心康复知识理论考试的方式进行量化评价。五个项目分别下设若干科目，分为必修（测）科目与选修（测）科目，对应不同分值。戒毒人员完成学习、训练的规定要求，通过考核、测试后，获得相应分数。每项科目的具体标准根据戒毒人员性别、年龄、身体状况等方面的差异化情况进行设定。

必修(测)科目设置60学分,选修(测)科目根据戒毒人员对身心康复的实际需求进行设置。一年后综合诊断评估时,学分达到80分且必修(测)科目达到60分为"合格",否则为"不合格"。期满前综合诊断评估时,必修(测)科目达到60分为"合格",否则为"不合格"。

第十一条　行为表现评估的内容和标准包括:

(一)服从管理教育,遵守所规所纪;

(二)接受戒毒治疗,参加康复训练;

(三)参加教育矫治活动;

(四)参加康复劳动;

(五)坦白、检举违法犯罪活动。

行为表现考核评估是戒毒所根据遵规守纪、教育学习、康复劳动、康复训练、坦白检举五个方面,对戒毒人员的行为表现情况采取日记载、月考核、逐月累计的方式进行量化考核、综合评估。行为表现考核分数累计达到2800分为"合格",否则为"不合格"。

戒毒人员行为表现每日基础分为4分,行为表现达到基本条件的给予基础分,并可根据规定情形予以奖分或扣分,每日累计奖分或扣分不得超过基础分。此外,戒毒人员在半年评比、年终评比中或因戒治表现突出受到表扬、嘉奖、记功的,行为表现考核分数每次分别奖10、20、30分;戒毒人员因违反所规队纪受到警告、训诫、责令具结悔过的,行为表现考核分数每次分别扣20、40、60分。

戒毒人员在公安机关强制隔离戒毒所或其他监管场所期间的行为表现情况,依据公安机关移交的诊断评估手册中记载的内容进行评分;戒毒人员在强制隔离戒毒期间被依法收监执行刑罚、采取强制性教育措施或者被依法拘留、逮捕,依据羁押场所作出的评价进行评分。

第十二条　社会环境与适应能力评估的内容和标准包括:

(一)与有关部门签订社会帮教协议或者有明确意向;

(二)家庭或所在社区支持配合其戒毒;

(三)有主动接受社会监督和援助的意愿;

(四)掌握一定的就业谋生技能;

(五)有稳定的生活来源或者固定居所。

社会环境与适应能力评估通过查阅戒毒人员签订帮教协议、参加帮教活动、接受社会援助以及与家属、街道和社工沟通等情况,调阅职业技能证书、了解家庭住所和收入情况等方式进行。诊断评估时,戒毒人员同时达到上述三项以上规定标准的,社会环境与适应能力评估为"良好",否则为"一般"。

第四章　诊断评估的程序

第十三条　戒毒人员入所时,戒毒所应当同时接收公安机关强制隔离戒毒所制作的戒毒人员评估手册,并在手册上记载戒毒人员生理脱毒、身心康复、行为表现、社会环境与适应能力等情况,作为诊断评估依据。

戒毒人员转至其他戒毒所或监管场所的,原戒毒所应当同时移交戒毒人员诊断评估手册及其他诊断评估相关材料;接收戒毒人员的戒毒所或监管场所应当对后续的戒毒情况继续在原诊断评估手册上进行记载。

第十四条　执行强制隔离戒毒 3 个月后,戒毒所应当参照生理脱毒评估标准对戒毒人员生理脱毒情况进行阶段性评价,评价结果应当作为综合诊断评估的重要依据。

戒毒人员入所后,戒毒所应当对其身心康复、行为表现、社会与环境适应能力进行阶段性评价,评价结果应当作为综合诊断评估的重要依据。

第十五条　执行强制隔离戒毒 1 年后或者戒毒人员行为表现考核分数累计达到 2800 分,戒毒所应当对其进行一年后综合诊断评估。

开展一年后综合诊断评估与期满前综合诊断评估的间隔时间不得小于 3 个月(含)。戒毒人员因所外就医、住院治疗、被逮捕、执行刑罚等情形,无法按时参加诊断评估的除外。

第十六条　戒毒人员达到启动一年后综合诊断评估条件的,诊断评估办公室应及时对其开展评估,汇总参加评估人员的生理脱毒、行为表现、身心康复、社会环境与适应能力等方面相关材料,并于材料齐备后 7 日内出具诊断评估结果,提出诊断评估结论性意见。

第十七条　对不予提前解除或不符合提前解除条件的戒毒人员,戒毒所应当在期满前 1 个月内进行期满前综合诊断评估。

对被延长强制隔离戒毒期限的戒毒人员,戒毒所应当在合并执行期满前 1 个月内再次进行期满前综合诊断评估。

第十八条　戒毒人员期满前(含延期)1 个月,诊断评估办公室应及时对其开展评估,汇总参加评估人员生理脱毒、行为表现、身心康复、社会环境与适应能力等方面相关材料,并于材料齐备后 7 日内出具诊断评估结果,提出诊断评估结论性意见。

第十九条　戒毒所应当采取查阅戒毒人员诊断评估材料、与戒毒人员谈话、进行相关测试和社会调查等方式开展诊断评估工作,形成诊断评估结果。

第二十条　戒毒所应当将诊断评估结果向戒毒人员公示 3 日以上。

戒毒人员对诊断评估结果有异议的,可自公示之日起 3 日内向诊断评估办公室提出书面申请,诊断评估办公室应当在 3 日内给予书面答复。对答复仍有异议的,可自收到书面答复之日起 7 日内,向诊断评估工作指导委会提出复核要求,诊断评估工作指导委会应当在 7 日内给予书面答复。

第二十一条 戒毒人员因所外就医、住院治疗、被逮捕或拘留等情形,无法按时参加诊断评估的,戒毒所应当予以补评。

第五章 诊断评估的结果运用

第二十二条 生理脱毒评估、身心康复评估、行为表现评估结果分为"合格"、"不合格"两类;社会环境与适应能力评估结果分为"良好"和"一般"两类。

第二十三条 一年后综合诊断评估,对生理脱毒、身心康复、行为表现评估结果均为"合格"且社会环境与适应能力评估结果为"良好"的戒毒人员,戒毒所可以提出提前解除强制隔离戒毒的意见。

第二十四条 对被二次以上强制隔离戒毒的,在执行期满 1 年 6 个月后方可提请提前解除。

第二十五条 对具有下列情形之一的戒毒人员,不得提出提前解除强制隔离戒毒的意见:

(一)拒不交代真实身份、姓名、住址的;

(二)脱逃被追回或者企图通过自伤自残、吞食异物等行为逃避戒毒的;

(三)所外就医、探视、请假外出等期间或者回所时毒品检测结果呈阳性或者拒绝接受毒品检测的;

(四)被责令接受社区康复的人员拒绝接受社区康复或者严重违反社区康复协议,因再次吸食、注射毒品被决定强制隔离戒毒的;

(五)其他不宜提前解除强制隔离戒毒的。

第二十六条 戒毒所提出提前解除强制隔离戒毒的意见后,戒毒人员有脱逃、自伤自残或殴打其他戒毒人员等严重违反所规所纪行为的,戒毒所应当撤回提前解除强制隔离戒毒的意见;对强制隔离戒毒决定机关已批准的,应当建议强制隔离戒毒决定机关撤销该决定。

第二十七条 经期满前综合诊断评估,对生理脱毒、身心康复、行为表现评估结果均为"合格"的戒毒人员,戒毒所应当按期解除强制隔离戒毒。

第二十八条 经期满前综合诊断评估,对生理脱毒、身心康复评估结果中有一项以上为"不合格"的戒毒人员,戒毒所可以提出延长强制隔离戒毒期限 3 至 6 个月的意见。

对行为表现评估结果为"不合格"的,戒毒所可以根据其行为表现考核分数情况,提出延长强制隔离戒毒期限的意见,延长时间不得超过 12 个月。

第二十九条　对具有下列情形之一的戒毒人员,戒毒所应当提出延长强制隔离戒毒期限的意见:

(一)外出探视,非因不可抗力逾期未归的;

(二)脱逃的;

(三)私藏、吸食、注射毒品的;

(四)私藏、传递、使用手机等违禁品的;

(五)其他严重违反规定行为应当延长强制隔离戒毒期限的。

戒毒所应当视具体情节以及造成后果的程度,提出延长强制隔离戒毒期限的意见。情节较轻的,提出延长强制隔离戒毒期限 3 至 6 个月的意见;情节严重的,提出延长强制隔离戒毒期限 6 至 12 个月的意见。

第三十条　依据生理脱毒、身心康复、行为表现评估结果分别作出的延长强制隔离戒毒期限的决定应当合并执行,但累计延长戒毒期限不得超过 12 个月。

第三十一条　对提前解除强制隔离戒毒、延长强制隔离戒毒期限的,由戒毒所提出意见,报强制隔离戒毒决定机关审批,并提交以下材料:

(一)提前解除强制隔离戒毒或延长强制隔离戒毒期限的意见书;

(二)强制隔离戒毒决定书复印件;

(三)其他需要移送的材料。

第三十二条　戒毒所对解除强制隔离戒毒的人员,可以根据其综合诊断评估情况提出对其责令社区康复的建议。

对社会环境与适应能力评估结果为"一般"的,戒毒所应当提出对其责令社区康复的建议。

第六章　监　督　检　查

第三十三条　各级诊断评估部门及工作人员在诊断评估工作中应当严格遵守相关法律法规、规章制度和工作纪律,不得有超越权限、违反程序、弄虚作假、徇私舞弊以及泄露秘密的行为。

第三十四条　诊断评估工作指导委员会应当定期指导、检查和监督戒毒所开展的诊断评估工作。发现问题的,应当及时告知戒毒所,责令其限期整改。

第三十五条　诊断评估岗位工作人员不履行诊断评估工作职责或违反相关规定

的,由人事部门或监察部门按照规定处理,并追究相应责任;情节严重、造成不良影响的,应当同时追究领导责任。涉嫌犯罪的,移送司法机关处理。

第七章　附　　则

第三十六条　本细则所称"以上"含本数,"以下"不含本数。本细则所称"日"均指工作日。

第三十七条　本细则由上海市司法局负责解释。

第三十八条　本细则有效期5年,自2020年2月1日起施行,至2025年1月31日终止。

36. 上海市监狱管理局罪犯分级处遇实施细则(试行)

第一章 总 则

第一条(目的依据) 为加强监管改造工作,进一步落实宽严相济的刑事司法政策,通过分级管理激励和调动罪犯的改造积极性,强化罪犯自律,根据《中华人民共和国监狱法》、司法部监狱管理局《罪犯分级处遇办法(试行)》、《上海监狱计分考评罪犯工作实施办法》等法律和制度规定,结合上海监狱工作实际,制定本实施细则。

第二条(适用对象) 本细则适用于上海监狱在押罪犯。

第三条(概念) 罪犯分级处遇是根据罪犯改造表现、案由、刑期、现实危险性等综合因素,依据罪犯计分考评等级,在活动范围、会见通信、生活待遇、文体活动等方面给予罪犯不同的待遇。

第四条(工作原则) 实施罪犯分级处遇应坚持以下原则:

(一)依法依规管理;

(二)及时、公开、公正;

(三)宽严相济;

(四)动态调整。

第五条(职能部门) 狱政管理部门负责罪犯的活动范围、会见通信和分级处遇审批,教育改造部门负责罪犯的文体活动,生活卫生部门负责罪犯的生活待遇。

第二章 处遇分级标准

第六条(处遇级别) 罪犯的处遇共分为五级。其中 A 级和 B 级为宽管级、C 级为普管级、D 级为考察级、E 级为严管级。

第七条(处遇标准) 根据计分考评结果,罪犯计分考评等级评定确定的等级,一般为其分级处遇的等级。

新收罪犯新收集训期间参照 D 级处遇,新收期间受到警告、记过、禁闭处罚的降为 E 级处遇,并延长入监教育考核周期一个月。新收罪犯考核合格后参照 D 级处遇,考核不合格的参照 E 级处遇。

第八条(短刑犯及临释罪犯处遇标准)　入监时余刑 1 年以下(含 1 年)在监区集中管理的罪犯及剩余刑期 3 个月以下(含 3 个月)在出监监区服刑的罪犯,能认罪服法、服从管理、接受教育改造、完成劳动任务并无违纪扣分,计分考评等级为 A 级,执行 A 级处遇,其他计分考评等级罪犯执行 B 级处遇;不服从管理、不接受教育改造、不完成劳动任务或有违纪扣分的可移送严管监区管理,执行 E 级处遇。

第三章　处　遇　内　容

第九条(E 级处遇内容)　E 级处遇内容如下:

(一)严格限制活动范围,必要时个别关押;

(二)监狱应对 E 级处遇罪犯强化行为训导和教育矫治,在常规学习、训练同时增加针对性的学习、训练等项目,实施严格管理;

(三)每月可以会见一次,时间不超过 20 分钟,罪犯被严管、禁闭处罚的应当暂停安排会见,但被严管的罪犯确有必要安排会见的,应当经监狱长审批同意;

(四)每月可拨打 1 次亲情电话,每次通话时长不超过 5 分钟,罪犯被严管、禁闭处罚的应当暂停拨打亲情电话,但被严管的罪犯确有必要拨打亲情电话的,应当经监狱长审批同意;

(五)每月零副食品消费不超过 20 元,日用品消费不超过 60 元。

第十条(D 级处遇内容)　D 级处遇内容如下:

(一)可参加监区组织的文娱体育活动、文化艺术活动,确有必要参加监狱组织的相应活动的,须经狱政管理科批准;

(二)每月可以会见一次,时间不超过 30 分钟;

(三)每月可拨打 1 次亲情电话,每次通话时长不超过 5 分钟;

(四)每月零副食品消费不超过 100 元,日用品消费不超过 80 元;法定节假日当月可适度增加零副食品消费额度,其中:中秋、春节不超过 40 元,清明、端午不超过 20 元。

第十一条(C 级处遇内容)　C 级处遇内容如下:

(一)可参加监狱、监区组织的文娱体育活动、文化艺术活动;

(二)每月可以会见一次,时间不超过 30 分钟;

(三)每月可拨打 1 次亲情电话,每次通话时长不超过 5 分钟;

(四)每月零副食品消费不超过 160 元,日用品消费不超过 100 元;法定节假日当月可适度增加零副食品消费额度,其中:中秋、春节不超过 50 元,清明、端午不超过 25 元。

第十二条(B 级处遇内容)　B 级处遇内容如下:

(一)可优先参加监狱、监区组织的文娱体育活动、文化艺术活动;

(二)每月可以会见一次,时间不超过 30 分钟,经分管监狱长批准,可以采用无玻璃隔断面对面交谈的方式进行会见;

(三)每月可拨打 1 次亲情电话,每次通话时长不超过 10 分钟;

(四)每月零副食品消费不超过 200 元,日用品消费不超过 100 元,法定节假日当月可适度增加零副食品消费额度,其中:中秋、春节不超过 70 元,清明、端午不超过 35 元。

第十三条(A 级处遇内容)　A 级处遇内容如下:

(一)可优先参加监狱、监区组织的文娱体育活动、文化艺术活动;

(二)每月可以会见一次,时间不超过 30 分钟,经分管监狱长批准,可以采用无玻璃隔断面对面交谈的方式进行会见;

(三)每月可拨打 1 次亲情电话,每次通话时长不超过 10 分钟,或者每月拨打 2 次亲情电话,每次通话时间不超过 5 分钟;

(四)每月零副食品消费不超过 240 元,日用品消费不超过 100 元;法定节假日当月可适度增加零副食品消费额度,其中:中秋、春节不超过 80 元,清明、端午不超过 40 元。

第十四条(亲情电话的特殊规定)　未成年罪犯每月可以根据其处遇在原基础上延长一倍的通话时间。

中秋节及春节期间,监狱可以根据罪犯处遇等级统一组织罪犯额外增拨一次亲情电话。

第十五条(老病残罪犯消费标准)　老病残罪犯(含住院病犯)因治疗和康复需要,经监狱卫生所建议,监狱可增加零副食品消费额度,每月不得超过 200 元。

第四章　处　遇　管　理

第十六条(处遇管理权限)　罪犯分级处遇等级评定实行季度评定、月度调整、即时降级相结合。由监区长审核、审批,监狱狱政管理科科长审批、复核,监区负责具体实施。

第十七条(季度处遇审批)　罪犯处遇季度评定由主管民警提出,经监区集体讨论,其中:A 级和 B 级处遇由监区长审核,监狱狱政管理科科长审批;其他处遇等级由监区长审批,监狱狱政管理科科长复核,公示后生效。

主管民警应在罪犯计分考评季度等级评定完成后3个工作日向监区集中申报承包监组罪犯的分级处遇等级,并附罪犯计分考评等级相关材料。

监区应在罪犯计分考评季度等级审批完成后5个工作日内召开会议,集体讨论罪犯分级处遇评定。经监区三分之二以上民警同意方为有效。

监区计分考评专职民警应根据集体讨论的意见,填写《罪犯分级处遇季度审批表》并附相关材料,报监区长审核、审批;监狱狱政管理科科长应自收到处遇评定材料之日起3个工作日内完成审批、复核,结果应在监区范围内进行公示。

第十八条(月度处遇调整)　罪犯当月系自律个人或文明监组成员的,次月可上升一级处遇,直至A级处遇。C级罪犯每获得二个表扬,下一个季度可享有高于其计分考评等级的上一级处遇。

罪犯处遇月度调整应在每月初"自律个人"、"文明监组"评选结果确定后5个工作日内完成审批。由监区计分考评专职民警填写《罪犯分级处遇月度调整审批表》并附相关材料,月度处遇审批程序与季度处遇审批程序相同。

第十九条(处遇即时降级)　罪犯当月有较重违纪的,即日起当季度下降一级处遇,直至E级处遇。

计分考评等级即时降级的罪犯自审批生效之日起按照降级后的计分考评等级变更其处遇。

处遇即时降级的由主管民警填写《罪犯即时降级审批表》,报监区长审核,监狱狱政管理科科长审批,审批结果应在监区范围内进行公示。

第二十条(公示、录入)　罪犯的分级处遇评定结果由监区统一公示和录入,公示时间应不少于3个工作日,公示后应于5个工作日内对信息系统考核结果录入情况进行核对。

第二十一条(复查复核)　罪犯对分级处遇有异议的,可在公示之日起3个工作日内以书面形式向监区提出复查申请,监区自收到罪犯复查申请之日起5个工作日内予以答复;罪犯对监区答复不服或有异议的,可在监区答复之日起3个工作日内向监狱提出复核申请,监狱自收到罪犯复核申请之日起5个工作日内予以答复,监狱的答复为最终结果。

第二十二条(严管级处遇变更)　罪犯在监狱严管期间一律列入E级处遇,罪犯隔离治疗期间因治疗、康复需要的处遇应予保障;未主动交代余罪或服刑期间又犯罪,被追究刑事责任的,即日起列入E级处遇。

第二十三条(处遇限制)　罪犯受到警告、记过、禁闭处理的,一年内不得晋升为宽管级处遇。

生效裁判中财产性判项履行不符合相关要求的,不得享有高于其计分考评等级的上一级处遇。

第二十四条(处遇叠加)　罪犯符合多种可享有高于其计分考评等级上一级处遇情形的,可叠加享受,但最高不得超过 A 级处遇或延迟享受。

第二十五条(降级教育)　主管民警应对处遇等级降级的罪犯及时进行教育疏导,至少进行一次个别谈话教育;监区应每月对 E 级罪犯进行一次针对性的集中教育。

第二十六条(处遇标识管理)　监狱应在罪犯信息卡、床卡上标识分级处遇颜色,其中 A 级为绿色、B 级为草绿色、C 级黄色、D 级橙色、E 级红色。

第二十七条(材料管理)　罪犯处遇审批材料应由监区集中管理、保存。

第五章　处　遇　监　督

第二十八条(检查考核)　局职能处室和监狱职能科室应加强对罪犯分级处遇制度执行落实情况的检查考核,结果纳入监狱和监区目标管理考核。

任何单位和个人不得以任何形式违反制度规定另行增加或减少罪犯处遇内容;违反制度规定的,局有关部门应责令整改;情节严重的,依纪依法进行处理。

第二十九条(纪律监督)　民警在罪犯分级处遇管理中涉嫌违纪违法的,由纪检部门监督处理。

第六章　附　　则

第三十条(解释权)　本细则由上海市监狱管理局负责解释。

第三十一条(效力)　本细则有效期 2 年,自 2021 年 12 月 1 日起至 2023 年 11 月30 日止。

执法司法权力运行机制改革篇

习近平总书记关于深化执法司法权力运行机制改革的重要指示,深刻揭示了执法司法权力运行的根本规律,是习近平法治思想的重大原创性成果。2022 年 7 月,中央政法领域全面深化改革推进会在京召开,围绕总书记要求,研究部署加快推进执法司法权力运行机制改革和建设工作,在"七个务必"上进一步发力。

作为司法体制改革全国首批试点和司法体制综合配套改革全国唯一试点的省市,上海始终注重加强执法司法权力运行建设,科学探索执法司法职权配置,加强新型办案组织建设,细化执法司法人员权力清单和履职指引等制度,优化各环节各领域执法司法权力运行模式,并深化与之配套的人员管理、履职保障等制度改革,科学合理、规范有序、权责一致的执法司法权运行新机制不断完善优化。

本篇选取具有代表性的 12 个制度文件,展示相关制度成果。

37. 上海法院审判权责清单指引(2020 年版)

为全面落实司法责任制,健全审判权力运行机制,进一步明确审判组织权限,厘清审判人员职责,深入贯彻落实"让审理者裁判,由裁判者负责"的司法改革要求,确保人民法院依法独立公正行使审判权,根据《中华人民共和国人民法院组织法》《中华人民共和国法官法》《最高人民法院关于完善人民法院司法责任制的若干意见》《最高人民法院关于完善人民法院审判权力和责任清单的指导意见》《最高人民法院法官审判权力和责任清单(试行)》《上海市高级人民法院关于完善司法责任制实施意见》等相关法律、司法解释、司法规范性文件,结合上海法院审判工作实际,制定《上海法院审判权责清单指引(2020 年版)》。

一、法官

(一)院长(含副院长)

1. 宏观指导全院各项审判工作,综合负责审判管理、监督工作。

2. 组织研究审判工作相关重大问题、制定相关管理制度。

3. 组织研究制定有助于提高司法公正、效率和公信的司法政策。

4. 指导、支持、管理和监督分管或直接参与审判团队的具体工作。

5. 依法办理案件,重点审理重大、疑难、复杂、新类型以及在法律适用方面具有普遍意义的案件。

6. 召集和主持法官考评工作。

7. 召集和主持审委会会议。

8. 召集召开立审执工作协调会议。

9. 对提请召开专业法官会议的申请进行审核,或主动依职权决定召开专业法官会议,召集、主持专业法官会议。

10. 依法在权限范围内对审判过程中的相关程序事项作出审核决定。

11. 通过指定审判组织审理等方式,对"四类案件"开展事前监督。

12. 要求独任法官或者合议庭报告"四类案件"的案件进展和评议结果。

13. 对"四类案件"的审理过程或者评议结果有异议的,可决定将案件提交专业法官会议、审判委员会进行讨论。

14. 依照法律规定对生效案件进行监督,发现错误的依法启动审判监督程序。

15. 通过组织开展案件质量评查、办理检察建议、办理当事人申诉和来信来访等对本院审判活动进行监督。

16. 切实履行主体责任的"一岗双责",检查监督纪律作风,发现案件审理中可能存在的问题,提出改进措施。

17. 其他必要的审判监督管理职责。

18. 副院长协助院长管理、监督相关审判工作。

(二) 审判委员会委员

1. 参加审判委员会会议(含专业委员会会议)。

2. 提前审阅会议材料,并可根据需要调阅庭审录像或者查阅案卷。

3. 经院长指定,旁听合议庭拟提请审判委员会讨论案件的庭审。

4. 就案件有关问题,在会议上向合议庭、承办人进行询问。

5. 就讨论的案件或事项发表意见。

6. 受会议主持人指定,组织研究法律适用问题复杂、分歧意见较大的案件或事项。

7. 根据院长委托,审判委员会专职委员可以协助管理审判委员会日常工作及相关审判工作,协助督办讨论决定的案件或事项,或履行院长授权的其他监督管理事项。

(三) 庭长(含副庭长)

1. 参加合议庭审理重大、复杂、疑难和新类型案件,并根据需要独任审理案件。

2. 负责落实本庭审判工作任务。

3. 依法对提请审核的审判过程中的相关程序事项作出决定。

4. 对提请召开专业法官会议的申请进行审核,或主动依职权决定召开专业法官会议,召集、主持专业法官会议。

5. 对本庭的矛盾激化案件、信访案件等,根据相关规定组织合议庭成员或本庭其他人员做好释法答疑、矛盾化解、息诉息访等工作。

6. 定期对本庭审理的案件组织庭审评查、质量检查、审判质效讲评等。

7. 定期组织本庭或辖区法院相关条线的会议,讲评分析案件情况和问题,交流审判经验,促进法律适用统一。

8. 向上级法院相关部门、本院相关部门推荐对本庭审理的具有普遍指导参考意义的案例。

9. 组织做好有关审判的调研、信息、法宣、司法统计、司法建议及办案信息输入等工作。

10. 根据需要调整本庭审判团队的配置,并通过审定修改审判团队的任务目标数和权责清单等形式,对审判团队目标任务的确定、调整和考核提出意见和建议。

11. 负责随机分案后因特殊情况需要调整分案的事宜。

12. 制定本庭内部管理规定,优化内部管理措施。

13. 通过指定审判组织审理等方式,对"四类案件"开展事前监督。

14. 要求独任法官或者合议庭报告"四类案件"的案件进展和评议结果。

15. 对"四类案件"的审理过程或者评议结果有异议的,可以决定将案件提交专业法官会议、审判委员会进行讨论。

16. 通过抽查独任法官、合议庭审理的案件,接受来信来访等方式,对本庭法官审判活动进行监督。

17. 依照法律及相关规定对本庭生效裁判进行监督,发现确有错误的,提请院长依法启动审判监督程序。

18. 检查监督纪律作风,发现案件审理中可能存在的问题,提出改进措施等。

19. 其他必要的审判监督管理职责。

20. 副庭长协助庭长行使审判监督管理权。

(四)审判团队负责人

1. 组织开展本团队的办案或辅助工作,完成本团队的审判目标任务。

2. 确定团队成员分工,合理分配团队内法官、法官助理、书记员等人员的工作量。

3. 行使对团队成员司法绩效考核及奖惩评比等建议权。

4. 担任参与审理的合议制案件的审判长。

5. 管理团队审判质效、管控审判流程、监督审判节点、保持审判质效数据在合理区间。

6. 报请提交专业法官会议讨论特定案件。

7. 参加本团队案件在专业法官会议中的讨论。

8. 督促落实团队的信息输入、归档、判决书上网等各项辅助事务性工作。

9. 组织开展团队的全流程网上办案信息化应用、审判业务调研等工作。

10. 组织落实团队案件的判后答疑、息诉息访以及涉法涉诉案件的协调和处理等工作。

11. 组织开展本团队的政治理论学习、职业操守培育和业务培训。

12. 督促团队成员严格遵守国家法律法规和廉洁自律各项规定和要求。

13. 抓好会纪会风、保密等日常管理工作。

14. 落实院庭长交办的其他工作任务。

（五）合议庭法官

——审判长

1. 主持或者指导法官助理做好庭前会议、庭前调解、证据交换等庭前准备工作及其他审判辅助工作。

2. 确定案件审理方案和庭审提纲,协调合议庭成员庭审分工以及指导做好其他必要的庭审准备工作。

3. 主持、指挥庭审活动。

4. 依法决定有关人员的回避。

5. 主持合议庭评议并发表意见。

6. 依照规定提请召开专业法官会议讨论,或按程序层报赔偿委员会、审判委员会讨论。

7. 制作裁判文书或指导法官助理起草裁判文书,指导合议庭其他成员制作裁判文书并复核,并与合议庭成员合署签名,共同签发裁判文书。

8. 按程序向院庭长报告审理中发现符合"四类案件"监督情形的案件情况,并在办公办案平台全程留痕。

9. 依照法律规定行使其他审判权力。

——承办法官

1. 主持或指导法官助理做好庭前会议、庭前调解、证据交换等庭前准备工作及其他审判辅助工作。

2. 制作阅卷笔录,提炼争议焦点,拟订庭审提纲。

3. 协助审判长开展庭审活动。

4. 就案件事实和法律适用问题询问当事人。

5. 对当事人提交的证据进行全面审核,提出审查意见,依法调取必要证据。

6. 依法就案件程序性事项、事实认定、法律适用等提请合议庭评议并先行提出处理意见。

7. 制作类案与关联案件检索报告。

8. 主动向院庭长报告"四类案件"的情况,并全程留痕。

9. 依照规定提请召开专业法官会议。

10. 撰写审理报告。

11. 制作裁判文书或指导法官助理起草裁判文书,并与合议庭成员合署签名,共同签发承办案件的裁判文书。

12. 指导或安排审判辅助人员正确使用审判管理信息系统，及时、准确、完整输入案件信息。

13. 决定在适用录音录像全部替代庭审笔录且没有其他诉讼事务需要到庭辅助的试点案件中，书记员可以在完成开庭准备工作且当事人表示不申请回避后退庭。

14. 决定是否采取人工记录、重新开庭等庭审录音录像故障的补救措施。

15. 决定是否同意当事人在案件审理过程中复制庭审录音或其智能转换文字记录。

16. 依照法律规定行使其他审判权力。

——合议庭其他成员

1. 参与庭前阅卷等准备工作。

2. 参与庭审，按照庭审分工履行职责。

3. 参与案件评议并独立发表意见。

4. 合署签名，共同签发裁判文书。

5. 办理与审判有关的其他事项。

（六）独任法官

1. 主持案件庭审、调解。

2. 依法决定案件审理中无需报请审核批准的程序性事项。

3. 制作裁判文书或指导法官助理起草裁判文书，并直接签发裁判文书。

4—16. 参见"承办法官"部分（除该部分第3条、第6条、第11条）。

二、执行人员

1. 向被执行人发出执行通知，并可以立即采取强制执行措施。

2. 裁定不予执行或驳回执行申请。

3. 通知申请执行人提供被执行人财产状况或线索，责令被执行人报告财产情况以及查询被执行人的财产情况。

4. 变更、追加被执行人。

5. 对执行行为异议进行审查。

6. 对案外人执行异议进行审查。

7. 决定是否准许申请执行人关于委托审计机构对该被执行人进行审计的申请。

8. 决定是否准许申请执行人关于发布悬赏公告查找可供执行的财产的申请。

9. 传唤被执行人到庭接受询问。

10. 查封、扣押、冻结被执行人的财产以及扣留、提取被执行人收入,但应保留生活必需品。

11. 造具被查封、扣押的财产清单,由在场人签名或盖章后,交被执行人。

12. 禁止有关企业向被执行人支付已到期收益,禁止被执行人转让知识产权以及冻结被执行人投资收益、股权等。

13. 评估、拍卖、变卖被查封、扣押的财产以及变价被执行人的债券、股票、基金份额等。

14. 依法将被执行人无法拍卖或者变卖的财产作价后交付申请执行人抵偿债务,或者交付申请执行人管理。

15. 通知第三人履行对被执行人的到期债务,依法裁定强制执行。

16. 制作财产分配方案。

17. 依法责令金融机构追回被转移冻结款项;责令协助执行单位追回擅自支付的款项;责令责任人追回擅自处分的财产。

18. 依法追究擅自处分被查封、扣押、冻结财产责任人的赔偿责任。

19. 依法采取罚款、拘留、拘传、限制出境、限制高消费、在征信系统记录、公布失信被执行人名单信息等措施。

20. 依法发出搜查令,对被执行人及其住所或财产隐匿地进行搜查。

21. 发现违法线索,依法移送侦查机关。

22. 传唤当事人当面交付法律文书指定交付的财物或票证,或者由执行人员转交,并由被交付人签收。

23. 依法强制迁出房屋或退出土地。

24. 依法决定暂缓执行。

25. 依法中止、终结执行。

26. 依法恢复执行。

27. 依法执行回转。

28. 依法执行被执行人的担保财产或者担保人的财产。

29. 依法移送破产审查。

三、审判辅助人员

(一) 法官助理

1. 审查诉讼材料。

2. 协助法官组织庭前证据交换、庭前调解。

3. 接待当事人。

4. 受法官委托或者协助法官办理财产保全和证据保全等。

5. 受法官指派,办理委托鉴定、评估、审计等工作。

6. 受法官委托或协助法官依法调取必要证据。

7. 根据法官要求,准备与案件审理相关的参考资料,研究案件涉及的法律问题。

8. 参与庭审。

9. 在法官指导下草拟审理报告、裁判文书。

10. 开展与审判相关的调研、督查、考核、宣传等工作。

11. 可列席合议庭评议、专业法官会议。

12. 根据工作需要,代行书记员职责。

13. 完成法官交办的其他审判辅助性工作。

(二) 书记员

1. 负责庭前准备的事务性工作。

2. 检查开庭时诉讼参与人的出庭情况,宣布法庭纪律。

3. 负责案件审理中的记录工作。

4. 对使用录音录像替代或简化庭审笔录且法官认为有必要的,制作仅包含程序要点和实体要点的庭审笔记。

5. 核对庭审录音录像及其智能转换文字记录。

6. 按照网上办案要求及时上传案件材料,具体落实司法公开各项工作要求。

7. 校对、送达法律文书。

8. 录入案件相关信息。

9. 整理、装订、归档案卷材料(含电子卷宗)。

10. 完成法官交办的其他事务性工作。

四、专业法官会议

1. 讨论涉及群体性纠纷,可能影响社会稳定的案件。

2. 讨论疑难、复杂且在社会上有重大影响的案件。

3. 讨论新类型或在法律适用方面具有普遍意义的案件。

4. 讨论与本院或者上级法院的类案判决可能发生冲突的案件。

5. 讨论有关单位或者个人反映法官有违法审判行为的案件。

6. 讨论合议庭处理意见分歧较大的案件。

7. 讨论拟提交审委会讨论的案件。

8. 讨论需要纳入审监管理的其他案件。

9. 讨论涉及审判领域的新情况、新问题。

10. 讨论涉及总结审判经验,促进法律适用统一的审判事项。

11. 讨论其他需要提请研究的审判事项。

五、审判委员会

1. 总结审判经验,统一本院或辖区法院范围内的法律适用。

2. 讨论、研究、总结辖区内各级法院审判工作运行情况。

3. 讨论需向上级法院请示的有关审判工作重大问题。

4. 讨论、决定法官办理具体案件中的差错责任。

5. 讨论决定涉及国家安全、外交、社会稳定等敏感案件。

6. 讨论决定重大、疑难、复杂案件。

7. 讨论决定本院已经发生法律效力的判决、裁定、调解书等确有错误需要再审的案件。

8. 讨论指令再审或发回重审的案件。

9. 讨论决定同级人民检察院依照审判监督程序提出抗诉的案件。

10. 讨论可能形成新的裁判标准或者拟作出的裁判与本院或者上级法院的类案裁判可能发生冲突的案件。

11. 讨论法律适用规则不明的新类型案件。

12. 讨论专业法官会议意见存在较大分歧且无法形成多数意见的案件。

13. 讨论拟改变原由本院审判委员会作出决定的再审案件。

14. 讨论合议庭拟不采纳专业法官会议多数意见的案件。

15. 讨论拟向上级人民法院请示的法律适用问题。

16. 讨论诉讼参与人请求本院院长回避案件审判的申请。

17. 讨论拟驳回同级人民检察院抗诉的刑事案件。

18. 讨论拟宣告被告人无罪的案件。

19. 讨论拟在法定刑以下判处刑罚或者免予刑事处罚的案件。

20. 讨论拟判处死刑的案件。

21. 讨论其他有关审判工作的重大问题。

六、违法审判和违法监督管理行为

法官、审判辅助人员等权责主体存在下列行为的,应当严格依法依纪追究相关责任。

1. 收受当事人或律师财物、接受吃请或其他利益输送,或者以配偶、子女等特定关系人名义谋取不正当利益。

2. 默许、纵容、包庇配偶、子女等特定关系人从当事人或律师处谋取利益。

3. 干预和插手司法案件,为当事人或其代理人谋取不正当诉讼利益或者损害其合法权益。

4. 为当事人推荐、介绍律师作为其代理人、辩护人,或者为律师介绍代理、辩护等法律服务业务,或违反规定向明知是涉案当事人及其委托的律师提供咨询意见或者法律意见。

5. 在知情的情形下,私下会见涉案当事人及其委托的律师。

6. 擅自参加律师或律师事务所举办的讲课、论坛、学术交流等活动或可能影响公正执行公务的其他活动。

7. 利用职权为自己或者他人谋取私利。

8. 违反有关规定从事或者参与营利性活动,在企业或者其他营利性组织中兼任职务。

9. 故意隐瞒、伪造、变造、损毁证据、案件材料。

10. 泄露国家秘密、审判工作秘密、商业秘密或者个人隐私。

11. 向合议庭、专业法官会议、审判委员会汇报案情时故意隐瞒主要证据、重要情节和提供虚假材料,或者因重大过失遗漏主要证据、重要情节。

12. 制作诉讼文书时,故意违背合议庭评议结果、审判委员会决定,或者因重大过失导致裁判文书主文错误并造成严重后果。

13. 未按照有关规定及时办理送达、卷宗归档及其他有关结案工作。

14. 以听取汇报、书面审查、审批案件、主持会议、指挥执行、协调督办案件,或者委托办案、挂名办案等方式代替办案、冲抵办案数。

15. 履行案件监督管理职责未通过规定的平台或途径进行,或未按照规定全程留痕。

16. 怠于行使或者不当行使审判监督权和审判管理权。

17. 违反规定或超越授权和分管范围行使审判管理权。

18. 违反规定变更案件的审理程序、审理期限。

19. 违反规定对审判执行过程中的相关程序性事项作出决定。

20. 对其没有参加审理的案件发表倾向性意见,但参加审判委员会、专业法官会议时除外。

21. 违反规定对案件处理作出批示或提出具体处理意见。

22. 直接改变独任法官、合议庭对案件的裁判结论。

23. 违反审批权限规定对未参加审理的案件裁判文书进行审核签发。

24. 以违反法律法规、司法解释、法官职业道德和纪律的方式,干扰、过问独任法官、合议庭依法独立审理案件的其他行为。

25. 实施其他违法审判、违法监督管理以及违反职业道德准则、纪律规定的行为。

38. 上海市高级人民法院关于审判团队 建设的指导意见(试行)

为进一步全面落实司法责任制,深化司法体制综合配套改革,优化审判资源配置,加强审判团队建设,提高管理效能,根据中央深改组审议通过的《关于上海市开展司法体制综合配套改革试点的框架意见》,最高人民法院《关于进一步全面落实司法责任制的实施意见》《关于深化人民法院司法体制综合配套改革的意见——人民法院第五个五年改革纲要(2019—2023)》等文件精神,结合上海法院工作实际,制定本指导意见。

第一条【总体目标】 审判团队建设的总体目标是进一步完善人员分类管理,优化司法资源配置,完善审判权力运行机制,全面落实司法责任制,确保不同类别审判组织和司法人员在各自职责权限内履职,以人员分类、专业分工、规范履职、精细管理、监管同步、考核透明的模式,更好实现"让审理者裁判,由裁判者负责",积极推动审判能力和审判管理体系现代化建设,全面提升审判质量、效率和效果。

第二条【概念及原则】 审判团队一般以 1 个以上独任庭或合议庭为中心,辅之以一定数量的审判辅助人员组成。组建审判团队应当遵循以下原则:

(一)扁平化管理原则。进一步规范落实符合全流程监管需要的审判管理、审判监督权力运行机制,科学分层,将审判团队作为相对独立的办案、管理单元;

(二)专业化审判原则。在现有庭室划分、精简机构基础上进一步细化审判专业分工,结合繁简分流等审判工作机制,提高审判质效;

(三)落实责任制原则。根据团队成员职责分工,确定具体的职权范围、工作标准和责任清单,建立权责明晰、权责一致的办案责任制;

(四)科学化考评原则。建立科学的团队业绩评价和考核制度,业绩评价结果作为团队成员任职、评先评优和晋职晋级的依据,确保团队作用得到全面有效发挥。

第三条【团队类型】 各院可以结合各自工作实际,组建以下形式的审判团队:

(一)速裁办案团队。根据案件繁简分流需要,一般可在立案庭(诉讼服务中心、诉调对接中心)等部门依托法官、审判辅助人员及社会辅助力量,针对道路交通、物业纠纷、小额民间借贷等简易案件组建速裁审判团队,推广"要素式"审理模式,实行简案快审;也可在金融、知产等专业化审判业务部门或人民法庭内设相应的速裁办案团队;

(二)普通办案团队。按照专业化分工要求,可在审判业务部门组建以法官为核心,法官助理、书记员等审判辅助人员分工协作、紧密配合、相对固定的综合性或专业化审判团队,推行"争点式"审理模式,实行类案专审,推动繁案精审,强化文书说理,促进裁判尺度统一和审判质效的提高;

(三)机动(专项)办案团队。根据工作需要,可以机动组建专项审判团队,审理重大、敏感和疑难复杂或跨领域等案件;

(四)辅助团队。根据工作需要,可组建执行团队、辅助事务集约化管理团队,也可依托法官工作室等组建特色化工作团队。

第四条【组建模式】　各院可在本院内设机构下组建审判团队,必要时也可以跨部门组建机动和辅助团队。

(一)办案团队可以1名或多名法官为核心,配备若干辅助人员,总人数一般不超过10人,审判辅助人员与法官的比例不得低于1∶1;

(二)辅助团队的组建和人员配置模式可由各院根据工作需要灵活确定。

审判团队人员的选任、组建和考核等由政治部牵头负责。审判团队的组建配置、任务和人员调配等,应当听取分管院长、庭长的意见;团队成员的选配,可采用团队负责人与其他成员双向选择等方式。

第五条【团队负责人的选任】　团队负责人应当从办案及管理经验丰富、业务能力突出、品行兼优者中择优选任,采用任期制。其中担任基层法院办案团队负责人的,一般应当具备二级法官以上等级。

院长、副院长、审判委员会专职委员、庭长可编入相对固定的普通办案团队或机动(专项)办案团队,副庭长应当兼任审判团队负责人。

各院可结合工作需要细化制定本院具体的团队组建方案和团队负责人选任、考核激励方案,报高院政治部备案,并录入法院人事和法官业绩档案等系统。

第六条【团队成员权责】　各院应当根据工作需要和组建目的制定审判团队的任务目标书和权责清单,作为对团队及其成员考核激励以及团队内部管理的依据。

团队负责人权责一般应当包含以下内容:

(一)组织完成各项审判任务。负责组织开展本团队的办案或辅助工作,确定团队成员分工,合理分配团队内法官、法官助理、书记员等人员的工作量,确保完成本团队的审判目标任务,行使对团队成员司法绩效考核及奖惩评比等建议权。团队负责人参与合议制案件审理的应当担任审判长,院长、副院长、审判委员会专职委员或庭长同

时参与的,由院长、副院长、审判委员会专职委员或庭长担任审判长;

（二）加强审判质效管理。负责团队的审判质效管理,强化审判流程管控和审判节点监督,确保本团队审判质效数据保持在合理区间;对于属于《上海市高级人民法院关于专业法官会议的规定》第七条情况的案件,及时报请提交专业法官会议讨论;专业法官会议讨论本团队案件的,审判团队负责人应当参加;

（三）统筹安排各项审判辅助事务。督促落实好团队的信息输入、归档、判决书上网、判决书附录法律条文、网络庭审直播情况等各项辅助事务性工作;组织开展好团队的全流程网上办案信息化应用、审判业务调研等工作;组织落实团队案件的判后答疑、息诉息访以及涉法涉诉案件的协调和处理等工作;

（四）抓好团队自身队伍建设。负责组织开展本团队的政治理论学习、职业操守培育和业务培训,督促团队成员严格遵守国家法律法规和廉洁自律各项规定和要求;抓好会纪会风、保密等日常管理工作;

（五）其他职责。落实院庭长交办的其他工作任务。

办案团队成员审理案件的司法权责划分,根据《最高人民法院关于完善人民法院司法责任制的若干意见》第十五条至第二十条和《上海市高级人民法院关于完善司法责任制的实施意见》第二十五条至第二十七条规定确定。

办案团队成员的其他事务性权责划分,以及辅助团队成员的工作权责划分,根据团队的任务目标书和权责清单确定,没有明确的,由团队负责人提出意见并报院庭长决定。

第七条【院庭长监督管理职责】 院长、庭长是本院、本庭队伍建设的第一责任人。在分管或直接参与团队的审判活动和具体工作中,应当履行指导、支持、管理和监督职责。

（一）院庭长应当通过审定修改审判团队的任务目标书和权责清单、院长办公会、审委会、立审执衔接会议、考核委员会等形式,对审判团队目标任务的确定、调整和考核提出意见和建议;

（二）院庭长应当通过参与重大、疑难复杂案件审理,既履行审判和监督职责,又发挥引领示范作用;

（三）院庭长应当通过审判流程节点管控、讲评、督促、考核、定责、处理举报投诉、接待群众来访等方式加强对本院、本庭、分管团队案件总体质效情况和个案程序性事项的监督和管理;

（四）对于符合《最高人民法院关于完善人民法院司法责任制的若干意见》第二十四条规定、《上海市高级人民法院关于专业法官会议的规定》第七条规定情形的案件,院庭长可依职权主动进行监督。对非本人直接参与审理案件的事实认定或法律适用问题发表意见的,一般应当通过专业法官会议、审判委员会或其他规定形式,全程留痕。

第八条【团队的考核】 坚持量化考核为主,推动构建完善有利于激发个体积极性,同时促进团队合作和审判质效提高的业绩考评机制。

(一)审判团队的考核方案,由各院根据团队的任务目标书和权责清单制定,并进一步量化到岗、细化到人。参加专业法官会议、审判委员会以及审判调研成果等工作量均可纳入团队任务目标和业绩考核。法官在担任审判长、承办法官、参审法官时工作量的测算,由高院通过上海法院案件权重系数系统统一确定;不同团队模式下配备不同数量辅助人员对法官及辅助人员工作量考核的影响因素,由各院根据实际情况和团队设置目标予以综合考虑和平衡;

(二)对各团队负责人、成员的考核评定,由各院结合季度考核、年度考核和审判团队负责人选任等专项工作需要实施。考核结果主要依据考核方案和工作任务完成情况,并在全院予以公示。团队负责人的考核结果等次应当听取所在部门庭长和分管院长的意见;团队成员的考核结果等次,应当听取团队负责人的意见;辅助人员的考核结果等次,应当听取其团队法官的意见。

第九条【分案配套机制和人员力量动态调配机制】

各院应当建立人案匹配的案件分配和团队人员力量动态调配机制。

(一)积极探索根据诉讼请求、标的、刑罚轻重等因素明确简案、一般案件和繁案的识别要素及标准,通过办案系统自动识别和人工辅助的方式,并结合本院速裁、普通和机动(专项)办案团队的情况,制定案件繁简分流方案;

(二)根据本院各庭和审判团队的繁简分流目标和审判专业分工,实施随机分案;

(三)为防止规避随机分案原则,各院一般不得以细化专业分工为由,指定某类特定案件由单一固定的法官主审。确属重大案件和舆论关注的敏感案件,可以组建机动(专项)办案团队,确需指定主审法官的,按指定分案规则分配,并在办案系统内全程留痕;

(四)各院应当结合案件数量的变化情况等因素,动态调整审判团队的人员配置,优化审判资源配置,实现整体审判力量与案件的匹配均衡。

第十条【党建配套机制】 各院可以探索建立"支部建在庭上、党小组建在审判团队上"的制度,既有助于加强组织建设,又能更好发挥基层党组织促进团队办案的战斗堡垒作用。

第十一条【辅助事务集约化配套机制】 各院应当根据《上海市高级人民法院关于

推进审判辅助事务外包工作的指导意见(试行)》等规定,积极开展审判辅助事务外包工作,进一步完善辅助事务集约化社会化机制,为办案团队减负增效。

　　第十二条【其他配套机制】 信息技术、审判管理、调研和监察等职能部门,应当及时完善适应审判团队模式的审判流程管理、案件自动分配、司法统计、业绩考核、业务支持和风险预警等相关机制和系统,促进适法统一,提高案件流转和审理效率,强化对审判团队各类办案数据的实时动态监管,实现信息化技术、类案指引等对审判团队的全面支持和监督。

　　第十三条【适用范围】 本指导意见适用于全市基层法院,高中院、专门法院参照执行。

　　第十四条【实施日期】 本指导意见自公布之日起施行。各院在开展审判团队建设中,可以根据本意见和工作实际,对团队的组建、负责人选任、成员权责、团队考核及相关配套机制予以细化规定,并报高院司改办备案。

39. 上海市高级人民法院关于实行随机自动分案的若干意见

为进一步完善随机分案制度,优化司法资源,加强审判管理,提高审判质效,提升司法公信,落实司法责任制和司法体制综合配合改革,推进法治化营商环境建设,在加强审判专业化建设基础上,全面实行随机自动分案制度,根据《最高人民法院关于完善司法责任制的若干意见》《上海市高级人民法院关于贯彻落实〈上海市着力优化营商环境加快构建开放型经济新体制行动方案〉的实施方案》等规定,结合上海法院工作实际,制定本意见。

第一条 随机自动分案是人民法院对案件立案后,按照一定的随机分案规则,运用现代信息技术,由电脑随机、自动、直接地将案件分配给承办法官的一种案件分配制度。

第二条 各法院应对商事案件和民事合同类案件实行电脑随机自动分案。

第三条 随机自动分案应坚持公开透明、公平公正、随机均衡、鼓励办案、高效便民原则。

第四条 案件立案后,首先由立案庭根据各业务庭收案范围在当日内即时确定承办业务庭,再由电脑依据承办业务庭员额法官人数、各员额法官办案系数以及累计收案量和存案量,将案件随机自动直接分配到收案数量少、未结案件数少的法官。

设有专项合议庭的,应将案件随机自动直接分配给专项合议庭的法官。

第五条 当场登记立案的,应当场告知当事人随机自动分案确定的承办法官和联系方式。

非当场立案的,应在立案时通过 12368 短信等方式告知当事人随机自动分案确定的承办法官和联系方式。

第六条 电脑随机自动确定承办法官后,立案人员应当及时将案件移送承办法官,办理案件交接手续,承办法官应当及时接收案件,不得以任何理由拒绝接收案件。

第七条 对随机自动分配的案件,业务庭认为不属于本部门职责范围的,根据《最高人民法院关于立案工作的暂行规定》第十七条之规定,应在收到案件卷宗 2 日内提出,报审管办由分管审判管理的院领导决定。

第八条　有下列情形之一的,承办法官可在分案系统中申请变更承办法官,并详细填写申请变更理由,经部门负责人审核、审管办复核、分管院领导审批后,作出是否准予变更的决定。

（一）因法定回避情形需要承办法官回避的;

（二）案件系同一原告或者同一被告的系列案件的;

（三）案件重大、疑难、复杂或者与案件有关联关系等特殊情形的;

（四）承办法官因健康、外出工作学习等客观原因需要脱产 30 日以上的(需提供人事部门证明);

（五）其他确需变更承办法官的情形。

未经规定程序,业务庭不得擅自变更案件承办法官。

除因法定事由外,案件经第一次开庭审理后,不得变更承办法官。

第九条　经审批准予变更承办法官的案件,应及时退回分案系统,并由立案庭在该业务庭其他员额法官内由电脑重新随机自动直接确定承办法官。业务庭不得自行直接确定承办法官。

第十条　案件变更承办法官的,由分案系统同时通过 12368 短信将变更情况自动告知当事人,接受当事人监督。

第十一条　健全完善分案情况内部公示制度,各级法院分案机制和具体分案情况应在分案系统予以公示,对于变更审判组织或承办法官的,变更理由一并进行公示。

第十二条　对承办法官因健康、外出工作学习等客观原因需要脱产 30 日以上的,所在业务庭可以申请暂停对该承办法官予以暂停随机分案,并在分案系统中输入暂停事由和暂停起止日期,经分管院领导审批同意的,对该承办法官可以暂停随机分案。

暂停事由消失后,由分案系统自动恢复对该承办法官随机分案。

第十三条　业务庭人员及其审判资格情况发生变动的,政治部人事部门应于情况发生变动后 3 日内书面告知审管办,由审管办通知信息技术部门,在分案系统中进行相应办案权限的调整。

第十四条　各法院应加强法官审判业务能力建设,不断提高法官审判业务能力和水平,使法官适应电脑随机自动分案制度,胜任随机自动分配的各类案件的审判工作,确保审判质量。

第十五条　各法院应健全绩效考评与奖惩机制,加强法官收结案量、及时报结情况、变更率等审判绩效考核,鼓励法官多办案、快办案、办好案,营造争先创优的良好氛围,避免出现慢结案、少结案、报结不及时等消极现象。

第十六条　本意见自印发之日起实行。

40. 上海市检察机关关于司法办案职权配置和运行的规定

为全面落实司法责任制,进一步明确检察人员办案职责权限,确保检察权依法公正行使,根据《人民检察院组织法》《关于完善人民检察院司法责任制的若干意见》等相关规定,结合上海检察工作实际,制定本规定。

第一条【基本原则】 检察司法办案职权配置和运行,应当坚持遵循司法规律与兼顾检察工作特点相统一,坚持检察长统一领导检察院工作与突出检察官办案主体地位相统一,坚持检察官依法独立行使办案职权与加强司法办案监督制约相统一。

第二条【权力清单】 市检察院统一制定本市各级检察院检察官权力清单,明确检察官办案职权范围。除权力清单中明确由各分院、基层院确定的办案权限外,各分院、基层院不另行制定本单位检察官权力清单。

除依照本规定应当由检察委员会讨论决定或者检察长批准、决定的案件或者办案事项外,其余均可以授权检察官行使。

第三条【检察委员会】 检察委员会依法讨论决定下列案件:

1. 涉及国家重大利益和严重影响社会稳定的案件;

2. 根据法律规定需层报高检院核准的案件;

3. 拟提请或者提出抗诉的案件;

4. 拟向上级检察院书面请示的案件;

5. 对检察委员会原决定进行复议的案件;

6. 其他重大、疑难、复杂案件。

检察长、其他检察委员会委员讨论决定案件应当遵照检察委员会工作规则规定的权限和程序。

第四条【检察长】 检察长统一领导检察院工作,依法批准或者决定下列办案事项:

1. 直接受理侦查案件的立案、不立案、撤销案件以及对前述办案事项复议、复查、申诉的决定；

　2. 对直接受理侦查案件决定采取强制措施,进行技术侦查,以及查封、扣押、冻结财产等重要侦查措施；

　3. 不批准逮捕,决定不予逮捕、不起诉、撤回起诉以及对前述办案事项复议、复核、申诉的决定；

　4. 重大有影响案件批准逮捕、提起公诉；

　5. 决定或者批准办理监察机关移送案件中涉及的办案事项；

　6. 向人民法院提出再审检察建议,以书面形式向侦查、审判、司法行政等机关(部门)提出纠正违法通知书、检察建议等；

　7. 其他应当由检察长批准或者决定的办案事项。

检察长可以委托副检察长代行检察长的职权,可以授权检察官行使检察长的部分职权。

检察长、副检察长依照相关规定要求,作为主办检察官或者独任检察官办理案件的,在职权范围内对办案事项直接作出决定或提请检察委员会讨论决定,并依照相关规定接受流程监控、质量评查和数据监管,纳入业绩考评,相关情况记入个人司法档案。

第五条【业务部门负责人】　业务部门负责人除作为检察官承办案件外,主要履行以下职责：

　1. 对相关案件或事项向检察长报告或提请检察长审核；

　2. 对需要报请检察长决定的事项和需要向检察长报告的案件先行审核；

　3. 对本部门的办案活动进行监督管理；

　4. 组织研究涉及本部门业务的法律政策问题；

　5. 组织对下级检察院相关业务部门办案工作的指导；

　6. 召集检察官联席会议；

　7. 应当由业务部门负责人履行的其他职责。

业务部门负责人对办案活动进行审核、监督管理,不能直接改变检察官的处理决定或意见。

第六条【检察官】　独任检察官、主办检察官依照检察官权力清单,在检察长授权检察官行使的职权范围内对办案事项作出决定。

检察官办案组中的其他检察官,根据主办检察官的组织、指挥、协调,具体承办案件。

第七条【院部组负责人监督】　检察长、业务部门负责人、主办检察官应当加强对司法办案活动的监督管理,重点针对办案关键环节和廉政风险点,对独任检察官、检察官办案组承办的案件进行审核、监督。

第八条【检察长指令审核和报告案件】 检察长有权对独任检察官、检察官办案组承办的案件进行审核,或者要求检察官报告办案情况,认为确有必要也可以更换承办案件的检察官,并将相关情况记录在案。

检察长、副检察长不同意检察官处理意见,可以要求检察官复核或提请检察委员会讨论决定,也可以直接作出决定。要求复核的意见、决定应当以书面形式作出,归入案件卷宗。

第九条【业务部门负责人报告和提请审核案件】 对于下列案件或情形,业务部门负责人应当及时向检察长报告或者提请检察长审核:

1. 重大、疑难、复杂或有社会影响的案件;

2. 检察官联席会议对案件处理有重大意见分歧的;

3. 办案活动存在违法违规情形的;

4. 当事人举报投诉检察官违法办案的;

5. 律师控告检察官阻碍其依法行使诉讼权利的;

6. 有迹象表明检察官违法办案的;

7. 认为需要报告或提请审核的其他重大事项。

第十条【主办检察官监督】 主办检察官对检察官办案组其他检察官独任承办的案件加强监督,发现可能存在问题的,应当及时向业务部门负责人报告或者建议召开检察官联席会议讨论案件。

第十一条【案件管理监督】 案件管理部门应当通过案件分配、流程监控、质量评查、数据监管等方式,加强对检察官承办的重点案件以及办案中的重点环节、重点数据、重点指标的常态化监督。

第十二条【检务督察监督】 检务督察部门应当充分运用执法督察、巡视巡察、内部审计、追责惩戒等措施,严格落实司法办案"三个规定"等要求,加强对司法办案活动的专门化监督。

第十三条【派驻纪检监察监督】 各级检察院应当自觉接受派驻纪检监察机构的监督检查。承担监督管理职责的人员和部门,在履职过程中发现检察官办案涉嫌违法违纪的,应当依照有关规定及时移交派驻纪检监察机构处理。

第十四条【控告申诉检察监督】 控告申诉检察部门在受理审查控告、申诉,办理群众来信等司法办案活动中发现检察官可能涉嫌违法违纪的,应当及时向检察长报告,同步通报相关办案部门。

第十五条【社会监督】　各级检察院应当加强司法公开,强化释法说理,自觉接受人大监督、政协民主监督和人民监督员监督,通过 12309 检察服务中心、一网通办等信息化平台主动接受案件当事人和社会监督。

第十六条【解释主体】　本规定由上海市人民检察院检察委员会负责解释。

第十七条【施行时间】　本规定自下发之日起施行。

第十八条【适用效力】　本市检察机关其他文件有关规定与本规定不一致的,适用本规定。未作规定事项按照有关法律法规、司法解释、本市规定等规范性文件执行。施行期间,上级机关出台新的规定的,执行新的规定。

41. 上海市检察机关推进逮捕环节全面化审查的指导意见(试行)

第一章 一般规定

第一条【制定目的】 为贯彻办理审查逮捕案件全面审查工作要求,进一步深化捕诉一体办案机制,强化检察机关诉前主导责任,优化审查逮捕办案机制,提高办案质效,根据刑事诉讼法及相关司法解释、办案规定,结合本市工作实际,制定本指导意见。

第二条【概念定义】 逮捕全面化审查是指检察机关在办理审查逮捕案件时,应对案件全部的证据采信、事实认定、法律适用、社会危险性和法律监督事项等方面内容开展全面审查。

逮捕全面化审查机制还包括将审查逮捕环节向捕前、捕后两端延伸,全面形成审查逮捕、提前介入和捕后跟踪工作机制。

第三条【工作要求】 充分发挥捕诉一体优势,有效链接提前介入、审查逮捕、捕后侦查及审查起诉等环节。加强与认罪认罚从宽、补充侦查、羁押必要性审查、证据合法性审查等工作的衔接,全面提升刑事检察办案质效。

第二章 提前介入

第四条【对口联络】 与公安机关刑侦、经侦、治安、法制等部门建立对口联络制度,充分发挥公检联动优势,推进提前介入规范化、机制化、常态化运行,丰富提前介入的方式,完善提前介入的工作机制,确保提前介入的实质成效。

第五条【介入方式】 经公安机关商请或检察机关认为确有必要提前介入的重大有影响、疑难复杂及新类型案件,检察官可以通过以下方式提前介入:

(一)听取案发经过及侦查情况介绍;

(二)查看现场、作案工具;

(三)参加案件侦查讨论会议;

（四）阅看现场勘验笔录、尸体检验报告、相关鉴定意见等证据；

（五）观看审讯录像或审讯过程；

（六）阅看犯罪嫌疑人、被害人及证人笔录；

（七）其他必要的工作方式。

第六条【工作内容】　检察官提前介入、引导侦查取证的主要工作包括：

（一）提出对案件现有证据的意见；

（二）提出对案件性质、法律适用的意见；

（三）提出收集、保全、固定、转化、补正重要证据的建议；

（四）提出对案件中涉及的其他犯罪事实、其他涉案人员进一步取证的建议；

（五）监督侦查活动是否合法。

第七条【引导取证意见】　检察官在提前介入后，根据刑事审判的证据规格和证明标准，审慎提出具体、明确的引导取证意见。

在证据没有发生重大变化的情况下，检察官提前介入时提出的意见，应当作为审查逮捕、审查起诉的重要参考。

第八条【跟踪督促】　对于需要提请批准逮捕的提前介入案件，检察官应主动跟踪了解引导取证意见的落实情况，以提高审查逮捕阶段办案质效。

第九条【案件化办理】　对于公安机关提请提前介入的案件，应当根据统一业务应用系统的要求，将提前介入的案件信息和相关报告、请示及书面意见等，录入或者上传至统一业务应用系统，进行案件化办理。

第三章　审查逮捕

第十条【讯问时间】　为全面审查逮捕案件，检察官应在收到案件后及时阅卷，一般应当在三个工作日内完成讯问。

第十一条【讯问要求】　讯问犯罪嫌疑人，应当查明其基本情况，依法告知其诉讼权利和义务、认罪认罚的法律规定，听取其供述和辩解。对于犯罪嫌疑人翻供的，应当讯问原因，进一步核实其翻供的理由与有罪供述的真实性。

犯罪嫌疑人在讯问中提出侦查人员存在刑讯逼供等非法取证行为的，应当根据其提供的相关线索或者材料及时开展必要的核实。

第十二条【讯问内容】　检察官应围绕公安机关提请批准逮捕书中列明的全部案件事实、罪名和情节，对犯罪嫌疑人进行讯问。

讯问中发现存在提请批准逮捕书中未列明的其他犯罪事实、其他涉案人员的，应予以准确记录并及时向公安机关反馈。

第十三条【讯问笔录】 讯问笔录应当完整记录犯罪嫌疑人的供述及辩解、提供的非法取证线索、是否认罪认罚以及与定罪量刑相关的犯罪情节等情况。

第十四条【证据审查】 以在案证据为基础,审查逮捕阶段审查的内容包括:

(一)犯罪嫌疑人是否构成犯罪、构成何种犯罪;

(二)与犯罪嫌疑人可能判处的刑罚有关的量刑情节;

(三)犯罪嫌疑人的社会危险性。

对在案证据审查,包括对公安机关办案程序及收集证据的合法性进行审查。

第十五条【社会危险性审查】 审查认定犯罪嫌疑人是否具有社会危险性,应当以公安机关移送的社会危险性相关材料为依据,并结合案情及认罪认罚等情况综合认定。

在案证据缺少或不足以判别犯罪嫌疑人是否具有社会危险性的,可以要求公安机关补充,必要时检察官可以开展社会调查。

第十六条【非法证据排除】 犯罪嫌疑人或辩护人提出侦查人员存在刑讯逼供等非法取证行为并提交相关线索或材料的,检察官应当及时开展调查核实工作。犯罪嫌疑人或辩护人未提交相关线索或材料,可以通过审查讯问犯罪嫌疑人的录音录像、调取犯罪嫌疑人的入所体检表等方式进行。

对于在办案中发现可能存在《刑事诉讼法》第五十六条规定的其他以非法方法收集证据情形的,可以要求公安机关对证据收集的合法性作出书面说明或者提供相关证明材料,必要时可以自行调查核实;公安机关以非法方法收集的证据材料,应当依法排除并提出纠正意见。

第十七条【听取辩护律师意见】 在审查逮捕阶段,犯罪嫌疑人已经委托辩护律师的,检察官可以听取辩护律师的意见。辩护律师提出要求的,应当听取辩护律师的意见。对辩护律师的意见应当书面记录,辩护律师提出的书面意见应当附卷。

辩护律师要求提交证据材料的,应当依法办理,并制作笔录附卷。辩护律师提出的证据材料,应当附卷。

辩护律师提供线索,要求检察机关调查核实相关证据或者申请重新鉴定的,应当根据具体情况,认为可能影响案件事实认定的,依法开展证据复核工作。逮捕期限内无法完成的,应当在作出逮捕或不捕决定后,建议公安机关开展必要的侦查取证。

第十八条【听取其他诉讼参与人意见】 办理审查逮捕案件,可以听取被害人及其诉讼代理人的意见。被害人及其诉讼代理人提交书面意见或证据材料的,应当附卷。

第十九条【听证】 办理审查逮捕案件,需要核实评估犯罪嫌疑人是否具有社会危险性、是否具有社会帮教条件的,可以召开听证会。

检察官应当根据案件具体情况,确定听证会参加人。听证会参加人除听证员外,可以包括案件当事人及其法定代理人、诉讼代理人、辩护人、相关办案人员、证人和鉴定人以及其他相关人员。

人民检察院在充分听取各方意见后,根据已经查明的事实、证据和有关法律规定,依法作出决定。

第二十条【审查意见】 逮捕阶段审查内容应完整记录于审查报告中,应全面反映案件事实证据和法律适用、检察官在办案过程中开展的工作情况和检察官的意见。逮捕阶段审查报告应包括:

（一）犯罪嫌疑人的基本情况;

（二）经审查认定的全部案件事实;

（三）经审查认定的主要证据及分析论证;

（四）证据合法性说明;

（五）法律适用和认定;

（六）社会危险性分析;

（七）引导侦查取证事项;

（八）诉讼监督事项;

（九）结合办案参与社会治安综合治理事项;

（十）其他需要说明的事项。

第二十一条【文书简化】 对于犯罪事实清楚、证据确实充分的轻罪案件,可以适当简化逮捕阶段审查报告。

案件移送审查起诉时,犯罪事实、证据及情节等较审查逮捕阶段没有变化的,审查报告可以简化,重点对审查起诉阶段需要注意的问题予以说明。

第二十二条【调取证据材料】 对于具有以下情形可以及时调取的有关证据材料,检察官可以制发《调取证据材料通知书》,通知公安机关直接补充相关证据并移送:

（一）案件基本事实清楚,虽欠缺某些证据,但收集、补充证据难度不大的;

（二）证据存在书写不规范、漏填、错填等瑕疵,公安机关可以在审查逮捕期间补正、说明的;

（三）证据材料制作违反程序规定但程度较轻微,通过补正可以弥补的;

（四）案卷诉讼文书存在瑕疵,需进行必要的修改或补充的;

（五）缺少抓获经过、前科材料等,侦查人员能够及时提供的;

（六）其他可以通知公安机关直接补充相关证据的。

第二十三条【继续侦查】 作出批准逮捕决定后,需要继续侦查的案件,检察官应当结合庭审指控需要,向公安机关制发《继续侦查提纲》。提纲要完整列明需要补正、补充和补强的与定罪、量刑有关的证据,围绕事实认定、法律适用存在的问题,具体、明确地列明需要继续侦查的主要事项及需要达到的要求。

第二十四条【不捕说理】　对于因不构成犯罪不批准逮捕的案件、不具有社会危险性不批准逮捕和因证据不足不批准逮捕的案件,检察官应当制作《不批准逮捕理由说明书》,充分阐明不批准逮捕的依据及理由。

第二十五条【补充侦查】　对于不批准逮捕的案件需要补充侦查的,检察官应当制作《补充侦查提纲》,列明证据体系存在的问题、补充侦查方向、取证要求等事项并说明理由。一般包括以下内容:

(一)阐明补充侦查的理由,包括案件事实不清、证据不足的具体表现和问题;

(二)阐明补充侦查的方向和取证目的;

(三)明确需要补充侦查的具体事项和需要补充收集的证据目录;

(四)根据逮捕的证据标准,明确补充证据需要达到的标准和必备要素;

(五)有遗漏罪行的,应当指出在提请批准逮捕书中没有认定的犯罪嫌疑人的罪行;

(六)其他需要列明的事项。

第四章　(不)捕后跟踪

第二十六条【一般要求】　审查逮捕案件审结后,办案部门应当与公安机关加强协作配合,及时掌握案件进展情况,可以采取及时沟通和定期通报相结合的方式,继续做好跟踪、督促和引导工作。

第二十七条【督促移诉】　对于事实清楚、证据确实充分且犯罪嫌疑人自愿认罪认罚的案件,在作出审查逮捕决定的同时,可以发函督促公安机关限期移送审查起诉。

第二十八条【捕后跟踪】　批准逮捕并建议公安机关继续侦查的,检察官应当对继续侦查情况进行跟踪,并以书面形式记录。出现新情况、新问题的,应及时提出意见和建议。

继续侦查取证工作完成后,可以建议公安机关及时移送审查起诉。

第二十九条【不捕后跟踪】　因证据不足作出不批准逮捕决定后,检察官应在二个月内跟踪公安机关对补充侦查提纲的落实情况,并持续关注案件的进展情况。对于公安机关未及时有效开展补充侦查工作的,应当予以督促落实。不捕后跟踪落实情况应书面记录并附卷。

公安机关经补充侦查重新移送后,检察官应及时审查公安机关制作的书面补充侦查报告和移送的补充证据,核对补充侦查事项是否补查到位。对公安机关未能按要求开展补充侦查工作,无法达到批准逮捕标准的,应当依法作出不批准逮捕决定。

第三十条【延押审查】　对公安机关提请延长侦查羁押期限的案件,应当对逮捕后侦查工作进展情况、下一步侦查计划是否具体明确及犯罪嫌疑人有无继续羁押的必要等进行审查。

经审查符合延长侦查羁押期限条件的,应当提出审查意见后报有决定权的上一级检察机关审查,并跟踪督促公安机关开展下一步的侦查取证工作。

对于公安机关在犯罪嫌疑人逮捕后二个月以内未开展侦查工作、侦查取证工作没有实质进展,或者犯罪嫌疑人没有继续羁押必要的,可以作出不批准延长侦查羁押期限的决定。

第三十一条【羁押必要性审查】　作出批准逮捕决定后,检察官应当根据犯罪嫌疑人涉嫌的犯罪事实、主观恶性、认罪认罚情况、身体状况、案件进展情况、可能判处的刑罚和有无再危害社会的危险等因素,依职权或依申请启动羁押必要性审查,综合评估有无必要继续羁押犯罪嫌疑人。

第五章　诉　讼　监　督

第三十二条【追捕】　检察官认为公安机关遗漏应当逮捕的犯罪嫌疑人,需要公安机关提请批准逮捕或直接移送审查起诉的,应当向公安机关提出追捕或直诉的建议,并跟踪、监督公安机关是否对犯罪嫌疑人采取强制措施。

第三十三条【立案监督】　在提前介入、审查逮捕、捕后跟踪等过程中,发现公安机关存在有案不立或违法立案等情形的,应当随案开展监督,确有错误的,应及时启动立案监督程序予以纠正。

第三十四条【侦查活动监督】　在提前介入、审查逮捕、捕后跟踪等过程中,应当加强对侦查活动的监督,及时发现和纠正公安机关在侦查活动中的违法行为,确保案件诉讼证据的合法性。

对于侦查人员轻微违法或办案不规范等情形,检察官可以口头形式提出纠正意见;对于严重违法行为,应及时制止,并视情发出《纠正违法通知书》或《侦查活动监督通知书》,监督公安机关纠正。

第三十五条【线索移送】　对于在办案中发现的职务犯罪线索、公益诉讼线索或其他违法犯罪线索,应当移送有管辖权的相关单位或部门。

第六章　附　　则

第三十六条【试行范围】　本指导意见在本市各级检察机关刑事检察部门试行。

第三十七条【试行效力】   本指导意见自下发之日起试行。试行期间由上海市人民检察院检察委员会负责解释。

第三十八条【试行变更】   本指导意见试行期间,有新的规定出台的,执行新的规定;需要修改的,由上海市人民检察院检察委员会讨论决定。

42. 上海市检察机关检察长、副检察长、检察委员会专职委员办理案件工作规定(试行)

第一条【目的依据】 为贯彻落实习近平总书记全面依法治国新理念新思想新战略,深入推进政法领域全面深化改革,紧紧抓住领导干部这个"关键少数",切实发挥检察长、副检察长、检察委员会专职委员在司法办案中的带头、引领、示范作用,全面落实司法责任制,根据《关于检察长、副检察长、检察委员会专职委员办理案件有关问题的意见》等规定,结合上海检察工作实际,制定本规定。

第一章 一 般 要 求

第二条【办案界定】 检察长、副检察长、检察委员会专职委员办理案件,是指检察长根据法律规定或者副检察长、检察委员会专职委员根据法律规定和检察长的授权,参与具体诉讼案件或者其他法律监督案件办理的全部过程或者相关环节,在审阅案件卷宗材料、调查核实、听取意见、参加案件讨论等基础上,依法对案件提出处理意见或者作出处理决定,并承担相应司法责任的履职活动。

第三条【办案要求】 检察长、副检察长、检察委员会专职委员应当通过办理案件,特别是作为主办检察官办理案件,在办案精细化、规范化方面以上率下、做出榜样,同时要通过办案了解情况、发现问题,更好地指导办案、规范办案,有效解决办案中的问题,促进提升办案质效和司法能力。

检察长、副检察长、检察委员会专职委员办理案件,对调查、复核关键证据、组织听证审查、出席法庭、宣布处理决定等重要环节、关键阶段,必须亲自办理。

上级人民检察院的检察长、副检察长、检察委员会专职委员,一般不得作为公诉人出庭支持下级人民检察院办理的一审公诉案件。

第四条【办案方式】 检察长、副检察长、检察委员会专职委员办理案件主要包括以下八种方式:

(一)作为主办检察官或者独任检察官办理案件;

（二）参加检察委员会会议讨论决定重大、疑难、复杂案件,在审阅案件卷宗材料基础上提出处理意见;

（三）对其他检察官办案组或者独任检察官办理案件的重大事项,在审阅案件卷宗材料、参加案件讨论基础上作出决定;

（四）列席人民法院审判委员会会议讨论重大、疑难、复杂案件,在审阅案件卷宗材料、参加案件讨论基础上提出意见;

（五）依照案件请示办理工作有关规定,听取下级人民检察院汇报案件,在审阅案件卷宗材料、参加案件讨论基础上提出书面处理意见或者作出书面指令或者决定;

（六）在对监狱等场所开展巡回检察工作中,参与巡回检察工作方案的制定,参加巡回检察完整过程,对巡回检察发现的问题作出处理决定并督促整改落实;

（七）依照人民检察院信访工作规定接待人民群众来信来访,在听取信访人陈述和调查核实的基础上,依法作出决定或者依程序督办;

（八）依照检察建议工作规定,结合案件办理,对检察工作中发现的社会治理问题主持研究提出检察建议,与被建议单位进行沟通协调,并跟踪督促被建议单位整改落实。

第五条【办案数量】 本市各级院检察长、副检察长、检察委员会专职委员依照本规定第四条办理案件的数量,应当对相应办案方式分别统计、累计计算。其中,检察长和检察委员会专职委员每年办案数量,分别不低于本院检察官年均办案数的5%和20%;副检察长每年办案数量,以其分管所有部门检察官年均办案数为依据计算,市、分院不低于20%,基层院不低于30%。

第六条【办案数量核减】 因重要专项工作、办理重大专案或者脱产研修培训等需要,经下列程序审批后,可以酌情核减年度办案数量:

（一）市院副检察长、检察委员会专职委员及分院、基层院检察长需要核减的,由市院检察长审批;

（二）分院、基层院副检察长、检察委员会专职委员需要核减的,由本院检察长审批。

第七条【办案总结】 各级院应当及时总结检察长、副检察长、检察委员会专职委员办理案件的经验,通过组织庭审观摩、开展案件讲评、编制典型案例、展示法律文书、组织研修培训等,充分发挥检察长、副检察长、检察委员会专职委员办理案件的示范、引领和指导作用。

第八条【办案宣传】 各级院应当加强对检察长、副检察长、检察委员会专职委员办理案件的宣传报道,对工作成效明显、取得突出办案效果的,加大宣传力度,充分展现检察机关公正司法良好形象。

第二章　作为主办检察官或者独任检察官办理案件

第九条【主办或者独任办案的类型】　检察长、副检察长、检察委员会专职委员作为主办检察官或者独任检察官办理案件,主要办理审查逮捕、审查起诉、核准追诉、二审上诉、抗诉、直接受理立案侦查、立案监督、侦查活动监督、刑事审判活动监督、民事行政检察监督、公益诉讼、控告、刑事申诉、国家赔偿等案件。

检察长、副检察长、检察委员会专职委员作为主办检察官办理的案件,应当是重大复杂敏感案件、新类型案件和在法律适用方面具有普遍指导意义的案件。

第十条【主办或者独任办案的职责】　检察长、副检察长、检察委员会专职委员作为主办检察官或者独任检察官办理案件,应当直接调查核实证据材料、审查认定案件事实、提出处理意见或者作出处理决定。根据不同办案类型,依法分别履行下列办案职责:

(一)在审查逮捕、审查起诉、核准追诉案件中审查案件材料,讯问犯罪嫌疑人,询问关键证人和被害人,复核主要证据,组织开展补充侦查和调查核实,听取辩护人或者诉讼代理人意见,作出处理决定、提请检察长决定或者提请检察委员会讨论决定,出席法庭,列席人民法院审判委员会会议等;

(二)在直接受理立案侦查案件中分析研判案件线索,制定初查方案和侦查计划,决定立案或者提请立案,决定采取强制性侦查措施,讯问犯罪嫌疑人,询问关键证人和被害人,收集审核证据,决定侦查终结、移送起诉或者撤销案件等;

(三)在诉讼监督案件中审查案件材料,开展巡回检察,调查核实违法线索,收集核实证据,听取当事人及其辩护人、诉讼代理人和相关司法工作人员意见,作出处理决定、提请检察长决定或者提请检察委员会讨论决定,出席法庭,列席人民法院审判委员会会议等;

(四)在公益诉讼案件中分析研判案件线索,审查案件材料,调查核实案件事实,听取当事人意见,组织听证,作出处理决定、提请检察长决定或者提请检察委员会讨论决定,出席法庭,列席人民法院审判委员会会议等;

(五)在控告、申诉、国家赔偿案件中审查案件材料,调查核实案件事实,听取当事人及其辩护人、诉讼代理人意见,作出处理决定、提请检察长决定或者提请检察委员会讨论决定。

第十一条【主办或者独任办案的分案规则】　检察长、副检察长、检察委员会专职委员作为主办检察官办理本规定第九条第二款规定的案件,实行指定分案。检察长可以根据履职需要,指令本院案件管理部门将该类案件分配给自己或者副检察长、检委会专职委员办理。上级督办案件、领导批示交办案件等优先由检察长、副检察长或者检察委员会专职委员办理。分案后,应在办理案件附注栏注明本案属于"重大复杂敏感案件""新类型案件"或"在法律适用方面具有普遍指导意义的案件"的具体类型。

检察长、副检察长、检察委员会专职委员作为独任检察官办理案件的,应在检察机关统一业务应用系统中建立独任办案单元,根据需要参与随机分案。

检察长、副检察长、检察委员会专职委员在以独任检察官身份办理案件时,认为所办案件属于本规定第九条第二款规定的,应更换办案单元至本人所在的检察官办案组并作为主办检察官办理,并在案件附注栏说明变更理由及案件所属的具体类型。

第十二条【主办或者独任办案的数量】 各基层院检察长作为主办检察官或者独任检察官办理案件的数量,每年应当不少于 5 件;副检察长、检察委员会专职委员作为主办检察官或者独任检察官办理案件的数量,每年应当不少于 10 件。

各分院检察长作为主办检察官或者独任检察官办理案件的数量,每年应当不少于 2 件;副检察长、检察委员会专职委员作为主办检察官或者独任检察官办理案件的数量,每年应当不少于 5 件。

市院检察长作为主办检察官或者独任检察官办理案件的数量,每年应当不少于 1 件;副检察长、检察委员会专职委员作为主办检察官或者独任检察官办理案件的数量,每年应当不少于 3 件。

第十三条【主办或者独任办案的数量计算】 各级院检察长、副检察长、检察委员会专职委员作为主办检察官或者独任检察官办理案件,又就该案件参加检察委员会会议讨论或者列席人民法院审判委员会会议的,在统计办理案件数量时不重复计算。

第三章 日 常 管 理

第十四条【办案管理】 检察长、副检察长、检察委员会专职委员办理案件,应当依据有关规定在检察机关统一业务应用系统中进行;依据规定不宜在检察机关统一业务应用系统中办理的,应当建立办案台账,通过案件登记管理系统全面、如实记录办案数量和办案情况。

针对本规定第四条(二)至(八)项办案方式办理案件的,原案承办人应当做好检察长、副检察长、检察委员会专职委员参与办理案件的记录;对案件讨论、听取下级院汇报、参与巡回检察、听取信访人陈述、与被建议单位沟通协调等办案活动做好讨论记录、检察记录、调查笔录等工作记录;对检察长、副检察长、检察委员会专职委员提出的处理意见、书面指令或者依程序督办内容及时记录入卷,完整反映检察长、副检察长、检察委员会专职委员办理案件的情况。所有记录、处理意见和办案决定应当依照规定全面、如实录入相关办案系统。

第十五条【办案统计】 市院案件管理办公室负责全市各级院检察长、副检察长、检察委员会专职委员办案情况的统计工作。

根据上一年度全市办案量测算各级院检察长、副检察长、检察委员会专职委员当年作为主办检察官或者独任检察官办理案件的数量,经市院检委会确认后报高检院备案。

对检察长、副检察长、检察委员会专职委员办理案件的统计,以相关系统中的实时数据为准。

第十六条【办案通报】 市院按季度通报各分院、基层院检察长、副检察长、检察委员会专职委员办理案件的情况,通报内容如下:

(一)检察长、副检察长、检察委员会专职委员办理案件的平均数量;

(二)检察长及每一位副检察长、检察委员会专职委员具体办理案件数量及其占本院检察官平均办案数量的比例;

(三)检察长及每一位副检察长、检察委员会专职委员作为主办检察官或者独任检察官办理案件的数量;

(四)检察长及每一位副检察长、检察委员会专职委员作为主办检察官办理本规定第九条第二款规定案件的具体类型及数量;

(五)其他相关办案工作情况。

第十七条【办案监管】 对各级院检察长、副检察长、检察委员会专职委员办理的案件,依照相关规定开展流程监控、案件质量评查和个案评鉴,并将相关情况记入个人司法档案。检察长、副检察长、检察委员会专职委员办案数量等情况作为年终绩效考核的重要参考。

市院对上述案件每年组织开展专项流程监控、案件质量评查。

第十八条【办案保障】 市院各办案部门应当进一步完善办案机制,明确案件受理、案件承办确定、办案程序、法律文书等,提升司法办案精细化、规范化水平。

各级院相关职能部门应当配合做好办案组织配置、电子卷宗推送等检察长、副检察长、检察委员会专职委员办理案件的基础保障工作。

市院应当及时完善案件登记管理系统并研制有效的统计工具、主题库等,实现对检察长、副检察长、检察委员会专职委员办理案件的实时、动态分析研判。

第四章　附　　则

第十九条【文件效力】 市院此前印发的其他规范性文件与本规定不一致的,以本规定为准。

第二十条【解释主体】 本规定由市院负责解释。

第二十一条【试行时间】 本规定自发布之日起试行。

43. 上海市公安局关于进一步加强重大行政执法决定法制审核工作的实施意见

为贯彻落实中共中央、国务院《法治政府建设实施纲要(2015—2020年)》关于严格执行重大行政执法决定法制审核制度的要求,以及《本市建立重大行政执法决定法制审核制度的意见》,进一步规范本市公安机关的行政执法行为,保护公民、法人和其他组织的合法权益,现就加强重大行政执法决定法制审核工作,提出具体实施意见:

一、适用范围

本市各级公安机关对重大行政执法决定进行法制审核,适用本实施意见。本实施意见所称的重大行政执法决定法制审核(以下简称"法制审核"),是指各级公安机关在作出重大行政执法决定前,应当由对应的公安法制部门进行合法性、合理性审核。

二、审核主体

重大行政执法决定法制审核的部门(以下简称"法制审核部门")包括:

(一)市局法制总队;

(二)各分局法制支队、市局相关业务部门内设法制机构;

(三)具有行政执法职能的市局相关业务部门不设法制机构的,应当指定负责法制审核工作的部门。

法制审核部门设立或变更后一个月内应当报市局法制总队备案。

三、职责分工

市局法制总队负责本市公安机关法制审核工作的指导、监督和检查;对市局交办的以市局名义作出的重大行政执法决定进行审核。

各分局法制支队负责审核以区公安分局名义作出的重大行政执法决定。

市局相关业务部门的法制审核部门负责审核以本部门名义或以市局名义作出的

重大行政执法决定。

重大行政执法决定作出前应当经法制审核部门审核;未经法制审核部门审核或者审核未通过的,不得作出决定。

四、审核范围

下列重大行政执法决定应当进行法制审核:

(一)需要听证的行政处罚决定,包括责令停产停业,吊销许可证或执照,对个人处以二千元以上罚款、对单位处以一万元以上罚款、对违反边防出境入境管理法律法规和规章的个人处以六千元以上罚款,以及其他法律、法规和规章规定的符合听证条件的行政处罚决定;

(二)行政拘留、暂缓执行行政拘留、停止执行行政拘留决定,以及减轻行政拘留决定为其他行政处罚决定;

(三)强制隔离戒毒、提前解除强制隔离戒毒决定;

(四)拘留审查、延长拘留审查、解除拘留审查、限制活动范围、遣送出境;

(五)对较大数额财物(具体数额由业务条线主管部门确定)采取查封、扣押、冻结等行政强制措施;

(六)需要听证的行政许可决定,包括法律、法规、规章规定应当听证的行政许可决定,以及公安机关认为需要听证的其他涉及公共利益的重大行政许可决定;

(七)变更、撤回、撤销行政许可决定;

(八)各级公安机关认为需要法制审核的其他行政执法决定。

各分局、市局相关业务部门可以根据本地区、本部门行政执法工作实际,将其他行政执法决定纳入法制审核范围;法制审核范围扩大的,应当及时报市局法制总队备案。

五、审核内容

对拟作出的重大行政执法决定,应当就以下内容进行合法性和合理性审核:

(一)对执法决定的管辖权、执法主体资格、依据、程序(包括听证程序、听取陈述申辩程序等)、事实认定及证据、救济途径告知等进行审核;

(二)对于行政处罚决定,还应当对行政处罚种类、履行方式及期限、适用的裁量基准、违法行为是否涉嫌犯罪需要追究刑事责任等进行审核;

(三)对于变更、撤回、撤销行政许可决定,还应当对依法给予补偿或者赔偿的方案等进行审核;

(四)对行政处罚决定、行政许可决定是否可以公开进行审核;

（五）其他法律、法规、规章规定需要对重大行政执法决定进行审核的内容。

六、材料提交

各级公安机关在对重大行政执法决定作出审批前，行政执法事项承办部门（以下简称"行政执法部门"）应当将拟作出重大行政执法决定的主要事实证据、法律依据、执法程序等材料报送本单位法制审核部门进行法制审核，法制审核部门认为需要提交其他材料的，行政执法部门应当及时补齐。

七、审核受理

法制审核部门收到重大行政执法决定的送审材料后，应当根据下列情况分别作出处理：

（一）对于属于本实施意见规定、需要法制审核，且送审材料齐全的，予以审核；

（二）对于属于本实施意见规定、需要法制审核，但送审材料不齐全或者不符合要求的，应当通知行政执法部门补正，补正后予以审核；

（三）对于不属于本实施意见规定的，应当退回行政执法部门，同时说明理由。

法制审核时限由各分局、市局相关业务部门根据执法实际自行确定，但不得超过法定办理期限。

八、审核方式

法制审核以网上审核为主，各级公安机关应当不断优化完善办案、办事系统，将重大行政执法决定法制审核流程嵌入网上相关办案或办事模块中，进行网上法制审核。尚不具备网上法制审核条件或有保密要求的，可以进行书面审核。

九、意见征询

法制审核需要相关警种部门协助的，相关警种部门应当给予支持。法制审核过程中发现疑难问题的，可以通过召开座谈会、论证会等方式听取专家学者、法律专业人士的意见。

十、审核结果

法制审核部门进行法制审核后，应当提出以下审核意见：

（一）对于事实清楚、证据确凿、适用依据正确、程序合法、裁量适当的，提出同意的审核意见；

（二）对于主要事实不清、证据不足、适用依据错误、程序违法、超越或者滥用职权、裁量不当的，提出不同意的审核意见，并说明理由。

十一、审核意见处理

行政执法部门收到审核同意的法制审核意见的，应当将该意见与相关材料一并报请本单位分管相关案件负责人审批重大行政执法决定。

行政执法部门收到审核不同意的法制审核意见的，应当根据该意见进行纠正。纠正后再次报送法制审核，收到审核同意的法制审核意见的，应当将该意见与相关材料一并报请本单位分管相关案件负责人审批重大行政执法决定。

行政执法部门纠正后再次报送法制审核，仍收到审核不同意的法制审核意见的，可以自收到审核意见之日起2个工作日内提请法制部门复审。法制部门应当自收到复审申请之日起3个工作日内提出复审意见交行政执法部门。

十二、监督考评

各级公安机关应当将本单位重大行政执法决定法制审核目录清单、法制审核机构、人员、法制审核年度工作总结向市局法制总队报备。市局法制总队应当通过案卷评查、网上巡查等方式，对本市公安机关法制审核工作进行监督检查。重大行政执法决定法制审核工作落实情况纳入各级公安机关考评。

十三、行政责任

各级公安机关应当加大对重大行政执法决定法制审核的监督、检查力度，对违反本实施意见，未将重大行政执法决定提交法制审核的，应当依法依规追究责任部门主管领导和直接责任人的责任。

十四、其他事项

各级公安机关应当根据执法实际，在本实施意见规定的范围内，细化本单位法制审核范围、内容和具体标准，明确审核时限和流程，落实法制审核责任，提高法制审核质量。

法律法规和规章，国务院及公安部的文件，市委、市政府的文件，对重大行政执法决定法制审核另有规定的，从其规定。

本实施意见自印发之日起执行。

44. 上海市公安局关于贯彻少捕慎诉慎押刑事司法政策的指导意见(试行)

为全面贯彻少捕慎诉慎押刑事司法政策,深化落实宽严相济刑事政策和认罪认罚从宽制度,依法精准适用刑事拘留、逮捕、查封、扣押、冻结等刑事强制措施和刑事追诉,做到当重则重、当轻则轻,根据《中华人民共和国刑法》《中华人民共和国刑事诉讼法》及有关规定,结合本市办案实践,制定本指导意见。

一、指导思想

以习近平法治思想为指导,深入践行以人民为中心的发展思想,准确理解和适用少捕慎诉慎押刑事司法政策,将刑事强制措施、刑事追诉控制在合理且必要的限度内,努力实现惩罚犯罪与保障人权的最佳平衡。在刑事执法司法过程中注重分析突出矛盾,把握好原则与例外、一般与特殊的关系,区分不同案件情形,落实"轻轻重重"办案要求,在有效打击犯罪的同时强化保障人权、节约司法资源、促进社会和谐。

二、基本原则

(一)坚持宽严相济原则。落实少捕慎诉慎押刑事司法政策,应当在宽严相济刑事政策的框架内,根据犯罪的具体情况,区分案件性质、情节和对社会的危害程度,做到该宽则宽,当严则严,宽严相济,罚当其罪。对轻罪案件及其他具有法定从轻、减轻处罚情节的犯罪嫌疑人、被告人,特别是可能判处三年有期徒刑以下刑罚,社会危害不大的初犯、偶犯、过失犯、未成年犯,一般应当体现从宽,慎重逮捕、起诉、羁押;对严重危害国家安全、公共安全犯罪和严重暴力犯罪等重罪案件以及虽然罪刑较轻,但情节恶劣、拒不认罪、人身危险性较大的犯罪嫌疑人、被告人,应当体现从严,该捕即捕,依法追诉。

(二)坚持"三个效果"相统一原则。落实少捕慎诉慎押刑事司法政策,应当结合案件具体情况,综合考量法、理、情等因素,对逮捕、起诉、羁押的必要性进行审查,依法准确行使司法裁量权,确保政治效果、法律效果和社会效果相统一。

（三）坚持公检相互配合制约原则。落实少捕慎诉慎押刑事司法政策,公安机关和检察机关应当分工负责、互相配合、互相制约,执行过程中存在认识差异时,应当加强沟通、统一认识、消除分歧、形成合力,促进刑事案件办理质效提升。

三、适用范围

（一）依法精准适用刑事拘留。严格依照《中华人民共和国刑事诉讼法》第八十二条等规定适用刑事拘留,区分不同案件的情形,对其中罪行轻微,案件事实清楚、证据确实充分,主观恶性和人身危险性较小,认罪认罚的犯罪嫌疑人,依法适用取保候审等非羁押强制措施。严格依法认定流窜作案、多次作案、结伙作案等延长拘留期限的情形,不得突破法定事由延长拘留期限。对已被拘留和依法延长拘留的犯罪嫌疑人,应当及时开展讯问、查证,对不需要逮捕的犯罪嫌疑人,应当及时变更强制措施;对不需要移送起诉的犯罪嫌疑人,应当及时释放或者作出行政处罚,避免"久拖不侦""一拘到底"。

（二）依法精准适用逮捕。严格依照《中华人民共和国刑事诉讼法》等相关规定适用逮捕,全面审查案件的事实、性质、情节,以及犯罪嫌疑人的犯罪动机和目的、到案后的态度、个人一贯表现等情况,综合考量犯罪行为的社会危害性、犯罪嫌疑人的人身危险性、再犯可能性以及对所居住社区的影响,充分考虑犯罪嫌疑人是否可能判处拘役、管制、单处罚金或适用缓刑,是否符合公众认知和公共利益基本要求,做好社会危险性及办案风险评估。对其中罪行轻微、主观恶性和人身危险性较小、认罪认罚的犯罪嫌疑人,依法适用取保候审等非羁押强制措施,减少犯罪嫌疑人羁押候审。对已被羁押的犯罪嫌疑人,应当审查其是否具有继续羁押的必要性,对没有继续羁押必要的犯罪嫌疑人应当依法及时变更强制措施。对犯罪性质恶劣、情节严重、认罪态度差、社会危害性大、造成一定社会影响等案件的犯罪嫌疑人,应当从严把握,依法予以逮捕。

（三）依法精准适用追诉。严格依照《中华人民共和国刑事诉讼法》《人民检察院刑事诉讼规则》等相关规定行使起诉裁量权,全面审查案件的事实、性质、情节,以及犯罪嫌疑人的犯罪动机和目的、到案后的态度、个人一贯表现等情况,综合考量犯罪行为的社会危害性、犯罪嫌疑人的人身危险性、再犯可能性等因素,充分考虑不起诉是否有利于被不起诉人悔过自新,是否符合公众认知和公共利益的基本要求,做好办案风险评估。对符合法定条件的案件,通过适用不起诉,发挥审查起诉的把关、分流作用。检察机关提出对被不起诉人给予行政处罚、处分或者没收其违法所得的检察意见,移送公安机关处理的,公安机关应当将处理结果及时通知检察机关。

（四）依法精准适用查封、扣押、冻结刑事强制措施。严格依照《中华人民共和国刑事诉讼法》《公安机关办理刑事案件程序规定》《公安机关办理刑事案件适用查封、冻结措施有关规定》等相关规定，根据侦查犯罪的实际需要，对涉案财物依法、精确适用查封、扣押、冻结刑事强制措施。严格区分违法犯罪所得、其他涉案财物与合法财产，遵循比例原则，禁止超权限、超范围、超数额、超时限查封、扣押、冻结，禁止以划转、转账、上缴财政或者其他方式变相扣押。办理涉企业案件时，依法能够采取较为轻缓、宽和措施的，尽量不采用限制财产权利的强制性措施；适用查封、扣押、冻结财产等强制措施的，不得随意扩大涉案财物范围、随意延长强制措施。

四、机制保障

（一）公安机关、检察机关应当结合实际，进一步细化逮捕适用条件和羁押必要性审查标准，建立社会危险性证明程序机制和量化评估机制，完善取保候审等非羁押强制措施体系。联合发布少捕慎诉慎押典型案例，定期举办同堂培训，进一步统一执法司法理念和办案标准。

（二）公安机关、检察机关应当充分发挥侦查监督与协作配合办公室的职能作用，加强数据交换共享。做好案件轻重分流，对轻微刑事案件犯罪嫌疑人是否需要提请批准逮捕、移送审查起诉等问题，侦查监督与协作配合办公室应当及时提供法律咨询和指导解答。对公安机关要求说明理由、要求复议、提请复核、申请复查和提出意见建议的，侦查监督与协作配合办公室应当跟踪督促和及时反馈。

（三）检察机关开展羁押听证或者不起诉听证的，应当充分听取侦查人员的意见，加强不批捕不起诉说理；公安机关提出不捕不诉复议复核意见的，检察机关应当认真审查并及时作出决定。公安机关主动变更逮捕强制措施为取保候审的，应当通知检察机关并说明理由。公安机关应当配合检察机关开展羁押必要性审查，提高侦查阶段建议公安机关变更强制措施的采纳率。

（四）公安机关、检察机关应当按照本指导意见及有关规定加强沟通协调，遇到疑难、复杂问题，通过协调无法解决的，可分别报市公安局法制总队和市检察院相应刑事检察部门作进一步协商。办理重大案件时，应当按照有关规定及时向上级部门请示报告。

（五）各级公安机关、检察机关应当结合地区实际，积极探索运用"云报告 App"、智能手环等数字化监管方式，并将数字化监管方式纳入上海公安数字化执法办案管理中心，加强对非羁押人员的管控，避免发生"脱保"现象。推动刑事和解、人民调解、司法救助、赔偿保证金提存等制度的落实，有效发挥少捕慎诉慎押刑事司法政策在修复社会关系、促进社会和谐方面的作用。

五、附则

（一）本指导意见以附件形式对危险驾驶罪、盗窃罪、寻衅滋事罪、袭警罪的逮捕、起诉、羁押作出指引,对其他犯罪适用刑事强制措施、刑事追诉,可以根据本指导意见的规定执行。对故意伤害罪、帮助信息网络犯罪活动罪等其他常见犯罪的逮捕、起诉、羁押办案指引及时达成共识,会签相关文件。

（二）本指导意见与新颁布的法律、司法解释或者其他上级规范性文件不一致的,适用新的规定。

（三）本指导意见由上海市公安局、上海市人民检察院负责解释,自印发之日起试行。

附件:常见犯罪办案指引

常见犯罪办案指引

一、危险驾驶罪

办理危险驾驶案件,以适用取保候审强制措施为原则,以适用拘留强制措施为例外。对情节轻微依法不需要判处刑罚或者免除处罚的,检察机关可以决定相对不起诉。

（一）醉酒驾驶机动车,具有下列情形之一的,公安机关在立案后,对犯罪嫌疑人原则上直接采取取保候审的强制措施,并在七日内移送检察机关审查起诉,检察机关可以作相对不起诉处理:

1. 血液酒精含量达到 80 毫克/100 毫升,不满 160 毫克/100 毫升,且不具有本条第二款规定的情形的;

2. 造成轻微交通事故,没有造成他人人身损伤,血液酒精含量不满 160 毫克/100 毫升,犯罪嫌疑人赔偿损失的。

对血液酒精含量在 100 毫克/100 毫升以下且系初犯,认罪、悔罪,未造成其他损失或后果,情节显著轻微危害不大,依法可以不作为犯罪处理。

（二）醉酒驾驶机动车,血液酒精含量达到 80 毫克/100 毫升以上,具备《中华人民共和国刑事诉讼法》规定的拘留条件,并具有下列情形之一的,公安机关一般应当予以拘留：

1. 造成他人人身损伤的，或者造成交通事故后逃逸的；

2. 在高速公路上驾驶的；

3. 驾驶载有乘客的营运机动车，中型以上客车、货车，危险品运输车、工程作业车、救护车、消防车、校车等机动车的；

4. 有严重超员、超载或者超速驾驶，无驾驶资格驾驶机动车，使用伪造或者变造的机动车牌证等严重违反道路交通安全法的行为的；

5. 吸食、注射毒品或者非法使用其他麻醉、精神类药物后驾驶机动车的；

6. 阻碍公安机关依法检查，威胁、打击、报复、贿赂执法司法人员、证人、鉴定人，或者伪造证据、让他人顶罪等妨害司法行为的；

7. 曾因醉酒驾驶机动车受过刑事追究的，或者2年内曾因酒后驾驶机动车受过行政处罚的；

8. 具有其他严重情节，予以拘留更为妥当的。

（三）在车辆、人员稀少的道路上醉酒驾驶摩托车，血液酒精含量不满200毫克/100毫升的，可以根据本指导意见规定的标准适当从宽把握。

二、盗窃罪

（一）盗窃公私财物，具有下列情形之一的，检察机关可以作出相对不捕决定（公安机关可以不提请批准逮捕，下同）：

1. 未达到数额巨大标准20%的；

2. 未达到数额巨大标准，主动退赃退赔的；

3. 未达到数额特别巨大标准50%，主动退赃退赔，且有从犯、自首、立功等法定减轻、免除处罚情节的；

4. 未达到数额特别巨大标准，属犯罪未遂的；

5. 多次盗窃、扒窃数额不大，系初犯、偶犯的；

6. 不羁押不致危害社会的其他情形。

（二）盗窃公私财物数额较大，退赔、退赃且具有下列情形之一的，检察机关可以作相对不起诉处理：

1. 没有参与分赃或者获赃较少且不是主犯的；

2. 被害人谅解的；

3. 其他情节轻微，可以作相对不起诉处理的。

（三）具有下列情形之一的，一般不宜作相对不起诉处理：

1. 一年内曾因盗窃受过行政处罚的;

2. 为实施违法犯罪活动而盗窃的;

3. 入户盗窃、携带凶器盗窃、扒窃的;

4. 组织、控制未成年人盗窃的;

5. 自然灾害、事故灾害、社会安全事件等突发事件期间,在事件发生地盗窃的;

6. 在医院盗窃病人或者其亲友财物的;

7. 盗窃厂矿企业的生产资料,且造成半产品、制成品报废或者工期延误等后果的;

8. 采用破坏性手段盗窃的;

9. 盗窃行为导致国家秘密外泄的;

10. 盗窃行为导致商业秘密外泄,造成一定影响或者损失的;

11. 因盗窃行为引起报警人、报案人、被害人轻微伤的;

12. 案发后对报警人、报案人、被害人实施打击报复的;

13. 具有其他严重情节,不宜作相对不起诉处理的。

三、寻衅滋事罪

(一)寻衅滋事,未严重破坏社会秩序,具有下列情形之一的,检察机关可以作出相对不捕决定:

1. 随意殴打他人致 1 人轻伤或者 2 人轻微伤及以下后果,案发后积极赔偿,获得被害人谅解的;

2. 强拿硬要、任意毁损、占用公私财物,未达到起刑标准五倍的;

3. 强拿硬要、任意毁损、占用公私财物,达到起刑标准五倍以上,案发后积极赔偿,获得被害人谅解的;

4. 受他人纠集,参与寻衅滋事程度较轻的;

5. 不羁押不致危害社会的其他情形。

(二)寻衅滋事具有下列情形之一的,可以作相对不起诉处理:

1. 随意殴打他人致 1 人轻伤或者 2 人轻微伤,案发后积极赔偿并获得谅解的;

2. 强拿硬要公私财物价值不满 3 万元,或者任意损毁、占用公私财物价值不满 5 万元,案发后退赃、退赔并获得谅解的;

3. 其他情节轻微,可以作相对不起诉处理的。

(三)具有下列情形之一的,一般不宜作相对不起诉处理:

1. 使用凶器寻衅滋事的;

2. 曾因故意伤害、结伙斗殴、寻衅滋事等同类行为受过处罚的;

3. 具有涉黑涉恶等其他严重情节,不宜作相对不起诉处理的。

四、袭警罪

办理袭警案件,以适用羁押强制措施和刑事追诉为原则,以适用非羁押强制措施和不起诉为例外。公安机关、检察机关在办理该类案件过程中对逮捕、起诉有不同意见的,应当充分沟通、协商。对沟通、协商不成的案件,可以按照本指导意见关于异议协调的规定处理。

(一) 暴力袭击正在依法执行职务的人民警察,具有下列情形之一的,对犯罪嫌疑人应当予以逮捕:

1. 聚众袭警的组织者或首要分子;

2. 使用凶器袭警的;

3. 以驾驶机动车冲撞、拖挂、碰擦等方式袭警的;

4. 具有其他严重情节,予以逮捕更为妥当的。

(二) 暴力袭击正在依法执行职务的人民警察,具有下列情形之一的,可以作相对不起诉处理:

1. 造成人民警察轻微伤,案发后积极赔偿并获得谅解的;

2. 因执行职务行为不规范而导致袭警,情节较轻的;

3. 其他情节轻微,可以作相对不起诉处理的。

45. 上海市司法局关于全面推行轻微违法行为依法不予行政处罚的指导意见

为贯彻落实《法治政府建设实施纲要(2021—2025年)》和《上海法治政府建设规划(2021—2025年)》,指导和规范本市全面推行轻微违法行为依法不予行政处罚(以下简称"轻微违法不予处罚")工作,根据《行政处罚法》,提出如下指导意见。

一、总体要求

(一)指导思想。以习近平新时代中国特色社会主义思想为指导,全面贯彻党的十九大和十九届历次全会精神,深入贯彻习近平法治思想,认真落实党中央、国务院和市委、市政府关于优化营商环境的决策部署,按照行政处罚"过罚相当原则"和"处罚与教育相结合原则",依法制定、严格实施轻微违法行为依法不予行政处罚清单(以下简称"不予处罚清单"),深化精细化执法和包容审慎监管,激发市场活力,提升执法效果,建设更加包容、更具活力、更有温度的营商环境,促进经济社会高质量发展。

(二)工作目标。2022年底前,本市具有行政处罚权的市政府有关委、办、局和有关法律、法规授权组织(以下统称"市级行政机关")普遍制定不予处罚清单。2023年底前,本市不予处罚清单全面覆盖各有关行政执法领域,不予处罚清单制度体系基本完善。

二、制定不予处罚清单

(三)明确不予处罚清单制定责任。市级行政机关负责制定本系统(或者本单位,下同)不予处罚清单,包括梳理筛选行政处罚事项、研究确定具体不予处罚情形、起草出台不予处罚清单等。行政处罚权在全市相对集中行使的,由集中行使该行政处罚权的市级行政机关制定不予处罚清单;行政处罚权仅在个别地区相对集中行使的,由主管该执法领域行政处罚工作的市级行政机关制定不予处罚清单。行政处罚权下沉至街道办事处、乡镇人民政府行使的,由下沉前行使该行政处罚权的执法单位对应的市级行政机关制定不予处罚清单。同一种违法行为在不同场所分别由不同行政机关实施行政处罚的,由主管该违法行为行政处罚工作的市级行政机关牵头制定不予处罚清单。依照法律、法规、规章的规定委托实施行政处罚的,由委托行政机关所属执法系统的市级行政机关制定不予处罚清单。

(四)确定行政处罚事项及具体不予处罚情形。轻微违法不予处罚的依据是《行政处罚法》第三十三条第一款,即:违法行为轻微并及时改正,没有造成危害后果的,不予行政处罚;初次违法且危害后果轻微并及时改正的,可以不予行政处罚。市级行政机关要全面梳理本系统市、区和乡镇、街道三级的行政处罚事项及实施情况,根据行业特点、监管现状和执法实际,筛选出实施轻微违法不予处罚的行政处罚事项。筛选工作要优先聚焦本系统主要执法领域、高频处罚事项和行政相对人在过罚相当方面反映较大的处罚事项。对筛选出的行政处罚事项,市级行政机关要综合当事人的主观状态和违法行为损害法益情况、手段方式、危害后果、改正情况等因素,明确"违法行为轻微""危害后果轻微"等的具体标准,并依据《行政处罚法》第三十三条第一款的规定,确定具体不予处罚情形。违法行为危害国家安全,危害人民群众生命、健康或重大财产安全,危害市场经济或社会运行基本秩序的,不纳入不予处罚清单。

(五)制定不予处罚清单。各市级行政机关要将筛选出的行政处罚事项及其具体不予处罚情形汇总形成不予处罚清单。不予处罚清单可以单独制定制度,也可以规定在行政处罚裁量基准制度中,内容可以采用文本、表格等形式。市级行政机关要结合执法实际,稳妥有序推进不予处罚清单全面覆盖各有关行政执法领域,并不断扩充涉及的行政处罚事项。不予处罚清单应当与其他行政处罚裁量基准制度、执法有关制度做好衔接。制定不予处罚清单应当遵守《上海市行政规范性文件管理规定》要求,履行听取意见、公开征询社会公众意见、合法性审核、制定机关办公会议审议决定等程序。在听取意见环节,要充分听取行政相对人代表、相关国家部委、有关行政部门、基层执法单位和有关专家、法律顾问的意见;涉及市场主体的,还要听取有关行业协会商会和市工商业联合会的意见;涉及下沉处罚事项的,应当听取市城管部门意见;涉及委托处罚事项的,应当听取受委托组织意见;涉及全国统一大市场监管的,应当听取相关国家部委意见。不予处罚清单制定机关应当自清单公布之日起 15 个工作日内,将清单报送市人民政府备案。对《行政处罚法》第三十三条第二款规定的"当事人有证据足以证明没有主观过错"情形,市级行政机关也可以细化明确"足以证明"的具体标准,并制定相应的不予处罚清单。

(六)动态调整不予处罚清单。不予处罚清单实行动态调整。各市级行政机关要建立不予处罚清单定期评估机制,评估执行情况、施行效果、存在的问题及原因等,并根据评估结果动态调整不予处罚清单。评估周期由市级行政机关根据实际确定。不予处罚清单有效期届满的 3 个月前，制定机关应当按照《上海市行政规范性文件管理规定》要求进行评估。相关上位法发生变动的，不予处罚清单制定机关应当依法及时开展清理。

三、实施轻微违法不予处罚

（七）做好不予处罚清单公开及解读。不予处罚清单制定机关应当按照《上海市行政规范性文件管理规定》要求和政务公开要求等，及时向社会公开不予处罚清单及有关信息，并做好解读工作。不予处罚清单应当同步收入上海城市法规全书应用系统。

（八）抓好不予处罚清单实施。不予处罚清单出台后，相关行政执法单位应当严格遵照执行。对符合不予处罚清单规定的违法行为，应当不予处罚；对不予处罚清单未作出规定，但违法行为符合法定不予处罚制度规定的，也应当依法不予处罚；对违法行为不符合法定不予处罚制度规定的，不得违法作出不予处罚决定。行政执法单位应当充分调查取证，不予处罚案件一般应当作出不予行政处罚决定，法律、法规、规章另有规定的除外；对不予处罚的当事人要给予教育指导，可以采用批评教育、约谈相关负责人或有关人员、发送告知书等形式，充分告知其违法事实、认定违法的理由依据、应当履行的义务等，并指导其改正，督促其依法合规开展活动。

四、组织保障

（九）加强组织指导。市司法局要加强对本市不予处罚清单制定、实施工作的指导，及时研究解决全市面上具有普遍性的问题，并总结、推广典型经验和做法。各市级行政机关要高度重视，加强统筹协调，及时研究解决本系统不予处罚清单制定、实施中的重要问题，提供有效保障，有力推动工作落地落实；要强化本系统轻微违法不予处罚实施指导，及时为基层执法单位答疑解惑，必要时可以制定实施指导意见。市和区司法行政部门、市级行政机关要通过案卷评查、执法检查、执法评议等方式，分别对本市、本级或者本系统实施轻微违法不予处罚情况进行监督。

（十）强化培训宣传。各市级行政机关要加强本系统执法人员培训，明确轻微违法不予处罚实施具体要求，及时总结工作经验，不断提升执法能力。要注重收集典型案例，深化普法宣传，广泛开展形式多样、针对性强的轻微违法不予处罚宣传活动，营造良好的社会氛围。

本指导意见自 2022 年 8 月 20 日起施行。

46. 上海市司法局关于推行公职律师公司律师制度的实施意见

为充分发挥公职律师、公司律师在推进依法治市中的作用,完善公共法律服务体系,加快建设法治经济和法治社会,进一步推动上海法治环境良性发展,根据中共中央办公厅、国务院办公厅印发的《关于推行法律顾问制度和公职律师公司律师制度的意见》精神,结合实际,提出如下意见。

一、指导思想、基本原则和目标任务

(一) 指导思想。以习近平新时代中国特色社会主义思想为指导,全面贯彻落实党的十九大和十九届二中、三中全会精神,坚定不移走新时代中国特色社会主义法治道路,全面落实坚持依法治国基本方略,根据法治建设规律和律师工作特点,积极推行公职律师、公司律师制度,不断提高依法执政、依法行政、依法经营、依法管理的能力水平,为加快推进法治国家、法治政府、法治社会一体建设提供有力支撑。

(二) 基本原则。坚持正确政治方向。坚持党的领导,按照重品行、讲操守、守规矩要求,选拔思想政治素质、业务工作能力、职业道德水准过硬,拥护党的理论和路线方针政策,坚持社会主义法治理念和社会主义核心价值观的法律专业人才进入公职律师、公司律师队伍。

坚持分类规范实施。在我市党政机关、人民团体、国有企业分类推行公职律师、公司律师制度,建立健全分类管理工作机制,引导和鼓励各地区、各部门、各单位选择符合实际的组织形式、工作模式和管理方式,积极稳妥实施。

坚持统筹衔接推进。着眼于社会主义法治工作队伍建设大局,严格依法规范公职律师、公司律师执业准入和日常管理工作机制,畅通公职律师、公司律师与社会律师、法官、检察官之间的交流渠道,构建社会律师、公职律师、公司律师优势互补、结构合理的律师队伍。

(三) 目标任务。2020 年 6 月前,市、区两级党政机关和国有企业普遍建立公职律师、公司律师制度,同步推进乡镇党委(街道党工委)和乡镇政府(街道办事处)以及人民团体的公职律师工作。探索开展民营企业公司律师试点工作。到 2020 年年底,全面形成与我市经济社会发展和法律服务需求相适应的公职律师、公司律师制度体系。

二、建立健全党政机关公职律师制度

(四)市、区两级党政机关,乡镇党委(街道党工委)和乡镇政府(街道办事处)应当全面设立公职律师。在本单位从事法律事务工作并符合下列条件的公职人员,经所在单位同意,可以依法申请取得公职律师证书:

1. 所在单位在职在编的公职人员;

2. 具有中华人民共和国律师资格或者法律职业资格;

3. 符合公职律师其他相关申请条件。

(五)公职律师履行党政机关法律顾问承担的职责,可以受所在单位委托或者指派,代表所在单位从事律师法律服务。具体包括:

1. 为所在单位讨论决定重大事项提供法律意见;

2. 参与法规规章草案、党内法规草案和规范性文件的起草、论证;

3. 参与合作项目洽谈、对外招标、政府采购等事务,起草、修改、审核重要的法律文书或者合同、协议;

4. 参与信访接待、矛盾调处、涉法涉诉案件化解、突发事件处置、政府信息公开、国家赔偿等工作;

5. 参与处理行政处罚审核、行政裁决、行政复议、行政诉讼等工作;

6. 落实"谁执法谁普法"的普法责任制,开展普法宣传教育;

7. 办理民事案件的诉讼和调解、仲裁等法律事务;

8. 所在单位委托或者指派的其他法律事务。

9. 公职律师在执业活动中,享有律师法及其配套法规规定的会见、阅卷、调查取证和发问、质证、辩论等方面的律师执业权利,以及律师法规定的其他权利。

(六)公职律师不得从事有偿法律服务,不得在律师事务所等法律服务机构兼职,不得以律师身份办理所在单位以外的诉讼或者非诉讼法律事务。公职律师玩忽职守、徇私舞弊的,依法依纪处理。

三、建立健全国有企业公司律师制度

(七)国有企业应当普遍设立公司律师。在本单位从事法律事务工作并符合下列条件的企业员工,经所在单位同意,可以依法申请取得公司律师证书:

1. 与所在企业依法建立劳动关系;

2. 具有中华人民共和国律师资格或者法律职业资格;

3. 符合公司律师其他相关申请条件。

(八)公司律师履行国有企业法律顾问承担的职责,可以受所在单位委托或者指派,代表所在单位从事律师法律服务。具体包括:

1. 为企业改制重组、并购上市、产权转让、破产重整等重大经营决策提出法律意见;

2. 参与企业章程、董事会运行规则等企业重要规章制度的制定、修改;

3. 参与企业对外谈判、磋商,起草、审核企业对外签署的合同、协议、法律文书;

4. 组织开展合规管理、风险管理、知识产权管理、法治宣传教育培训、法律咨询等工作;

(1)办理各类诉讼和调解、仲裁等法律事务;

(2)所在单位委托或者指派的其他法律事务。

(九)公司律师在执业活动中,享有律师法及其配套法规规定的会见、阅卷、调查取证和发问、质证、辩论等方面的律师执业权利,以及律师法规定的其他权利。

公司律师不得从事有偿法律服务,不得在律师事务所等法律服务机构兼职,不得以律师身份办理所在企业以外的诉讼或者非诉讼法律事务。公司律师因玩忽职守给企业造成损失的,依法依规追究责任。

四、建立健全公职律师、公司律师执业许可制度

(十)市司法局负责对全市推行公职律师、公司律师制度进行规范管理和业务指导;对申请公职律师、公司律师的人员进行资质审查,向符合条件的人员颁发公职律师、公司律师证书;对公职律师、公司律师年度工作情况进行考核、备案,并对执业档案进行管理。

(十一)市级党政机关和市管国有企业向市司法局提交公职律师、公司律师申请。

区级党政机关,乡镇党委(街道党工委)和乡镇政府(街道办事处),区管国有企业向区司法局提交公职律师、公司律师申请。区司法局初审后,应当报市司法局审批。实行垂直管理体制的区级党政机关通过市级主管机关提交本单位的公职律师申请。

市司法局收到公职律师、公司律师申请后,应当及时审查,并向符合条件的人员颁发公职律师、公司律师证书。

五、建立完善管理体制

(十二)党内法规工作机构、政府法制机构和国有企业法律事务部门分别负责本

单位公职律师、公司律师的日常业务管理,协助本单位组织人事部门对公职律师、公司律师进行遴选、聘任、培训、考核、奖惩,对本单位申请公职律师、公司律师证书的人员进行审核,处理对本单位公职律师、公司律师的投诉等。

(十三)公职律师、公司律师脱离原单位或者不再从事本意见第五条、第八条规定的相关法律事务,应当注销其公职律师、公司律师证书;如果在新单位或者新岗位从事公职律师、公司律师工作,需要重新提交申请;如果申请转为社会律师,应当依照律师法及配套法规规定的条件和程序办理,其从事公职律师、公司律师的工作年限计入社会律师执业年限。

(十四)公职律师、公司律师应当加入律师协会,成为律师协会会员,接受律师协会的业务指导,享有律师协会特邀会员的权利,履行会员的义务。

六、加强组织领导

(十五)各级党政机关和国有企业要充分认识推行公职律师、公司律师制度的重要意义。各地区、各部门、各单位主要负责同志作为推进法治建设第一责任人,要积极推动本地区、本部门、本单位公职律师、公司律师制度的实施。

(十六)各级政府向上级政府报告依法行政工作时,应当报告公职律师、公司律师工作推进情况。各级党政机关和国有企业要把公职律师、公司律师工作纳入本地区、本部门、本单位年度目标责任制考核,并综合考虑本地区、本部门、本单位实际,细化工作方案,明确责任分工,科学、合理设置工作机构、人员规模和工作机制,积极稳妥推进工作。

(十七)各级党政机关和国有企业要加强公职律师、公司律师队伍建设,完善日常管理、业务培训、考核奖惩等工作机制和管理办法,建立符合本地区、本部门、本单位工作实际和律师执业特点的工作保障机制,设立工作经费预算项目,为公职律师、公司律师提供必要的办公条件和工作保障,确保公职律师、公司律师依法依规履职。

(十八)各级司法行政机关要加强与相关党政机关、国有资产监督管理机构的沟通协调,注重工作衔接配合,规范考核管理,建立健全情况通报等制度,形成齐抓共管的工作局面。

本意见实施前已取得公职律师、公司律师证书的人员,依据本意见承担职责、行使权利、履行义务,并由所在单位按照本意见确定的管理体制进行管理。

人民团体按照本意见建立公职律师制度。具有公共事务管理职能的事业单位、社会团体及其他组织可以参照本意见建立公职律师制度。

47. 上海市监狱管理局关于监狱办理减刑假释案件工作规范(试行)

第一章 总 则

第一条(目的依据) 为进一步规范上海监狱减刑假释案件的办理工作,明确各个环节的工作要求,根据《中华人民共和国刑法》《中华人民共和国刑事诉讼法》《中华人民共和国监狱法》《中华人民共和国社区矫正法》《最高人民法院关于办理减刑假释案件具体应用法律的规定》(法释〔2016〕23号)、《最高人民法院关于办理减刑、假释案件具体应用法律的补充规定》(法释〔2019〕6号)和上海市《关于办理减刑、假释案件的实施细则(试行)》(沪高法〔2018〕110号),司法部《监狱提请减刑假释工作程序规定》(130号令)和《关于减刑假释信息化办案平台建设的业务需求标准》,结合上海监狱工作实际,特制定本规范。

第二条(工作原则) 监狱办理减刑假释案件,应当以审判为中心,坚持依法宽严相济、公开公正和程序优先的原则,实行"谁承办谁负责、谁主管谁负责、谁签字谁负责、谁的电子签章谁负责"的办案责任制。

第三条(案件管辖) 有期徒刑罪犯的减刑假释,由监狱提出建议,报请管辖的中级人民法院裁定。

死刑缓期二年执行减为无期徒刑、无期徒刑减为有期徒刑、假释案件,由监狱提出建议,经监狱管理局审核同意后,报请上海市高级人民法院裁定。

原县处级以上领导干部的罪犯(含企业高级管理人员),涉黑(组织、领导、参加、包庇、纵容黑社会性质组织犯罪)涉恶罪犯,《刑法修正案(九)》施行后判处的原具有国家工作人员身份的贪污贿赂罪犯,局列管的重要罪犯,外国籍罪犯,港澳台籍罪犯以及其他情况特殊需要监狱管理局审核的罪犯,以上罪犯的减刑假释案件,由监狱提出建议,经监狱管理局审核同意后,方可报请。

第四条(适用范围) 本规范适用于上海监狱系统办理罪犯减刑、假释的案件。

第五条(责任部门)　刑罚执行部门负责减刑假释案件办理日常管理和考核监督,纪检监察部门负责对减刑假释案件进行执法监督。

第二章　减刑假释报请程序

第一节　监狱报请程序

第六条(基本流程)　监狱报请减刑的,应当经下列程序:立案,监区集体评议,监区公示,科室审查,监狱评审,监狱公示,征求检察机关意见,监狱长办公会审定。

监狱报请假释的,应当经下列程序:立案,征求社区矫正部门意见,监区集体评议,监区公示,科室审查,监狱评审,监狱公示,征求检察机关意见,监狱长办公会审定。

监区应当在罪犯生活区设立"罪犯刑罚执行变更程序公开栏",全流程公开罪犯减刑假释案件办理情况。

第七条(专人办理)减刑假释案件　应当由专(兼)职办案民警负责办理。主管民警负责收集案件办理所需的相关材料,办案民警负责对材料格式要求进行审查,并对材料进行核实。审查无误后,应按照减刑假释案卷目录和办案要求对案卷材料进行补充,做到材料齐全完整、相互印证。

第八条(证据收集)　申请罪犯减刑假释立案前,应当做好考评周期内以下证据材料收集工作:

(一)《认罪悔罪书》。认罪悔罪书应由罪犯本人书写并按手印,如系文盲或外籍犯,代笔人、口述人或者翻译者均应签名并按手印。认罪悔罪书应提供至少两份;首次减刑的,一份在入监半年内撰写,另一份在减刑立案之日前半年内撰写;再次减刑的,一份上次减刑裁定后撰写对减刑的认识或者态度,另一份在减刑立案之日前半年内撰写。如果该犯在改造期间认罪有反复,则每一个时期的认罪书均应放置在案卷内。

(二)《罪犯认罪悔罪评估表》。罪犯认罪悔罪评估表有效期为自评估之日起至立案之日止不超过半年,评估等级一般应达到三级以上。重要罪犯、涉黑涉恶罪犯、《刑法修正案(九)》施行后判处的原具有国家工作人员身份的贪污贿赂罪犯应当经监狱评估小组评估。

(三)《三项学习统计表》。民警负责填写,监区分管副监区长或者监区长签署"监区意见",教育改造科负责人签署"教育部门意见"并加盖科室公章。

(四)《劳动情况统计表》。民警负责填写,监区分管副监区长或者监区长签署"监区意见",劳动管理科负责人签署"劳动部门意见"并加盖科室公章。无劳动能力或者其他原因不参加劳动的,应附《上海市监狱管理局"在押老病残罪犯"审批表》等有效证明材料。

（五）《罪犯奖励（处罚）审批表》。提供考评周期内罪犯所有的奖惩审批表。罪犯有立功、重大立功行为的，应附相关材料。

（六）《罪犯年度评审鉴定表》。罪犯年度评审鉴定表由罪犯本人填写，如内容有修改的罪犯应在修改部分按手印；如系文盲或其他原因需他人代笔的，可以由罪犯本人口述他人代笔，并且代笔人、罪犯本人均应签名并按手印；监区、监狱对罪犯考评周期内年度评审鉴定表应按照规定审核鉴定，签署意见并签章确认。

（七）遵守监规纪律情况鉴定。遵守监规纪律情况鉴定由主管民警负责，监区领导审核签字。

（八）《附加财产性判项的罪犯大帐收支及财产性判项履行情况表》。民警负责填写，监区分管副监区长或者监区长签署"监区意见"，生活卫生科负责人签署"生活卫生科意见"并加盖科室公章。

（九）财产性判项履行凭证。民警应对照附加财产性判项履行的原始凭证对财产性判项履行情况进行核查、甄别，情况复杂或者数额巨大的，监狱应进行调查核实。

（十）计分考评材料。包括《罪犯计分考评和行政奖惩审核表》、计分明细单、计分考评加扣分审批表及相关证明等旁证材料。

（十一）《改造积极分子审批表》。教育改造科负责人、监狱分管领导均应签署意见并分别加盖教育改造科和监狱公章。被评为市改造积极分子的应经局相关部门审批，加盖专用章。

（十二）身份信息材料。根据需要提供罪犯身份信息材料，对自报名罪犯应按照《上海市监狱管理局狱内侦查工作实施办法》的规定核实。

第九条（立案申请）　一般罪犯减刑假释立案由民警填写《罪犯减刑假释立案审批表》，分管副监区长签署审核意见后报监狱审批；重要罪犯、涉黑涉恶、《刑法修正案（九）》施行后判处的原具有国家工作人员身份的贪污贿赂罪犯减刑假释立案应填写《＊＊＊＊罪犯减刑（假释）立案审批表》，经监区长签署审核意见后报监狱审批。立案申请应同时提供下列材料：

（一）起诉书、法院裁判文书、结案登记表、执行通知书、历次刑罚变更执行法律文书，《上海市＊＊监狱罪犯档案资料》；

（二）本规范第八条所列的相关证据材料。

第十条（立案审批）　一般罪犯的立案由监狱刑罚执行科负责审批。刑罚执行科收到监区报送的立案申请材料后，应及时进行审查，于15个工作日内完成审批。刑罚执行科应对罪犯基本信息、证据材料进行审核，对减刑假释的起始时间或间隔时间等法定条件进行审查,对罪犯的改造表现及证据材料进行审核,由刑罚执行科负责人在《罪犯减刑假释立案审批表》上签署立案审批意见,加盖科室公章。

第十一条(提级审批)　对重要罪犯、涉黑涉恶、《刑法修正案(九)》施行后判处的原具有国家工作人员身份的贪污贿赂罪犯及其他需要提级审核的罪犯立案,监狱狱政管理科、刑罚执行科应分别审查,经分管副监狱长或监狱长审核同意后,将《＊＊＊＊罪犯减刑(假释)立案审批表》连同立案相关材料报局审核。刑罚执行处收到监狱报送的立案材料后应进行登记,然后移送狱政管理处审查,再提出审查意见。狱政管理处、刑罚执行处应分别在《＊＊＊＊罪犯减刑(假释)立案审批表》上签署意见,并报分管领导审定。

需要请示市局的局重要罪犯或者其他重大敏感案件罪犯的减刑假释,应书面请示市局;收到市局同意立案的批复后,方可启动减刑假释程序。

第十二条(假释调查评估)　报请罪犯假释的,应征求社区矫正部门意见。立案后,由监狱刑罚执行科负责向罪犯假释后居住地社区矫正部门寄发《调查评估委托函(假释)》。社区矫正部门评估意见有效期为六个月,自社区矫正部门出具评估意见之日起至监狱长办公会决定之日止。

第十三条(监区评议)　监区应自审批同意立案之日起 15 日内制作《罪犯减刑(假释)审核表》,召开民警会议,对案件进行集体评议(报请假释的,应在收到《调查评估委托函(假释)》之后进行评议,不受 15 日限制)。参加会议的民警人数不少于监区民警总数的三分之二(不包括长病假、援疆、借调等长期不在监区执勤的民警)。监区集体评议会议由监区长主持,程序如下:

(一)办案民警向与会民警提供评议名册,并汇报案件情况;

(二)主管民警发表意见;

(三)与会民警应逐一发表意见,并记录在案;

(四)监区长汇总民警意见,提出初步评议建议;

(五)与会民警明示同意或不同意,并当场签名确认,签名应字体端正、清晰可辨;

(六)形成书面会议记录。

集体评议应逐人评议。同意人数超过监区民警总数一半以上,方可作出建议报请减刑假释的决定。集体评议建议报请减刑假释的,由监区长签署意见;集体评议不同意报请的,应在评议记录上写明不予报请的理由。监区应当将评议结果告知缺席会议的民警,并由民警签字确认。

第十四条(监区公示)　监区评议结果应向罪犯公示。公示内容包括被报请减刑假释罪犯的编号、姓名、原判罪名及刑期、历次减刑情况,以及本次报请减刑假释的奖惩情况、依据、报请建议(幅度)等,并告知举报途径。公示期限为 3 日。

公示期内,如有民警或者罪犯对公示内容提出异议,监区应当在 3 个工作日内进行复核,并告知复核结果。监区复核后认为需要暂缓或撤销报请,须经监区集体评议作出决定。公示过程和结果应有记载。

公示无异议的,监区应在三个工作日内签署意见,并将案件材料组卷后报刑罚执行科审查。

罪犯在减刑假释立案后,尚未上报刑罚执行科审查,调离原监区服刑的,应重新立案(报请假释的已经发函征求社区矫正部门意见尚未回函或者已经回函的可以不重新发函)。监狱的减刑假释流程尚未流转完毕被调至其他监狱服刑改造的,监狱评审会已经讨论同意的,仍由原监狱继续办理。

第十五条(科室审查)　刑罚执行科收到减刑假释案件材料后,一般应在 15 日内完成审查,情况复杂的可以延长 15 日,对材料不齐全、不规范或者不符合报请条件的,应当通知监区补充材料或者退回;对相关材料有疑义的,应进行核查;对符合条件的、材料齐全的,应出具审查意见。

刑罚执行科应当召开科室会议审查减刑假释案件,与会民警逐一发表意见,并在会议记录上签名确认,审查后由科室负责人签署审查意见,加盖科室公章。

科室审查完毕后科室民警应制作卷宗封底并签字,提交至科室负责人审查签署意见,加盖科室公章。

第十六条(监狱评审)　监狱评审委员会应按照《上海市监狱管理局减刑假释评审委员会评审规则》规定逐一评审罪犯减刑假释案件。会议程序如下:

(一)刑罚执行科汇报减刑假释案件科室审查情况,并向与会委员提供审查报告和报请减刑假释评审名册;

(二)与会委员逐一发表意见,并记录在案;

(三)与会委员明示同意或不同意,并当场签名确认;

(四)评审委员会主任明示评审结果,形成书面会议记录。

监狱评审委员会会议由主任主持或授权副主任主持,与会委员不少于三分之二时方为有效,缺席委员可派员列席会议。评审委员会意见由评审委员会主任签署,加盖减刑假释评审委员会公章。

监狱可以邀请检察机关派员列席会议。

第十七条(监狱公示)　监狱评审委员会评审结果应在全监范围内统一公示;公示内容应当包括罪犯的番号、姓名、原判罪名及刑期、历次减刑情况、奖惩情况、报请建议(幅度)及依据等,公示过程和结果应当有记载。公示期限为 5 个工作日。

公示期内,如有民警或者罪犯对公示内容提出异议,监狱应当在 5 个工作日内进行复核,并告知复核结果。复核后认为需要暂缓或撤销报请,须经监狱评审委员会评审决定。

第十八条(征求检察意见)　监狱评审委员会同意报请罪犯减刑假释的,应当在监狱公示结束后征求检察机关意见。征求检察机关意见应一案一函,加盖监狱公章。

检察机关对案件有异议的,监狱应当书面回复,并说明理由。

第十九条(监狱长办公会审定)　监狱应当召开监狱长办公会审定减刑假释案件。监狱长办公会议由监狱长主持,与会领导人数不少于监狱领导总数的三分之二。程序如下:

(一)刑罚执行科长代表监狱评审委员会向监狱长办公会议报告案件的评审情况和检察机关意见,并向与会人员提供审定对象名册;

(二)与会人员应逐一发表意见,并记录在案;

(三)监狱长明示审定意见;

(四)与会人员在会议记录上签名确认。

监狱长办公会的意见决定报请罪犯减刑假释的,由监狱长在《罪犯减刑(假释)审核表》上签署意见,加盖监狱公章。

监狱对检察机关意见未予采纳的,应当予以回复,并说明理由。

第二十条(移送裁定)　减刑假释案件应当按规定组卷,组卷完成后,监狱应在 10 个工作日内将案件材料移送裁定;需要提级审核的案件,监狱一般应在监狱长办公会后十个工作日内书面请示监狱管理局,经局审核同意后,再行移送。

第二十一条(建议书抄送)　监狱在将减刑假释案件移送裁定的同时,应当将报请减刑假释的建议书(副本)抄送检察机关。

第二节　监狱管理局审核程序

第二十二条(处室审查)　监狱每月 10 日前将减刑假释的案件报局刑罚执行处审查,刑罚执行处一般应在当月完成审查,情况复杂的可以延长一个月。对材料不齐全或者有疑义的,通知监狱补交材料或者作出说明;对不符合减刑假释条件的,退回监狱,并说明退卷理由。审查无误后,出具审查意见,并向局评审委员会报告。

提级至局审核的案件除通过减刑假释信息化办案平台报送电子案卷外,还应报送以下纸质材料:

(一)死刑缓期二年执行减为无期徒刑、无期徒刑减为有期徒刑、假释的案件应报送书面请示一份;

（二）原县处级以上领导干部的罪犯（含企业高级管理人员），涉黑（组织、领导、参加、包庇、纵容黑社会性质组织犯罪）涉恶罪犯，《刑法修正案（九）》施行后判处的原具有国家工作人员身份的贪污贿赂罪犯，局列管的重要罪犯，外国籍罪犯，港澳台籍罪犯以及其他情况特殊需要监狱管理局审核的罪犯应报送书面请示一份以及其他需要报送的材料。

第二十三条（局评审）　监狱管理局评审委员会每月召开专题会议，由局评审委主任或授权副主任负责召集，与会委员不少于三分之二时方为有效；会议一般每月召开一次，遇有特殊情况可随时召开。

局评审委评审案件，由刑罚执行处汇报案件的情况和审查意见；评审委员应当逐一听取案情汇报，充分发表意见，并明示是否同意；有分歧意见的，可暂缓作出决定；案件评审后，与会委员应当签名确认。

按《评审规则》不需要提交局评审委员会评审的案件，由刑罚执行处出具审查意见，在局评审委员会专题会议上进行通报，经分管副局长审定同意后，出具审核意见，加盖监狱管理局公章。

第二十四条（局长审定）　局评审委完成审核后，将审核意见报请局长审定；分管副局长认为案件重大或者有其他特殊情况的，可以建议召开局长办公会议审议决定。

监狱管理局审核同意对罪犯报请减刑、假释的，由局长在《罪犯减刑（假释）审核表》上签署意见，加盖监狱管理局公章。

第二十五条（暂缓和撤销报请）　罪犯有重新犯罪、因案审查、严重违纪或经复核不符合报请条件等情形需要暂缓或撤销报请减刑假释的，须经同级会议审议后作出决定；案件卷宗已经移送法院的，监狱应出具公函，书面向管辖的中级人民法院提出暂缓或撤销的意见。监狱决定暂缓或撤销减刑假释的案件，应当同时报告刑罚执行处。

第二十六条（开庭审理）　人民法院开庭审理减刑假释案件的，监狱应当派员参加庭审，宣读报请减刑假释建议书并说明理由，配合法庭核实相关情况。

第二十七条（备案）　原县处级以上领导干部的罪犯由人民法院裁定减刑假释的，监狱应当在裁定后 5 日内，将以下材料报局刑罚执行处备案：

（一）报请减刑（假释）建议书；

（二）减刑（假释）裁定书；

（三）判决书（裁定书）；

（四）检察意见书；

（五）罪犯减刑（假释）审核表；

（六）监区集体讨论；

（七）罪犯减刑假释立案审批表。

原厅局级以上罪犯及其他情况特殊需要报备的罪犯由人民法院裁定减刑假释的，刑罚执行科应在 5 日内将以下材料报刑罚执行处报备；刑罚执行处应在 10 日内向司法部监狱管理局和市司法局备案：

（一）报请减刑(假释)建议书；

（二）减刑(假释)裁定书；

（三）判决书(裁定书)；

（四）检察意见书；

（五）罪犯减刑(假释)审核表；

（六）监区集体讨论；

（七）罪犯减刑假释立案审批表。

对以上罪犯因重大立功减刑假释的，备案时还应包括重大立功的证据材料。

第二十八条(信息报送)　监狱应于每月 5 日前将法院裁定的减刑、假释的建议书报局刑罚执行处，由局刑罚执行处统一报送司法部监狱管理局。

对涉及国家秘密、工作秘密、个人隐私，可能妨害正常执法活动或者影响社会稳定的信息不报送公开，对十八大之前作出生效裁判的死缓无期贪污贿赂罪犯、未成年罪犯、重要罪犯、涉邪教罪犯相关信息不报送公开。

报送公开的建议书应当保留罪犯姓名、刑罚种类、刑期等真实信息，对其身份证号码、家属姓名、家庭住址(保留至县区级)、通讯方式等涉及个人隐私的信息进行技术处理。

第三章　减刑假释案件网上办理

第一节　基 本 要 求

第二十九条(网上办案要求)　除重要罪犯或有其他特别重大影响罪犯的减刑假释案件仍然实行纸质办案外，其他罪犯减刑假释案件一律实行网上办案，在减刑假释信息化办案平台上办理。做到全面网上办案、全面依法公开、全面智能支撑，实现办案部门全覆盖、办案人员全覆盖、案件数据全覆盖。

第三十条(网上办案硬件配置)　监狱应为网上办理工作提供必要的场地，建立案件证据保全室，配备高质量扫描仪、彩色打印机、电脑等设备。

第三十一条(操作要求)　通过减刑假释信息化办案平台办理的减刑假释案件从立案—提起—审议—报请—报备—归档应实行全流程网上流转，实现全程留痕，各环节办案人员应熟练掌握网上办案操作方法,做到规范操作。

第二节　电子卷宗的建立

第三十二条(电子卷宗)　纸质卷宗整理后扫描上传转化为电子卷宗,文件格式是PDF。电子卷宗应清晰、清洁、完整和端正。

扫描时须选择 24 位(或以上)彩色扫描,分辨率不低于 300 dpi,对扫描过程中出现的歪斜、黑边、模糊等不合格的图像进行处理或重新扫描,对扫描格式错误、多扫、漏扫、歪斜等问题应当及时纠正。

第三节　操作流程

第三十三条(信息核对)　在对纸质材料进行扫描前,办案民警应对材料信息进行核查、修正、补充,要求准确、规范、完整。

重点核查罪犯姓名、身份信息、捕前级别、入监日期、罪名、刑期、刑期起止、剥夺政治权利、刑罚变动、从严情形、前科劣迹、犯罪时间、犯罪事实、财产性判项及履行情况(含罚金、追缴赃款、没收财产、民事赔偿等)、行政奖励、行政处罚、计分考评、加扣分的旁证材料、调查评估等。

第三十四条(立案)　监区应依照本《规范》第八条、第九条要求整理、收集、核对材料,扫描建立电子档案,填写《立案审批表》,并根据立案程序报刑罚执行科审查。

第三十五条(提起)　经审查同意立案后,监区应召开民警会议对案件进行集体评议并在平台中进行留痕。在公示期满后三个工作日内,办案民警应根据办理减刑假释案件的要求,将公示情况、监区评议记录等材料进行扫描上传,监区长在《罪犯减刑(假释)审核表》上签署意见。

第三十六条(审议)　监狱应对减刑假释案件进行审查、评审和审定,各环节责任人分别在《罪犯减刑(假释)审核表》上签署意见。科室会议记录(含名册)、监狱长办公会记录(含名册)应在会议后三个工作日内分别进行扫描上传。监狱评审会记录(含名册)、公示情况扫描上传、监狱评审会意见签署应在公示完毕后三个工作日内完成,并按照卷宗制作规定的顺序与内容组卷。

征求检察机关意见的,监狱应将减刑假释案件数据发送至监狱管理局,由监狱管理局发送至市局,市局发送至市检察院,市检察院分发送至对应的检察机关。检察机关出具检察意见书后,由市检察院发送至市局,再由市局发送给监狱管理局,由监狱管理局分发至所属监狱。检察意见书复函经监狱审核同意后按征求检察机关意见的方式进行数据发送。

第三十七条(报请)　网上办理流程结束后,监狱应将减刑假释案件数据发送至监狱管理局,由监狱管理局发送至市局,市局发送至市高级人民法院,市高级人民法院分发送至所辖法院。

死刑缓期二年执行减为无期徒刑、无期徒刑减为有期徒刑的案件数据在局审核完毕后,由监狱组卷发送至监狱管理局,由监狱管理局统一发送至市高级人民法院。其他提级至局审核的由中院管辖的减刑假释案件,监狱管理局审核完毕后,监狱按本条第一款程序进行数据发送。

第三十八条(补充材料)　监狱刑罚执行部门审查、监狱评审委员会评审、征求检察机关意见、监狱长办公会会议审议过程中,发现案件材料不齐全的,通知上一环节有关部门在三个工作日内补充材料,不能补充齐全的,应将案卷材料退回。

在网上办理过程中发现罪犯信息有误的,应退回上一级,待错误信息修正后,发起流程提交。

第三十九条(裁定结果接收)　人民法院经审理作出减刑假释裁定后,生成裁定结果数据发送市局,再由市局至监狱管理局,由监狱管理局分发至所属监狱。

第四十条(归档)　在办案平台上办理的减刑假释案件监狱应当在法院裁定后一个月内,将本次减刑假释裁定书打印,按照案卷的目录顺序进行装订归档。罪犯刑满释放后减刑假释案卷材料按照档案管理规定永久保存。

监狱应当将监狱评审委员会会议、监狱长办公会会议记录,存入档案并永久保存。监狱管理局应将处室会议、局评审委员会会议、局长办公会会议记录及公示等有关材料进行永久保存。同时,监狱应当将前述材料以电子信息形式保存,生成电子档案。

第四章　附　　则

第四十一条(说明)　本规范所称的以上、以下,均含本数。

第四十二条(解释权)　本规范由上海市监狱管理局负责解释。

第四十三条(生效日期)　本规范有效期 2 年,自 2021 年 2 月 1 日起至 2023 年 1 月31 日止。

48. 上海市监狱管理局关于监狱办理暂予监外执行案件工作规范(试行)

第一章 总 则

第一条(目的依据) 为了进一步规范暂予监外执行工作程序,明确各个环节的工作要求,根据《中华人民共和国刑事诉讼法》《中华人民共和国监狱法》《中华人民共和国社区矫正法》《暂予监外执行规定》《监狱暂予监外执行程序规定》等法律法规,结合上海监狱工作实际,制定本工作规范。

第二条(工作原则) 办理罪犯暂予监外执行案件应当遵循严格依法办案、公开公正、集体评审和程序优先的原则,实行"谁承办谁负责、谁主管谁负责、谁签字谁负责、谁的电子签章谁负责"的办案责任制。

第三条(评审规则) 评审罪犯暂予监外执行案件,应按照《上海市监狱管理局暂予监外执行评审委员会评审规则》(以下简称《评审规则》)的规定进行。

第四条(责任部门) 刑罚执行部门负责暂予监外执行案件办理日常管理和考核监督,纪检监察部门负责对暂予监外执行案件进行执法监督。

第五条(适用范围) 本规范适用于办理上海监狱服刑罪犯的暂予监外执行案件。

第二章 暂予监外执行的诊断、鉴别程序

第一节 病 情 诊 断

第六条(病情诊断部门) 罪犯暂予监外执行的病情诊断由上海市监狱总医院负责。罪犯患严重疾病需要暂予监外执行病情诊断的,监狱应委托监狱总医院对罪犯进行病情诊断。

第七条(病情诊断申请) 监区或者监区民警认为罪犯病情严重需要保外就医的可以提出病情诊断申请;监区提出的,应提供监区会议讨论记录;民警提出的,应当提

供书面材料并签名确认。罪犯本人或者其亲属、监护人也可以书面向监狱提出申请，申请人应签名确认。

第八条(病情诊断委托)　病情诊断由监区填写《罪犯病情诊断审批表》，连同罪犯疾病诊治相关材料一并报监狱刑罚执行科审查。其中，罪犯在社会医院治疗，应提供社会医院出具的罪犯就诊材料。

监狱刑罚执行科应于3个工作日内完成审查，由科室负责人在病情诊断审批表上签署意见，加盖科室公章，报分管副监狱长审批。分管副监狱长批准后，签字并加盖监狱公章，及时委托监狱总医院进行病情诊断。

对病情危重短期内有生命危险、符合暂予监外执行(保外就医)基本条件的罪犯，监狱应根据医院出具的书面通知，及时填写《罪犯病情诊断审批表》，连同罪犯疾病诊治相关材料，一并送监狱总医院，委托监狱总医院进行诊断。

第九条(病情诊断)　监狱总医院收到监狱书面委托后一般应在10个工作日内完成罪犯的病情诊断，出具《罪犯病情诊断书》。《罪犯病情诊断书》应当由两名具有副高以上专业技术职称的医师共同作出，经主管业务院长审核签名，加盖公章，应当并附化验单、影像学资料和病历等有关医疗文书复印件。

对病情危重短期内有生命危险的罪犯，监狱总医院一般应在受理后24小时内进行诊断，出具《罪犯病情诊断书》。

第十条(精神疾病诊断)　罪犯精神疾病的病情诊断由监狱委托上海市精神卫生中心进行;诊断的申请、委托程序和要求与病情诊断相同。

对罪犯进行精神疾病诊断，应出具《罪犯病情诊断书》和精神疾病司法鉴定文件，并作出危险性评估。病情诊断文件应当由两名具有副高以上专业技术职称的医师共同作出，经主管业务院长审核签名，加盖公章，并附病历资料以及化验单、影像学资料等有关医疗文书复印件。

第十一条(妊娠检查)　罪犯妊娠检查由监狱委托上海市监狱总医院进行;妊娠检查的申请、委托程序和要求与病情诊断相同。

第二节　生活不能自理的鉴别

第十二条(鉴别机构)　监狱成立罪犯生活不能自理鉴别小组，由监狱长任组长，分管暂予监外执行工作的副监狱长任副组长，刑罚执行、狱政管理、生活卫生等部门负责人及2名以上医疗专业人员为成员，对因生活不能自理需要办理暂予监外执行的罪犯进行鉴别，鉴别小组成员不得少于7人。监狱可以邀请检察机关派员参加鉴别。

第十三条(鉴别事项)　对于生活不能自理的鉴别，应当由监狱罪犯生活不能自理鉴别小组审查下列事项：

（一）调取并核查罪犯经 6 个月以上治疗、护理和观察，生活不能自理能力仍不能恢复的材料；

（二）查阅罪犯健康档案及相关材料；

（三）询问主管人民警察，并形成书面材料；

（四）询问护理人员及其同一监区 2 名以上罪犯，并形成询问笔录；

（五）对罪犯进行现场考察，观察其日常生活行为，并形成现场考察书面材料；

（六）其他能够证明罪犯生活不能自理的相关材料。

第十四条（鉴别程序及意见）　罪犯生活不能自理鉴别的申请、委托程序和要求参照病情诊断，报监狱罪犯生活不能自理鉴别小组进行鉴别。鉴别小组应当召开会议集体审查罪犯生活不能自理事项，出具意见并填写《罪犯生活不能自理鉴别书》，经全体鉴别小组成员签名后，报监狱长审核签名，加盖监狱公章。

第十五条（情况通报）　监狱应当向人民检察院通报对罪犯进行病情诊断、妊娠检查和罪犯生活不能自理鉴别工作情况，人民检察院可以派员监督。

第三节　暂予监外执行鉴定

第十六条（鉴定申请）　经诊断、鉴别，罪犯符合暂予监外执行条件的，监狱填写《罪犯暂予监外执行鉴定申请表》，连同《罪犯病情诊断书》（或《罪犯妊娠检查书》《罪犯生活不能自理鉴别书》）及相关材料一并报生活卫生处审核。生活卫生处审核同意的，签署意见后由监狱总医院进行暂予监外执行鉴定；审核不同意的，签署意见后材料退回监狱。

第十七条（鉴定意见）　监狱总医院成立暂予监外执行病情鉴定领导小组，由院长担任组长，分管医疗业务的副院长任副组长，纪委书记和医务科、医疗指导科、内科、外科、门诊部、感染科等部门负责人为成员。暂予监外执行病情鉴定领导小组负责对罪犯病情是否符合暂予监外执行条件进行鉴定，鉴定意见由组长签署，组长因公无法签署时，可授权副组长签署。

自收到暂予监外执行鉴定材料之日起，对保外就医的，一般应在 10 个工作日内出具《保外就医病情鉴定书》，写明具体疾病及适用条款，签署意见后加盖专用章。其中，罪犯病情危重的，应在 3 日内出具《保外就医病情鉴定书》；对妊娠检查的，一般应在 10 个工作日内出具《妊娠检查鉴定书》；对生活不能自理的，一般在 1 个月内出具《生活不能自理鉴定书》。其中，《保外就医病情鉴定书》中病情的描述应参照《保外就医严重疾病范围》，对精神疾病的危险性评估等级为 3 级以上（含 3 级）的，不得出具病情符合暂予监外执行的意见。

第十八条(重新鉴定及补充说明)　罪犯病情鉴定后,因进行手术或其他方式治疗可能对病情产生较大影响的,病情应当重新鉴定。

案件办理过程中进行手术治疗或其他方式治疗,对病情影响较大的,需监狱总医院出具病情说明(说明当前病情是否符合《保外就医严重疾病范围》之规定,由分管院长签字并加盖公章)。

第十九条(鉴定有效期)　暂予监外执行鉴定自鉴定结论出具之日起至监狱长办公会决定提请暂予监外执行之日止有效期半年,逾期应补充鉴定。

第三章　暂予监外执行的提请程序

第一节　立　案

第二十条(提请程序)　罪犯暂予监外执行案件应当网上办理,一般应当经下列程序:立案、监区集体研究、监区长办公会议审核、科室审查、监狱暂予监外执行评审委员会(以下简称"监狱评审委")评审、公示、征求检察机关意见、监狱长办公会议决定。

重要罪犯及其他重大敏感罪犯的暂予监外执行案件,仍采用纸质案卷办理,不实行网上办案,相关材料不得上传办案平台。

第二十一条(立案申报)　罪犯暂予监外执行立案由监区负责申报,监区一般自暂予监外执行鉴定结论出具之日起一个月内在办案平台填报《罪犯暂予监外执行立案审批表》提出立案申请。立案申请需要提供以下材料:

(一)判决书、裁定书、执行通知书等法律文书以及罪犯的身份证明材料,其中,自报名罪犯应按照《上海市监狱管理局狱内侦查工作实施办法》的规定核实;

(二)《病情诊断书》(《罪犯妊娠检查书》《罪犯生活不能自理鉴别书》)、《保外就医病情鉴定书》、(《妊娠检查鉴定书》《生活不能自理鉴定书》)、《罪犯病情诊断审批表》(《罪犯妊娠检查审批表》《生活不能自理鉴别审批表》)、《罪犯暂予监外执行鉴定申请表》及相关病情诊断及鉴定材料。

监区应对上述材料进行审查,有疑义的须进行核实,审查同意后由监区长或分管副监区长在办案平台签署意见并报送刑罚执行科审批。

其中,重要罪犯、涉黑涉恶罪犯经鉴定病情鉴定符合暂予监外执行条件的,监区应填写《＊＊罪犯暂予监外执行立案审批表》并附相关病情诊断及鉴定等材料报监狱审核。

第二十二条(从严对象)　下列罪犯暂予监外执行须严格把握,应有社会三级医院出具的病情诊断材料,方可启动暂予监外执行的立案程序;短期内有生命危险必须立即保外就医的,应有社会三级医院出具的罪犯病情危重短期内有生命危险的医学证明,方可启动暂予监外执行的立案程序:

（一）重要罪犯;

（二）三类罪犯及涉恶犯罪罪犯;

（三）累犯以及故意杀人、强奸、抢劫、绑架、放火、爆炸、投放危险物质或者有组织的暴力性犯罪的罪犯,原被判处死刑缓期二年执行、无期徒刑或者十年以上有期徒刑的;

（四）暂予监外执行期间因违法违规被收监执行或者因重新犯罪被判刑的罪犯;

（五）其他需要从严审批的罪犯。

第二十三条(立案审批)　监狱刑罚执行科负责立案审批。刑罚执行科一般应在自收到监区的立案申请之日起 15 个工作日内完成审批,情况复杂的可以延长 15 个工作日。

其中,对重要罪犯、涉黑涉恶罪犯暂予监外执行的立案实行提级审核,由监狱管理局审批。

第二十四条(保证人资格)　刑罚执行科审查认为罪犯初步符合暂予监外执行条件的,应对保证人资格进行审查。保证人应当由罪犯本人或者其亲属、监护人提出。罪犯没有亲属、监护人的,可以由其居住地的村(居)民委员会、原所在单位或者区(县)级司法行政机关社区矫正机构推荐保证人。保证人应当同时具备下列条件:

（一）具有完全民事行为能力,愿意承担保证人义务;

（二）人身自由未受到限制;

（三）有固定的住处和收入;

（四）能够与被保证人共同居住或者居住在同一市(区)、县。

第二十五条(保证人资格审查)　保证人应提供身份证复印件及所在街道、社区、乡镇村(居)民委员会或派出所出具的与罪犯的关系证明及罪犯身份证明和暂予监外执行后有稳定住所的证明材料,承诺履行保证人的义务,并在《暂予监外执行保证书》上签字捺印。

刑罚执行科审查后,将保证人相关材料上传至办案平台,由科室负责人在《保证人资格审查表》上签署意见并加盖监狱公章。

第二十六条(调查评估)　刑罚执行科应核实罪犯暂予监外执行的居住地,制作《拟暂予监外执行罪犯调查评估委托函》,连同判决书、裁定书、病情相关材料、《暂予监外执行保证书》《保证人资格审查表》等材料的复印件以及罪犯在服刑期间表现情况材料寄送至拟暂予监外执行罪犯居住地的区(县)级司法行政机关,委托对方调查罪犯对所居住社区的影响或核实保证人的具保条件。

对病情危重必须立即保外就医的罪犯,监狱可以与居住地区(县)级司法行政机关协商,不进行调查评估。

调查评估意见自司法行政机关出具之日起至监狱长办公会决定提请暂予监外执行之日止有效期半年,逾期应重新调查评估。

第二十七条(立案审批意见)　审查完成后,刑罚执行科负责人应在《罪犯暂予监外执行立案审批表》上签署立案审批意见,不同意的需说明理由。

对重要罪犯、涉黑涉恶罪犯暂予监外执行的立案应由监狱狱政管理科、刑罚执行科审查,分管副监狱长审核同意后报局审批;局狱政管理处、刑罚执行处审核后,报分管副局长审定,其中,需要请示市局的监狱管理局列管的重要罪犯或者其他重大敏感案件罪犯的暂予监外执行,应书面请示市局,收到市局批复后,签署审批意见。

监狱在收到局同意暂予监外执行立案的审批意见后,方可启动提请程序。

第二节　案　件　办　理

第二十八条(案卷整理)　同意立案的,办案民警应当按照案件办理要求收集、整理卷宗材料,对相关材料进行审查,形成电子档案。

第二十九条(监区集体研究)　监区一般自同意立案之日起3个工作日内召开监区民警会议集体研究,参加会议的民警人数不少于监区民警总数的三分之二(不包括长病假、援疆、借调等长期不在监区执勤的民警),监区长、分管副监区长、办案民警、罪犯的主管民警一般应当参加。

集体研究应逐人评议并形成讨论记录。同意人数超过监区民警总数一半的,方可提出提请暂予监外执行的建议。集体研究不同意提出提请暂予监外执行建议的,应在讨论记录上写明不予提请的理由。监区应当将评议结果告知缺席会议的民警,并由民警签字确认。

办案民警应在3个工作日内将讨论记录上传至办案平台,并将案件提交监区长办公会审核。

第三十条(监区长办公会议审核)　监区应召开监区长办公会议对暂予监外执行案件进行审核,参加会议的监区领导和民警总数不少于7人,监区长、分管副监区长、办案民警、罪犯的主管民警一般应当参加。会议应逐人审核并形成会议记录。其中,审核不同意提出提请暂予监外执行建议的,应在会议记录上写明不予提请的理由。

审核后,由监区长或分管副监区长在《暂予监外执行审批表》上签署意见,办案民警在 3 个工作日内将讨论记录上传至办案平台,并将案件网上报送刑罚执行科审查。

第三十一条(监狱受理)　刑罚执行科收到监区对罪犯提请暂予监外执行的材料后,于 3 个工作日内受理并制作《监狱暂予监外执行审查表》,之后将案件通过办案平台提交生活卫生科审查。其中,对病情危重必须立即保外就医的,应立即受理并制作《监狱暂予监外执行审查表》将案件通过办案平台提交生活卫生科审查。

第三十二条(生活卫生科审查)　生活卫生科负责对罪犯病情诊断、妊娠检查或者生活不能自理情况的鉴别是否符合暂予监外执行条件进行审查。生活卫生科一般于 3 个工作日内完成审查,对材料不齐全、不规范的,应通知监区补充有关材料或修改;对相关材料有疑义的,应当进行核查。其中,对病情危重必须立即保外就医的,应立即进行审查。科室负责人在《监狱暂予监外执行审查表》上签署意见,加盖科室公章。审查后将案件在办案平台提交刑罚执行科审查。

第三十三条(刑罚执行科审查)　刑罚执行科就下列事项进行审查:

(一) 提交的材料是否齐全、完备、规范;

(二) 罪犯是否符合法定暂予监外执行的条件;

(三) 提请暂予监外执行的程序是否符合规定。

刑罚执行科一般于 5 个工作日内完成审查,出具个案审查意见。对材料不齐全、不规范的,应通知监区补充有关材料或修改;对相关材料有疑义的,应当进行核查。审查后,科室负责人在《监狱暂予监外执行审查表》和《暂予监外执行审批表》上签署意见,加盖科室公章,并通过办案平台将案件提交监狱评审委评审。

其中,对病情危重必须立即保外就医的,刑罚执行科应立即进行审查。

第三十四条(监狱评审委评审)　暂予监外执行案件应当经监狱暂予监外执行评审委员会评审。监狱评审委应按照《评审规则》规定逐一评审罪犯暂予监外执行案件,形成书面会议记录,并在 3 个工作日内将会议记录上传至办案平台。

监狱评审委由主任或授权副主任负责召集会议,与会委员不少于三分之二时方为有效,缺席委员可派员列席会议。

监狱可以邀请检察机关派员列席会议。

第三十五条(监狱公示)　监狱评审委的评审结果应当公示,公示期限为 3 个工作日。公示内容包括罪犯番号、姓名、原判罪名及刑期、暂予监外执行依据等,并告知举报途径。

公示期内,如有民警或者罪犯对公示内容提出异议,监狱评审委应当在 5 个工作日内进行复核,并告知复核结果。

公示结束后,刑罚执行科制作《罪犯暂予监外执行公示情况》记录公示过程和结果,科室负责人签字确认后上传至办案平台。

对病情危重必须立即保外就医的,可以不公示,但应当在保外就医后 3 个工作日内在监狱公告,公告期限为 3 个工作日。

第三十六条(征求检察机关意见)　公示无异议或者经复核异议不成立的,监狱应出具公函,加盖监狱公章,将案件移送检察机关征求意见。

征求意见后,刑罚执行科应当将监狱评审委暂予监外执行的建议和评审意见连同检察机关的检察意见,一并报请监狱长办公会议审议。

第三十七条(监狱长办公会议审议)　监狱应当召开监狱长办公会议审议暂予监外执行案件,形成书面会议记录,办案民警在 3 个日内将监狱长办公会议记录上传至办案平台。

监狱长办公会会议由监狱长或授权分管副监狱长主持,出席会议的监狱领导不少于监狱领导总数的三分之二。

监狱长办公会议决定提请暂予监外执行的,由监狱长在《暂予监外执行审批表》上签署意见,加盖监狱公章。

监狱对检察机关意见未予采纳的,应当予以回复,并说明理由。

第三十八条(组卷报送)　监狱应在办案平台将暂予监外执行案件组卷,一般每月10 日前将案件连同书面请示报送监狱管理局审批。对病情危重必须立即保外就医的,监狱应自医院出具相关医学证明之日起 5 日内将材料报局审批。

第三十九条(重新办理)　罪犯暂予监外执行案件办理期间被调至其他监狱服刑的,应重新办理。

第四章　暂予监外执行的审批程序

第四十条(监狱管理局受理)　刑罚执行处负责案件受理。受理后 3 个工作日内制作《暂予监外执行审核表》,并将案件材料在办案平台提交生活卫生处。

第四十一条(生活卫生处审查)　生活卫生处对病情诊断、妊娠检查或者生活不能自理情况的鉴别是否符合暂予监外执行条件进行审查。生活卫生处一般于 3 个工作日内完成审查,对诊断、检查、鉴别有疑议的,应当组织进行补充鉴定或者重新鉴定。其中,对病情危重必须立即保外就医的,应立即进行审查。

审查后,处室负责人在《暂予监外执行审核表》上签署审查意见,加盖公章,在办案平台提交刑罚执行处审查。

第四十二条(刑罚执行处审查)　刑罚执行处对上报材料是否符合法定条件和法定程序及材料的完整性等进行审查,一般于 5 个工作日内完成审查。审查中发现监狱报送的材料不齐全或者有疑义的,刑罚执行处应当通知监狱补交有关材料或者作出说明,必要时派员进行核实。其中,对病情危重必须立即保外就医的,应立即进行审查。

审查后,刑罚执行处负责人在《暂予监外执行审核表》上签署审查意见,加盖公章,在办案平台报请分管副局长审核。

第四十三条(分管副局长审核)　分管副局长对刑罚执行处报请的案件材料进行审核,并在《暂予监外执行审核表》上签署意见。审核后,由刑罚执行处报请局暂予监外执行评审委员会(以下简称局评审委)审核。其中,对病情危重必须立即保外就医的,审核同意后报局长决定。

第四十四条(局评审委评审)　局评审委每月召开评审会议,对刑罚执行处提交的提请暂予监外执行案件进行逐一审核,形成书面会议记录,审核同意对罪犯暂予监外执行的,由局长在《暂予监外执行审批表》上签署意见,加盖监狱管理局公章。

对病情危重必须立即保外就医的,由局长直接决定,并在罪犯保外就医后3个工作日内召开局评审委会议予以确认。局评审委会议记录由刑罚执行处在3个工作日内上传至办案平台。

第四十五条(审批期限)　监狱管理局应当自收到监狱提请暂予监外执行材料之日起15个工作日内作出决定。

批准暂予监外执行的,刑罚执行处制作《暂予监外执行决定书》,其中,罪犯暂予监外执行后居住地在外省(市)的,刑罚执行处制作《罪犯档案转递函》,并于3个工作日内通过办案平台将案件发还监狱。

刑罚执行处负责将《暂予监外执行决定书》抄送上海市人民检察院。监狱负责将《暂予监外执行决定书》抄送原判人民法院、检察机关和罪犯居住地区(县)级司法行政机关社区矫正机构。

不予暂予监外执行的,刑罚执行处制作《不予暂予监外执行决定书》,并于3个工作日内通过办案平台将案件发还监狱。监狱将《不予暂予监外执行决定书》交予罪犯本人。

第四十六条(归档)　刑罚执行处将案件发还监狱后,监狱于5个工作日内将案件材料整理归档、组卷,按照档案管理的规定永久保存。

第四十七条(网上公开)　刑罚执行处将《暂予监外执行决定书》交监狱管理局办公室,由监狱管理局办公室于10个工作日内在门户网站向社会公开。公开《暂予监外执行决定书》时,应当保留罪犯的姓名等真实信息,隐去罪犯的家庭住址、具体病情等个人信息和其他依法不宜公开的内容。经监狱管理局办公室审核不宜公开的,可以不予公开。

刑罚执行处根据要求,向司法部监狱管理局报送暂予监外执行决定书(电子版)。

第四十八条(出入境报备)　监狱管理局批准暂予监外执行的罪犯,由刑罚执行处负责制作《法定不批准出境人员通报备案通知书》,并寄送上海市出入境管理局报备。

监狱应做好罪犯出入境证件的管理,罪犯持有的出入境证件,交由监狱代为保管;罪犯证件遗失或下落不明的,可由监狱报请监狱管理局,发函至上海市出入境管理局宣布作废。

第四十九条(备案审查)　对原厅局级以上职务犯罪罪犯暂予监外执行,实行逐案备案审查。刑罚执行处负责在批准暂予监外执行后十日内,填写《原厅局级以上职务犯罪罪犯减刑、假释、暂予监外执行情况登记表》,连同备案材料报市司法局和司法部监狱管理局。暂予监外执行案件的备案材料应当包括:《暂予监外执行审批表》;《罪犯病情诊断书》或者《罪犯生活不能自理鉴别书》;《暂予监外执行决定书》。

对原县处级以上职务犯罪罪犯批准暂予监外执行的案件,监狱刑罚执行科在每年1月10日前向刑罚执行处上报上年度办理名单及情况(包括电子版),刑罚执行处汇总整理后在每年1月20日前报司法部监狱管理局。

第五章　暂予监外执行交付及相关程序

第五十条(出监教育)　监狱应对监狱管理局批准暂予监外执行的罪犯进行出监教育,书面告知罪犯在暂予监外执行期间应遵守的法律和有关监督管理规定,并告知保证人。

刑罚执行科制作《暂予监外执行告知书》,连同《暂予监外执行决定书》和《暂予监外执行文书送达回执》交予罪犯本人,罪犯应在《暂予监外执行告知书》和《暂予监外执行文书送达回执》上签名捺印。

罪犯应承诺在社区矫正期间认真履行法定义务,并在《社区矫正保证书》上签名捺印。

罪犯特殊原因无法签名的,可由其保证人代为签名。

第五十一条(押送移交)　监狱在接到《暂予监外执行决定书》后,应及时办理暂予监外执行罪犯的出监手续,填制《暂予监外执行罪犯移交证明书》,书面通知罪犯居住地区(县)司法行政机关社区矫正机构并协商确定交付时间。

监狱应指派民警持《暂予监外执行决定书》,将罪犯押送至居住地,与区(县)级司法行政机关社区矫正机构办理交接手续,向矫正机关移交罪犯暂予监外执行决定书原件和刑事判决书、减刑裁定书、检察意见书、社区矫正对象病情诊断书或生活不能自理鉴别书及相关病历资料、社区矫正保证书、暂予监外执行保证书等的复印件,并抄送执行地的人民检察院。

监狱一般 3 个工作日内办理好交接手续,有特殊情形的,监狱可与居住地司法行政机关社区矫正机构协商适当延长交接时间。

罪犯因病情危重需要立即保外就医被批准暂予监外执行后,监狱应督促保证人将罪犯送入社会医院救治,并与居住地区(县)级司法行政机关社区矫正机构协商确定在居住地的医院交付并办理交接手续,暂予监外执行罪犯的保证人应当到场。

第五十二条(其他移交) 罪犯暂予监外执行后居住地不在本市的,监狱应将交接情况通报罪犯居住地监狱管理局,并自我局批准暂予监外执行后 3 个工作日内将《罪犯档案转递函》、《暂予监外执行决定书》及罪犯档案等材料送达罪犯居住地的监狱管理局。

有特殊情形的,监狱可与居住地监狱管理局协商确定送达时间。

第五十三条(移交确认) 罪犯交付执行后,监狱 3 个工作日内将罪犯交接情况上报局刑罚执行处,并在 5 个工作日内将罪犯交接情况通报检察机关。

第五十四条(外地转沪的交付) 外省(市)监狱管理局批准暂予监外执行的罪犯转回上海的,由刑罚执行处负责接收事宜,并和狱政管理处一起指定一所监狱接收罪犯档案,负责采集罪犯的 DNA 和指纹信息、办理罪犯的收监、刑满释放等手续,并由监狱书面通知居住地区(县)级司法行政机关社区矫正机构。

监狱应及时将罪犯的暂予监外执行卷宗扫描上传至办案平台。

第五十五条(季度考察) 监狱应每季度对暂予监外执行罪犯考察一次,向矫正机关和罪犯了解罪犯的病情和社区表现情况,配合矫正机关做好对罪犯的管理。考察实行"谁考察谁负责、谁签字谁负责"的责任制,季度考察情况监狱及时书面报送局刑罚执行处。

第六章 暂予监外执行的收监、释放、死亡等事项的处理

第五十六条(建议收监) 社区矫正机构发现暂予监外执行罪犯依法应予收监执行的,应当提出收监执行的建议,经区(县)级司法行政机关审核同意后,将收监执行文书报监狱管理局审查。

第五十七条(收监审查) 监狱管理局收到收监执行文书后,由刑罚执行处进行审查受理,材料齐备的,应当依法受理;材料不齐备的,应当通知社区矫正机构补充,材料齐备后,依法受理。

生活卫生处负责对病情是否符合暂予监外执行条件进行审查,发现社区矫正机构报送的材料不齐全或者有疑义的,应当通知社区矫正机构补交有关材料,审查后,由处

室负责人在《暂予监外执行罪犯收监审批表》上签署意见,加盖处室公章。

刑罚执行处负责对提请材料是否符合法定条件和法定程序及材料的完整性等进行审查,发现社区矫正机构报送的材料不齐全或者有疑义的,应当通知社区矫正机构补交有关材料,审查后,由处室负责人在《暂予监外执行罪犯收监审批表》上签署意见,加盖处室公章,连同收监执行文书一并报分管副局长审核。

第五十八条(收监审核) 分管副局长对刑罚执行处报请的收监材料进行审核,并在《暂予监外执行罪犯收监审批表》上签署意见。审核后,由刑罚执行处报请局评审委审核。

第五十九条(收监审批) 监狱管理局应当自受理之日起 30 日内依法做出决定。

局评审委应召开会议对刑罚执行处提交的暂予监外执行收监案件进行审核,形成书面会议记录,审核同意对罪犯收监执行的,由局长在《暂予监外执行罪犯收监审批表》上签署意见,加盖监狱管理局公章。

决定收监执行的,刑罚执行处制作《暂予监外执行收监决定书》,通知监狱在 3 个工作日内领回,并抄送上海市人民检察院。

第六十条(收监执行) 监狱收到《暂予监外执行收监决定书》后,将《暂予监外执行收监决定书》送达居住地区(县)级司法行政机关,抄送公安机关和原判人民法院,并立即赴羁押地将罪犯收监执行,将《暂予监外执行收监决定书》交予罪犯本人,罪犯应在《暂予监外执行文书送达回执》上签名捺印。

罪犯收监后,监狱应根据局相关规定对罪犯进行体检,于 3 个工作日内将收监情况报局刑罚执行处,并告知罪犯居住地区(县)级人民检察院和原判人民法院。

第六十一条(撤销限制出境) 已收监执行的罪犯,由我局向上海市出入境管理局报备限制出境的,由刑罚执行处负责制作《撤销法定不批准出境人员通报备案通知书》,并寄送上海市出入境管理局予以撤销。

第六十二条(下落不明的处理) 被决定收监执行的罪犯在逃或下落不明的,由罪犯居住地区(县)级司法行政机关通知罪犯居住地区(县)级公安机关负责追捕,监狱应书面向局刑罚执行处和狱政管理处报告,按相关规定处理。

第六十三条(不计入刑期的计算) 被收监执行的罪犯有法律规定的不计入执行刑期情形的,区(县)级司法行政机关社区矫正机构应当在收监执行建议书中说明情况,并附有关证据材料。

刑罚执行处应当对前款材料进行审核,对材料不齐全的,应当通知社区矫正机构在 5 个工作日内补送;对不符合法律规定的不计入执行刑期情形的或者逾期未补送材料的,应当将结果告知区(县)级司法行政机关社区矫正机构;对材料齐全、符合法律规定的不计入执行刑期情形的,监狱制作不计入刑期的建议书向辖管的中级人民法院提请。

第六十四条(刑满释放)　暂予监外执行罪犯刑期届满的,监狱根据相关规定,按期办理刑满释放手续。

第六十五条(死亡注销)　罪犯在暂予监外执行期间死亡的,监狱根据社区矫正机构的书面通知、死亡证明复印件等材料办理注销手续,相关材料存入罪犯档案。罪犯死亡情况及时报告刑罚执行处,由刑罚执行处在局评审委会议上予以通报确认。

第七章　附　　则

第六十六条(材料保存)　监区人民警察集体研究会议、监区长办公会议、监狱评审委会议、监狱长办公会议、局评审委会议、监狱管理局局长办公会议材料应当装订成册存入档案并永久保存。会议记录应当载明不同意见,并由与会人员签名。对网上办理的案件监狱应当将前述材料以电子信息形式保存,形成电子档案。

罪犯暂予监外执行后调外省的,档案材料移交至当地监狱管理局,监狱应保留罪犯档案(包括历次减刑卷宗)、暂予监外执行案卷、交接材料及相关材料的复印件。

第六十七条(说明)　本工作规范所称以上、以下、以内,包括本数。

第六十八条(解释权)　本工作规范由监狱管理局负责解释。

第六十九条(生效时间)　本工作规范有效期2年,自2021年2月1日起至2023年1月31日止。

图书在版编目(CIP)数据

上海全面深化政法领域改革制度选编/本书编写组
编.—上海:上海人民出版社,2023
ISBN 978 - 7 - 208 - 18142 - 7

Ⅰ.①上…　Ⅱ.①本…　Ⅲ.①司法制度-体制改革-
文件-汇编-上海　Ⅳ.①D927.510.64

中国国家版本馆 CIP 数据核字(2023)第 013028 号

责任编辑　夏红梅
封面设计　一本好书

上海全面深化政法领域改革制度选编
本书编写组　编

出　　版	上海人民出版社
	(201101　上海市闵行区号景路 159 弄 C 座)
发　　行	上海人民出版社发行中心
印　　刷	商务印书馆上海印刷有限公司
开　　本	720×1000　1/16
印　　张	19.75
插　　页	2
字　　数	355,000
版　　次	2023 年 2 月第 1 版
印　　次	2023 年 2 月第 1 次印刷

ISBN 978 - 7 - 208 - 18142 - 7/D·4079

定　　价	78.00 元